中国行政文化的嬗变趋势分析

尚水利◎著

·国际关系学院社科基金资助项目·

时事出版社

目　录

导　论

任何一个行政系统的行政体制、行政过程和行政结果都直接或间接地受制于文化因素的影响。行政文化是行政管理之魂，没有对行政文化的深刻理解，也就难以实现行政管理中的“善治”。行政文化是一种在行政实践活动基础上所形成的，直接反映行政活动与行政关系的各种心理现象、道德现象和精神活动的状态，其核心为行政价值取向。行政文化是整个文化思想体系中的一部分，它是把行政学和文化学结合起来的一种交叉性学科的研究，在文化学的视域里，它突出了行政的特性（如黄飚所著的《文化行政学》，上海文艺出版社，2003 年版）；在行政学的视野里，它突出文化的特性（如曹振华、闫越主编的《行政文化》，国家行政学院出版社，2005 年版）。本书将以行政学的视野来进行行政文化的研究。

当前，随着我国社会政治、经济和文化的变革，行政生态环境正在随之发生着巨大的变化，可以说，行政文化在我国当前正处于一个急剧转型的时期，原有的范式正受到强有力的冲击。一般来说，影响一个国家行政文化的变革有三个方面的因素：（1）中国传统行政文化的影响。任何文明都必须以一定的民族形式来体现，离开传统行政文化，根本无法构建真正意义上的新型行政文化。毕竟现在是“在过去的掌心中”，“传统是作为新信仰和行为范型的出发点以及组成要素”。[①] 这也正如美国人类学家克拉克

① ［美］爱德华·希尔斯：《论传统》，傅铿、吕乐译，上海：上海人民出版社 2009 年版，第 47 页。

洪指出得那样："一个社会要想从以往的文化中完全解放出来是根本不可想象的，离开文化传统的基础而求变、求新，其结果必然招致失败。"① （2）外来行政文化的冲击。即"通过相互融合而发生的传统变迁"。② 文化模式有一种作用，这已为人类学者和社会学者所公认，即对外来文化有一种机动的迎拒选汰的作用，凡与固有文化模式相适应的，则容易被接受，接受之后，同化于固有的文化模式之中，如隋唐时期输入的佛教文化就是如此，反之，如与固有文化模式格格不入则往往遭遇抑制，甚至引起激烈的冲突；所以，"任何一种外来文化，都只有植根于传统才能够成活，而一种在吸收、融合外来文化过程中创新传统的能力，恰又是一种文明具有生命力的表现"。③ （3）当下的社会政治实践。既然行政学脱胎于政治学，那么政治实践的改革会极大地推动行政文化的变革。当前，中国的政治、经济、社会、文化等各个领域都正在发生着巨大的变化，人们的权利、民主、法治、参与意识有了明显的提高，中国社会政治实践的急剧变革，行政文化受其影响也随之发生相应的变化。

行政文化的嬗变趋势分析，其实就是原有行政文化"范式"的转型。所谓"范式"，用库恩的话表述就是"按既定的用法，它是一种公认的模型或模式"。④ 现实的行政文化就是我国历史上长期政府活动沉淀下来的关于治国安邦、创设政制、选择官吏等观念和价值的合乎逻辑的模型或模式演绎。当前，随着中国行政文化生态环境的变化，中国原有行政文化的范式受到了全方位的冲击与挑战。

---

① 转引自田兆阳：《研究中国传统行政文化从何入手》，《中国行政管理》，2000 年第 1 期。

② ［美］爱德华·希尔斯：《论传统》，傅铿、吕乐译，上海：上海人民出版社 2009 年版，第 257 页。

③ 梁治平：《法辩·自序》，北京：中国政法大学出版社 2002 年版，第 2 页。

④ ［美］托马斯·库恩：《科学革命的结构》，金吾伦译，北京：北京大学出版社 2003 年版，第 1 页。

一、 中国行政文化外部生态环境的变化

行政文化的生态环境是行政文化系统存在和发展不可或缺的条件，是直接或间接地作用于行政文化活动的客观因素的总和。可分为外部生态环境和内部生态环境。行政文化的外部生态环境又分为国内环境因素和国外环境因素两大方面。

当前，行政文化的国内环境因素变化主要体现在：（1）公民意识的觉醒，维权意识的进一步加强。公民意识包括主体意识、法律意识、权利意识、道德意识，还包括民主、自由、平等、公平、正义等方面的意识。当然维权的前提是合法权利的获得。一旦政府的“作为”非法或政府“不作为”，公民将不再息事宁人，而是用法律武器来维权。（2）市场经济的进一步完善。任何组织都是有“边界”的，同理，作为最为复杂的组织之一——政府，也是有“边界”的，计划经济条件下的全能政府将随着市场经济的进一步完善将逐步变为有限政府，也就是说“无形的手”将更多地替代“有形的手”已成为国人的共识。（3）民主法制的全方位实施。如果将市场经济看作是一种经济制度安排的话，民主法制则是一种政治制度的安排，用民主替代专制，用法治替代人治已成社会发展的必然趋势，民主法制的全方位实施，将减少和限制政府的权力和作用，从而相应地扩大公民的权力和作用。（4）信息技术的发展尤其是“自媒体”的爆炸性冲击。信息技术的迅猛发展，使得越来越多的民众能够在互联网上获取和交流信息，阐述和发表自己的观点，特别是“自媒体”如博客、微博、微信等的出现，在许多情况下，还能够将政府置于非常尴尬的局面。

从国际因素来看，重塑（reinvent）政府的世界性浪潮。自20世纪80年代以来，在全球化、信息化、民主化等浪潮的冲击下，原有的以官僚制为基础的政府管理模式越来越表现出其不适应的一面，正如美国前总统里根所言“政府非但不能解决问题，

政府本身就是问题”，为此许多国家主张用一种全新的理论来改造政府，即重塑政府，而不是改革（reform）政府。在重塑政府的世界性浪潮冲击下，新公共管理理论开始粉墨登场。其代表人物与著作：奥斯本和盖布勒的《重塑政府》。其主要观点如下：（1）将市场机制引入公共管理领域，促进公共管理领域的竞争，提高公共管理的效率；（2）实现了理的效率；它，进而提高了公共管理主体的多元化，打破政府作为公共管理唯一主体的垄断地位；（3）提升顾客（公民）在公共管理中的地位；（4）强调政府的服务功能和公务员的服务精神等。

随着这一波改革浪潮的推动与实践，一种替代新公共理论的新公共服务理论又应运而生。其代表人物与著作为：珍妮特·V. 登哈特和罗伯特·B. 登哈特的《新公共服务：服务，而不是掌舵》。其主要内容是：（1）服务于公民，而不是服务于顾客；（2）追求公共利益；（3）重视公民权胜过重视企业家精神；（4）思考要具有战略性，行动要具有民主性；（5）承认责任并不简单；（6）服务，而不是掌舵；（7）重视人，而不只是重视生产率等。

二、行政文化范式转型的内部自身生态环境

行政文化的范式转型也来自于其内在的“先天不足”。行政文化毕竟是在社会文化的基础上形成的，必然受到社会文化的制约和影响，其积淀性和持久性难以在短期内消除。曾以璀璨而闻名于世的中国古代行政文化，其精华与糟粕并存，既有统一性、严密性和实用性特点，如：“得民心者得天下，失民心者失天下”的民本思想、“因民之所利而利之”的功利观念、“过犹不及”“与时皆行”的变易思想、“以天下之权，寄天下之人”的反专制思想等，同时，中国传统行政文化又具有专制性、封闭性和保守性的特点，使中国现代行政文化在继承古代文化优秀传统的同时，不可避免地受到封建行政文化的消极影响。这些消极影响集

中表现为：

（一）封闭而不开放

中国传统行政文化的封闭在很大程度上取决于中国古代较为封闭的地理环境。东临大海，西为高山沙漠所阻隔，中国古代文化几乎是在少有外来文化作用的条件下形成的。文化的封闭导致了很少向外开放，无法知道外界的信息，行政观念数千年一脉相承，行政体制世代相袭。在思想文化领域则表现为对外来文化的排斥。在这种文化背景影响下，人们对外界情况及其变化常常持不屑一顾的态度。长期以来的中华中心论、中华文明论导致其本身对世界先进的行政管理水平和管理理论知之甚少，妨碍了行政观念的改变和行政技术手段的更新。

（二）神秘而缺乏透明度

中国传统行政文化的封闭性和排他性必然导致行政活动的神秘性。一般而言，所有组织都倾向于信息保密，都竭力防范有价值信息的泄漏，官僚制度尤其如此。特别是在在中国传统行政文化中，保密文化对行政行为影响很深，“民可使由之，不可使知之”（《论语·泰伯》）的观念至今普遍存在。结果，中国传统的官僚体制由于将行政信息完全封闭在自身结构及其运作流程中，逐渐发展成为一个不被外界所知的神性的“迷宫”。再加上中国传统文化的非参与意识使“不在其位，不谋其政”的观念根深蒂固，使得社会成员又缺乏对行政活动积极参与的热情，行政活动成了少数精英的治国安邦活动。

（三）重形式而轻效率

传统行政文化中注重形式，官场办事讲究繁琐程序和规则，以为行政管理就是项目审批，就是发许可证。政府期望通过审批而达到调控社会经济可持续发展的目的，行政审批的形式过多过滥，已严重影响到社会发展，一项审批往往要经过几十道手续，所有审批的公文样式千篇一律，“官样文章”流行，办事拖拉，机构臃肿，人浮于事，决策迟缓，常常搞得申请人疲于奔波，政府的行政效率极其低下，严重影响行政目标的实现。

（四）重人治而轻法治

传统行政文化中治国安邦往往是重人轻法的，从先秦“有治人，无治法”，“法不能独立，……得其人则存，失其人则亡”（《荀子·君道篇》）到明清“有治人无治法，若不得其人即使尧舜之仁，皆苛政也”（《清世宗实录》）大体反映了这一点。法治传统的缺乏对我国现行行政体制影响至深。受“天子”、“君权神授”等思想的制约，行政文化中的人格化取向严重。法自君出，权力支配法律，用人治事多为长官意志，以致人们习惯于接受能拯救自己的清官和救星，对保障社会正常运转和人民基本权力的法律无兴趣，不习惯用法律来捍卫自己的权利，人情风盛行。在行政活动中也往往表现为行政权力凌驾于法律之上，行政决策和执行缺乏法律的约束，有法不依、执法不严成为常事。

（五）重权威而轻民主

中国传统社会定于一尊的皇权使权威观念影响至深。在行政活动中往往会出现独断专行、集权制、家长制、个人决策，普通民众毫无民主可言，所有的重要决策和利益分配都掌握在官员手中，并且在当时高度集权的行政体制下就形成了一套官僚体系，公民的利益无法得到保障，行政民主难以得到体现。

（六）追求等级而不尚平等

中国传统社会的等级观念是严密的，政治结构中的专制主义越严重，社会等级越趋森严，等级观念越趋强化，担任官职的高低和权力的大小，与社会地位的高低、财富的多少联系在一起。

等级观念是中国古代社会封建官僚制发达的文化成因，这一思想观念在现代社会总是把一定的人与一定的身份或等级联系起来，不管是从事科学研究、工程技术，还是文学创作，总是要与某一级别联系起来，“官本位”盛行，“官念”强烈。从而使行政官员在所管辖区内集政治、行政、宗教权力于一身，在行政活动中常常表现出极强的等级性和依附性，官民处于一种严重的不平等关系之中，严重影响行政法制的建设和行政民主的进程。

（七）注重治国经验而忽略制度研究和机构设计

中国传统文化中有关如何治国的文化是很发达的，对政治的解释，从先秦“政者事也，治者理也”（《国语·齐语》）到孙中山“政就是众人之事，治就是管理，管理众人之事便是政治”[①]。可见，对治国是何等注重。相反，对制度的研究和机构的设计却寥若晨星。但这种传统文化在现代行政活动中往往只注重行政经验和方法，忽略制度和机构是否合理，影响行政改革和机构精简。

三、 当前我国行政文化实践所面临的挑战

从宏观上看，中国行政文化一方面正接受着来自西方各种文化的挑战，另一方面在其文化内部超越性和自在性之间的矛盾也愈演愈烈。这就决定了中国行政文化转型的特殊性，既要进行内部的行政文化创新，又要进行外部的传统行政文化和西方行政文化的有机整合。二者相互渗透，相互影响，形成了一个复杂的矛盾体。再加上社会正处于激烈的转型期，行政文化将不可避免地在抗拒与变迁、变迁与整合的震荡中发展，尤其是目前的行政体制改革要求，对行政文化提出了更高的要求，从微观上看，使得

---

① 《孙中山选集》下册，北京：人民出版社 2011 年版，第 661 页。

当前行政文化将面临以下几个方面的挑战。

（一）对“物本行政”文化的挑战

“物本行政”文化是中国传统行政管理的特征之一。行政管理的根本目的是什么？是人还是物？或者说应以什么为本？是以人为本还是以物为本？这是行政管理理论研究的出发点，也是行政管理实践的出发点。在中国的行政文化中，往往更多地强调“物本”，即以物质财富为本位。在近代中国社会，由于中国经济落后而被动挨打，被迫签订屈辱的不平等条件，赔款并割让土地，许多有识之士希望国家富强，让亚洲雄狮睡醒，屹立于世界之林。所以，期望政府能够领导国民发展经济，使民族富强。国家独立，成为近代中国行政执政文化的主流。建国之初，国家“一穷二白”，物质溃乏，百废待兴。迅速恢复和发展国民经济，解决人民的温饱问题，解决人民的基本物质需求，成为当时国家和政府的首要任务。10 年“文革”又使我国经济走向了崩溃的边缘。

“文化大革命”结束后，党和政府痛定思痛，果断地作出了把党和国家的工作重心转移到经济建设上来的英明决策。30 多年来，在经济建设方面，党和政府领导全国人民进行取得了有目共睹的巨大成就。然而，许多不容忽视的社会问题严重影响着中国经济的可持续发展，如环境污染问题、贫富不均问题、医疗问题、教育经费短缺问题等。在一些政府官员看来，政府行为的根本目的就是为了发展经济，增加财政收入。在政府绩效评估上，经济指标成了唯一，GDP 就是一切，在政府看到其促进物质财富增长职能的同时，忽视了社会服务和公共管理的职能，没有看到物质财富创造的最终目的是为了满足人的需求，促进人的全面发展。这种“重物轻人”的行政文化与“以人为本”的行政伦理要求是不相适应的，随着社会的进一步发展必将受到严峻的挑战。

（二）对“管制行政”文化的挑战

任何政府都有管制功能，这是发展经济，建立秩序，解决矛盾和危机，进而巩固政权的必不可少的手段。但“管制行政”却是一种排斥民主参与的行政，是一种带有浓厚政治色彩严密控制的行政管理模式，其基本特征为以“命令—服从”为主的长官意志论。基本价值取向为“管”字，普通大众只能成为行政管理的客体。具体体现如下：在经济领域，实施完全的计划经济，采用行政命令，进行计划控制，生产者和生产单位没有自主权；在社会领域，包揽一切社会事务，甚至以公共领域侵吞私人领域，没有或很少有社会组织，社会没有自治权；在政治和管理领域，公民没有或很少有直接的政治参与权和管理权，因而公民的利益得不到充分表达和维护。“管制行政”文化模式赖以建立的基础是封建社会传统观念，特别是“家长制”的思想观念，将行政关系简单化为上对下的单向关系，以至于人民群众在政治生活中的主人翁地位往往被行政管理者所忽视。

近年来，我国政府在行政管理民主化建设方面做了大量工作，但是对于公众实质性参与行政管理工作一些政府官员仍抱有消极态度，加之制度建设滞后，因而政府重管制、轻参与的局面并未从根本上得到改变，所谓行政管理的民主化在一定意义上更多地流于形式。其在行政执行上的表现就是重命令、轻沟通，甚至在一些行政人员看来，行政执行过程就是一个简单地服从行政命令的过程。这样，以官僚制为蓝本建立起来的“管制行政”由于过分崇尚专业化，实施过分严密的行政控制，使经济失去了活力，公民失去了活力，社会缺少灵活性与应变能力，引起了低效率的官僚主义、政府规模膨胀等各种问题，不仅使得国家的财政不堪重负，而且引起了广大民众对政府的普遍信任危机。面对日益发展和变化的世界，“管制行政”已显得越来越力不从心，而来自各方的批评，更是将其推入了危机四伏的旋涡之中。这就预示着民主服务行政时代即将到来，与此同时“管制行政”时代也必将终结。

（三）对“暗箱行政”文化的挑战

“暗箱操作”是指某些部门或少数人采取故意隐瞒信息的方法，谋取不当利益，这里的黑箱起到的作用是隐瞒和欺骗。“暗箱操作”已被运用于政治生活、经济生活等众多领域。就“暗箱行政”来说，是指政府在处理行政事务时，其行政方法、行政程序，甚至行政结果不对社会公开，而是由政府的内部人员进行内部决定和实施的一种行政管理模式。由于中国在传统上是一个“官本位”的社会，政府与其说是一个为公众服务的机关，倒不如说是一个社会管理与控制机关，行政管理过程由于“暗箱行政”的作用，所以信息的收集到决策、执行与监督，主要是在这个封闭的行政系统内部完成的。最终决策权又集中于一人之手，权力又不受任何限制，所以其后果是给独断、随意、隐秘留下了空间。所谓隐秘，一是规则的制定与运行在幕后运行，二是规则本身对老百姓秘而不宣。公民不知法就容易犯法，犯法后的处置又取决于“暗箱操作”者对规则的“自由”解释与“灵活”运用，怎么对操作者有利就怎么办，而且每次都有“正当”理由。独断的掌权者为什么对“暗箱操作”情有独钟，就在于暗箱中的利益多多、隐秘多多，正因如此，过去中国式的行政管理往往带有一层神秘的色彩。

新中国成立后，由于受原有的传统行政文化的影响，再加上我们的政府是从战争年代走过来的，习惯于在保密状态下运行，要真正实行行政彻底公开非常困难。事实上，改革开放前甚至改革开放后相当长一段时间里我国政府也没有真正实行过行政的彻底公开。任何一个政府对于部分行政信息的保密是必要的，但保密范围过大，从经济上讲，降低了信息的利用价值；从政治上讲侵犯了公众的知情权。有资料表明，我国的信息 80% 以上掌握在政府手里，但真正得到有效利用的价值不到20%，其中一个重要原因就在于政府不但垄断了大量信息，而且对其中相当部分信息实行高度保密。特别是对于政府机关内部的信息和与政府自身利益有关的信息（尤其是那些对政府有负面影响的信息）就更是高度保密了。历史的经验表明，保密多的政府行政腐败也多。在新时期的公共行政活动中，以最大限度的政务公开取代不必要的政务保密，已成为现代民主政治的一种基本理念，更是一种对公共行政文化进行民主控制的一种制度安排。

（四）对“人治行政”文化的挑战

人治是相对于法治而言的，在人治行政中，领导者的个人意志、思想观念等主观因素在行政决策与行政执行中起着决定性的作用。正因如此，长期以来人们总是把国家和社会的治乱兴衰主要寄托在一两个领导人的英明和威望上，因而在指导思想上忽视甚至无视法治的意义。这是中国几千年以来传统行政文化的一个主要特征。这种人治的行政文化认为，行政管理的基础权威来自领导者的个人权威，谁的职位最高、权力最大，谁就最有权威。依权力或权威大小构建了一个等级十分严格的金字塔体系，上级对下级拥有绝对的权威，下级唯上级马首是瞻。体现在行政工作的实践中，就是权大于法，办事依人不依法，依言不依法，以政策代替法律。而政策的制定与执行又依赖于权高位重者的定夺。这样所谓的政策就成了领导者个人运用谋略或策略进行社会治理的过程，成了行政领导者自己的意志或理念的舞台表现，在这种体制下，极易滋生“独裁”与“专制”。

今天，这种人治行政的观念仍然根深蒂固，对我国的行政管理仍然具有重要的影响作用。我们必须看到，传统中国社会“人治行政”文化模式，毕竟只是以宗法社会为基本结构的农耕社会文化的产物，根本无法作为高度复杂化了的现代社会的治理模式；有鉴于此，引进作为人类文明共同成果的现代法治模式已成为社会发展的必然选择。

（五）对“轻责行政”文化的挑战

有权力必有责任这是一个铁的定律。任何行政行为都必须处于责任状态，这是公共行政的基本逻辑。尽管政府不可能为社会承担无限的责任，但政府是公权力的实际代理者，既然向社会行使了一定的权力，就应该为社会承担相应的责任。然而，如果我们仔细对中国的社会现实进行观察，就不难发现，在中国传统社会中，政府的权力往往被放大，有时甚至是被无限地加以放大，而政府的责任则被置于次要的地位。“重权轻责”成为中国传统行政文化的一项重要内容。新中国成立后，“官贵民贱”、“官本位”、“官管民”等的封建传统观念在现实生活中并未彻底根除，依法行政、责任行政未得到提倡和重视，在行政机关及其公务员中，官员应对自己的行为负责的责任观念并未成为普遍的意识，因此只有公民有责任，而国家无责任、官员无责任的状态在很长时间里都没有改变。长期以来，由于我国“人治”色彩较浓，政府部门和行政官员的责任是不明确的，在我们过去的很多行政法规中，甚至没有行政法律责任的硬性规定，行政责任追究制度建设严重滞后，面对责任时相互推诿，“踢皮球”的现象时有发生，从而致使本来很快就能办好的事情久拖不决，行政效率低下。在实践方面，即使实行了行政责任追究制，也往往避重就轻，“大事化小、小事化了”。这种现象的存在固然与“人治”行政文化的历史有关，也与目前我国缺乏严格行政责任的规定有关，即使有法律或行政上的相应规定，内容有时也相当抽象与含糊，这也为行政责任追究在避重就轻上留下了空间。

责任行政文化是现代行政文化的基本精神。根据“有权必有责、用权受监督”的要求，行政公务人员作为依法行使国家行政权力的人员，必须依法履行其行政职责，并为其违法失职行为承担必要的法律和行政责任。

（六）对“官本位行政”文化的挑战

“官本位”由经济领域中的“金本位”转引而来，正像黄金衡量货币的价值一样，“官”也成为衡量人的价值判断标准。把是否为官以及为官大小当成一种核心的社会价值尺度去衡量个人的社会地位和价值的独特的行政文化现象，“官本位”文化产生于中国，而且又影响了数千年的中国政治。中国传统社会的实质性支配关系在行政领域都是建立在权力占有的基础上，权力支配着包括物质资源和文化资源在内的所有社会资源的配制，只要拥有权力，就意味着拥有社会资源。拥有金钱和财产，但不一定拥有权力；反之，拥有行政权力，则必定会拥有经济特权，只要掌握权力的官员愿意，这种特权可以直接变换成其个人的金钱和财产。在制度建设相对滞后的今天，许多官员的腐败或者说权力“寻租”莫不与此有关。

在“官本位”传统行政文化的影响下，整个中国社会都被纳入到“官本位”的等级体系之中，一个人只要进入到这个体制中来，立即会被按照官阶的等级来折算成三六九等，个人荣誉的获得与对社会贡献和品行没有必然的联系，往往是官阶越大社会荣誉越高。“生无爵，死无谥”，几乎是整个传统中国的定例。只有位高权重的少数官员才能受谥，普通人即使再富有、再有学识，通常也没有资格受谥。还有最“要命”的一个特权，就是官员犯了罪以后，可以用他的官职去抵销。“王子犯法与庶民同罪”，只是源于商鞅改革的一个“美丽传说”，从未在传统的中国真正实现过。

“官本位”行政文化在中国传统社会延续几千年，分别成为孙中山领导的旧民主主义革命和毛泽东领导的社会主义革命的主要对象。按道理讲，社会越进步，尤其是民主法治越进步，“官本位”则越淡化，但是“官本位”文化好像没有淡化出历史的痕迹，非但没有淡化，反而还有向社会各个领域蔓延的趋势。尽管如此，“官本位”行政文化与建立在权力本位之上的现代政治文明有着实质性的区别，从官员的权力本位走向公民的权利本位，是人类政治进步的必然规律，是社会主义政治文明的基本要求，而民主法治则是破除官本主义，使传统政治文明向现代政治文明转型的不二法门。

根据以上分析，可以断定中国当前的行政文化将会在以下六大方面发生根本性的变革，即从管制型文化向服务型文化的转变；从物本文化向人本文化的转变；从“人治”文化向“法治”文化的转变；从职权文化向职责文化的转变；从“官本位”文化向“民本位”文化的转变；从保密文化向透明文化的转变。而贯穿于这六大变革之中的核心价值观为：行政正义。

第一章　从统治、管理型文化向服务型文化转化

自从有了国家，出于对国家和社会公共事务的管理，就一定有行政管理。行政的历史与国家的历史是相伴而生的。随之而来的就是对国家的治理理念，以及与政治和行政文化相适应的政府管理模式。纵观人类社会发展史，从理论和实践的角度来分析，共有三种政府管理类型：统治型政府、管理型政府和服务型政府[①]，其中，“统治行政与管理行政是行政发展史上的两种历史形态，它们分别对应于农业社会和工业社会两个历史阶段”[②]。服务型政府是在后工业社会合作治理体系中的一切公务活动的总和，它是未来政府治理类型的要求。

一、统治型政府向管理型政府的转变

在国家从诞生到资本主义制度建立的漫长历史时期，由于政治上以追求政治秩序、维护统治阶级的统治地位为主，经济上是封闭的、自给自足的农业经济占据主导地位，人民则作为统治者的私有财产而被束缚在土地上，没有人身自由，也就不可能有自主意识，此时的统治阶级就以其掌握的强制性的公共权力将整个社会控制在不会危及其统治地位的秩序内，这种政府管理模式就

① 张康之：《行政伦理的观念与视野》，北京，中国人民大学出版社2008年版，第70页。

② 张康之：《行政伦理的观念与视野》，北京，中国人民大学出版社2008年版，第72页。

是统治型政府。

（一）统治型政府的基本特征与缺陷

1. 统治型政府的基本特征

（1）统治型政府行政文化的核心价值观是统治，它所追求的是绝对的政治秩序，这种政治秩序的实现与维持主要靠暴力机器和强制手段。至于被统治者的愿望和利益要求，是不可能直接反映在行政行为中的，虽然政府为满足被统治的要求和利益也会进行一定的社会管理活动，但这种社会管理活动与统治职能是处于一种混沌统一的状态，它是政治统治的工具，其社会管理活动只不过是其赢得统治合法性的一个手段而已。（2）统治型政府的组织形式为马克斯·韦伯的传统型权威，即统治者的产生是由血缘和出身而定的，其权威基础是统治者所宣称的传统规则、先例和习惯，以及权力的神圣性，而非法定的规章与制度。（3）统治型政府的公民角色为依附。在统治型政府中由于整个社会的经济结构都是建立在土地的私人所有制基础上的，而当时的奴隶或农民又附着在土地上，因而他们就由对土地的依附转而变成对土地所有者的依附，这样，奴隶或农民实际上就演变为土地所有者的私有财产。同时，由于土地最终都是属于统治型社会中最高的统治者，即帝王或君主，公民也就在最终意义上是属于帝王或君主的私有财产。在这种政府模式中，作为君主私有财产的臣民，是没有任何独立的政治、经济和社会地位的。（4）统治型政府统治方式是典型的人治。政府行为主要依据统治者尤其是最高统治者的个人意愿而行，在这种政府类型下，虽然也会有一些法律制度，但这些法律制度主要是用来约束公民的，统治者自己不受法律约束。

2. 统治型政府的缺陷

统治型政府相比于之前的原始状态是人类历史的一个进步。

因为它“通过政治制度这种稳定的形式把统治者和被统治者的关系固定下来，从而使矛盾和冲突的主体更加集中，更加确定，使矛盾和冲突从无序变得有序”①，统治行政的最大贡献就是确立了秩序意识，正因为秩序的确立与稳定，才有了社会生产力的发展，才有了社会的相对稳定与发展。但在这有序的背后，统治型政府有其无法克服的一系列的矛盾和冲突。在政治上，统治行政的有序是一个阶级压迫另一个阶级的有序，其核心价值观是“统治”和“被统治”或“压迫”与“被压迫”的关系，在这种行政文化中，要么成为奴役者，要么成为被奴役者，以至于人类社会在历史的推进中陷入统治者和被统治者重复异位的轮回中。在经济上，统治行政的突出特点就是分封，国王通过土地的分封对国家进行分而治之，采取封闭式管理，最底层的土地耕作者就被束缚在这些被分割的土地上，不能随意自由流动，这种经济上的分封和低层劳动者的被束缚状态，显然和更高级的社会化大生产的要求是不相适应的。在人性上，它体现了被统治者与统治者之间所存在的严重的不平等关系，并且所有的统治型政府都将这种人与人之间的不平等固化为一种制度、一种文化，这无疑是对人类尊严和人权的严重侵犯。

（二）从统治型政府向管理型政府转变的契机

1.20世纪初社会发展复杂性的客观要求

从历史上看，西方资本主义制度的确立标志着管理型政府的确立，尤其是一系列重要法案的出台，如《权利法案》、《人权与公民权利宣言》等，标志着管理者和被管理者之间在政治理念上和法律文件上开始取得平等地位，也就决定了统治型政府的终结。但在政府管理实践中，政府管理模式也同样存在着“路径依赖”的问题，资产阶级政府在早期的管理中，总是自觉不自觉地

---

① 张康之:《政府职能的历史变迁》，载《学术界》1999年第1期。

表现出一种对统治型政府管理模式的沿袭和遵从。即20世纪以前的整个近代社会中，国家的统治职能一直是处于主导地位的，其主要目的是确立和维护统治地位，政府的公共管理职能和范围都极其有限。

但是，随着资本主义制度的日渐稳定，统治职能开始逐渐减弱，社会秩序的追求更加突显，特别是19世纪末20世纪初，资本主义由自由走向垄断后所出现的一系列社会和经济问题，都对政府加强社会管理职能提出了更多的要求。在这种形势下，原有的守夜型政府职能模式已无法适应社会发展的要求，“政府的职能在逐日变得更加复杂和更加艰难，它们并且在数量上也同样在大大增加。行政管理当局在把它的手伸向每一处地方以执行新的任务”①。所以，虽然在20世纪以前的资产阶级政府管理中，统治职能还处于主导地位，但“行政的管理职能却在量上悄悄地增长，这种量的变化，终于在20世纪引起了质的变化，以至于行政的管理职能上升到了主导地位”②。管理型政府得以最终形成。

2. 管理型政府产生的三大背景

（1）政治与行政二分思想的提出。政治与行政二分的思想是由美国著名行政学家威尔逊首先提出来的。威尔逊认为：“行政管理是置身于‘政治’所特有的范围之外的。行政管理的问题并不属于政治问题，虽然行政管理的任务是由政治加以确定的，但政治却无需乎自找麻烦地去直接指挥行政管理机构。”③ 他还进一步总结到“政治是在‘重大而且带普遍性的事项’方面的国家活动，而在另一方面，‘行政管理’则是‘国家在个别和细微事项方面的活动。因此，政治是政治家的特殊活动范围，而行政管理则是技术性职员的事情’；‘政策如果没有行政管理的帮助就将一

---

① ［美］威尔逊：《行政学之研究》，载《国外政治学》1987年第6期。

② 张康之：《行政与公共行政的历史演进》，载《中共福建省委党校学报》2002年第4期。

③ ［美］威尔逊：《行政学之研究》，载《国外政治学》1987年第6期。

事无成’但行政管理并不因此就是政治”。① 古德诺则对威尔逊的二分思想进行了系统的探讨，他认为：“在所有的政府体制中都存在着两种主要的或基本的政府功能，即国家意志的表达功能和国家意志的执行功能，前者谓之为政治，后者谓之为行政。”② 政治更多地与政策制定相关，而行政则更多地与政策执行相关。政府活动过程是政策制定与政策执行的统一，二者相互依存、相互联系，不可能绝对地分开。

在政治与行政二分思想的指导下，行政学开始从政治学中分离出来而成为了一门独立的学科。行政学更多地研究“政府能够适当而且成功地承担的是什么任务”以及“政府怎样才能够以尽可能高的效率和尽可能少的金钱或人力上的消耗来完成这些专门的任务”。③ 这种二分思想很自然地将政府的职能主要定位在了管理，而不是在统治方面，这就为管理型政府的形成提供了理论基础。

（2）公务员制度的确立。公务员制度指的是国家对各级公务员的考试、录用、培训、奖惩、待遇、退休、保障等的规范化管理体制，主要包括法制化、职业化、专业化等原则。公务员制度最早形成于英、美两国，它是在对政党分赃制进行矫正的基础上形成的。随着工业的发展、城市的扩大以及随之而来的大量社会问题的出现，它要求大批真正具有管理能力的专业技术人员进入国家公职人员队伍，以承担起对社会问题进行有效管理的责任，而原有的正常分赃制所带来的任人唯亲、卖官鬻爵、徇私舞弊等现象显然无法适应新的经济和社会发展的需要，因此建立一支科学、稳定、高效的专业化公务员队伍已成为时代必需。公务员制度的确立，不仅克服了政党分赃所带来的弊端，为政府培养了大

① ［美］威尔逊：《行政学之研究》，载《国外政治学》1987 年第 6 期。

② ［美］古德诺：《政治与行政》，丰俊功译，北京：华夏出版社 1987 年版，第 12—13 页。

③ ［美］威尔逊：《行政学之研究》，载《国外政治学》1987 年第 6 期。

量的具有专业知识和技能的政府管理人才，也为管理型政府的形成奠定了人事方面的基础。

（3）官僚制的建立。官僚制的建立来源于马克斯·韦伯的官僚制理论。韦伯认为，组织的合法权威有三种来源：习俗惯例、个人魅力、法规理性。法规理性是理想组织形式的基础。官僚制具有如下基本特征：第一，合理的分工。在组织中明确划分每个组织成员的职责权限，并以法规的形式将这种分工固定下来。第二，层级节制的权力体系。在组织中实行职务等级制和权力等级化，整个组织是一个层级节制的权力体系。第三，依照规程办事的运作机制。在组织中任何管理行为都不能随心所欲，都要按章行事。第四，形成正规的决策文书。在组织中一切重要的决定和命令都以正式文件的形式下达，下级易于接受明确的命令，上级也易于对下级进行管理。第五，组织管理的非人格化。在组织中管理工作是以法律、法规、条例和正式文件等来规范组织成员的行为，公私分明，对事不对人。第六，合理合法的人事行政制度。量才用人，任人唯贤，因事设职，专职专人，以及实行适应工作需要的专业培训机制。

政治与行政的二分思想为政府从政治事务中分离出来，专门从事对国家和社会公共事务的管理活动提供了理论上的可能；公务员制度的形成则为为政府提供更多的具有管理技能和专业知识的公职人员提供了人事上的保障；官僚制组织理论则为这些人员高效率地完成政府所承担的职能提供了组织上的安排。基于这样的背景，政府的统治职能日渐消退而居于次要地位，对社会事务的管理职能则日益突显，管理型政府应运而生。

（三）管理型政府的特征与对其进行的反思

1. 管理型政府的主要特征

（1）以效率为目标。效率是公共管理价值尺度中的头号公理。为了追求效率，管理型政府还大量采用一般管理理论，如以泰勒和法约尔为代表的科学管理理论。我们知道，科学管理理论是对工厂的管理进行研究所得出的经验总结。这些理论之所以被称为科学管理理论，最根本的原因就在于这种管理理论能够为工厂的管理带来效率，其所提出的科学管理原理就是针对效率这一目的展开的。而这些理论也成了管理型政府进行管理的主要理论依据。由此可见管理型政府对效率的高度关注。

（2）以政府为本位。在管理型政府中，作为资源配置的两种基本手段——政府和市场已经得到公认。在市场失灵时，政府开始介入，对市场的失灵进行矫正；在市场无法满足人们对某些产品的需求时，由政府来提供这些产品。所以，在这种治理模式中，政府就成了公共管理的唯一主体，大量公共产品的直接生产任务由政府来承担，政府在国家和社会公共事务的管理中处于绝对的主导地位，公民和社会被排除在公共管理之外。这样，政府职能逐渐扩大到社会生活的各个领域，甚至全面干预经济和社会生活。政府的职能也随之急剧扩张，政府的公共管理活动几乎无处不在，全能政府也由此而生。实践也证明，管理行政的出现是以国家的行政职能迅速膨胀为标志的，所以，管理行政也必然会在无意识中走向“行政国家”的结局。全能政府的诞生，必然导致政府规模的扩大，其主要表现为政府机构和人员的膨胀。

（3）以管理为要务。在管理型政府中，政府的统治职能已经让位于它的社会管理职能。管理是管理型政府的主要行政理念，它所追求的是社会秩序，这种社会秩序的实现更多的是由管理的社会职能来保证的，“它的统治职能被作为一个总目标和总原则而深深地隐藏在各项管理职能的背后，表露于外的是管理的政治职能、经济职能、文化职能以及其他各项社会职能”①。也就是说

---

① 张康之：《论政府的非管理化——关于“新公共管理”的趋势预测》，载《教学与研究》2000 年第 7 期。

统治是寓于管理之中的，统治因素越来越隐蔽，管理因素越来越彰显。

通过以上分析，我们可以看出，统治型政府与管理型政府在社会治理的要求上是有差异的。统治行政以统治意志为中心，体现的是一种强制性的行政。管理行政以制度为中心，强调制度的科学性与合理性，体现的是科学与公正。统治行政的全部目的是政治秩序，有了政治秩序就有了一切。管理行政除了确保政治秩序外，其目的更多地体现在对社会生活的公共部分进行管理，以使之优化。统治行政着眼于目标，不计较手段如何，目标的善及其实现才是管理行政的一个终极标准。管理行政在理论上也重视目标，但在实践中因其更加重视手段或程序而冲淡了目标的重要性。所以统治型政府的国家大型工程容易一蹴而就，或由于盲目上马而损失惨重。管理型政府的国家大型工程多会进行科学的论证，或由于程序化的制度表决而延迟或流产。为此，我们会发现管理行政越发展、越现代化，就越形式化、越僵化。就性质而言，统治行政是为民作主的行政，官吏向上对最高统治者负责，向下为民作主。管理行政、管理活动是一种职业活动，管理者是职业化的公务人员，他与被管理者的关系只是分工的不同。管理行政的权威在于法律。相比于统治型政府，管理型政府正是通过它以政府为本位、以管理为要务、以效率为目标的特点，实现了政府管理的理性化和科学化。在这一点上，可以说管理型政府取得了巨大的成功，极大地推动了科技的发展、经济的繁荣和社会的进步。但是，随着新的社会环境的变化，这种政府管理模式开始显现出其不适应的一面。同时，其本身所内含的许多致命缺陷也都暴露了出来，这就需要新的行政理念的引入。

2. 对管理型政府进行的反思与批判

（1）管理型政府面临着全球化与信息化的挑战。20 世纪 70 年代以来，全球化和信息化成为世界历史不可阻挡的发展潮流，管理行政面临着巨大的挑战。就全球化来讲，全球化导致了资金、技术、人员和产品在全球范围内的重新配置。民族国家经济的相对“独立”管理不得不融入全球经济体系的竞争之中，相互联系的观点将取代相互分离的观念。这样以来，在全球化相互联系的格局中，政府为吸引更多的资金、技术和高层管理人员，就必须改善本国的市场和社会环境，为企业和人员提供更加高效和便捷的服务。此外，随着国内对外面世界的逐步了解，全球化也导致了比较机会的增加和示范效应的放大。那些市场体制完善、政府服务质量高的政府管理模式显现出巨大的示范效应，而那种政府对国家和社会生活进行全面干预的管理模式越来越无法得到本国乃至世界的认同。但此时的管理型政府经过几十年的发展官僚主义严重，无法适应全球竞争环境的要求，故改变本国政府管理模式已成为各国政府的选择。就信息化来讲，随着信息化的发展，政府对信息的垄断基本上是不可能的，这就意味着原有的封闭式管理方式已被打破。在政府对信息的垄断与封锁几乎不再可能的情况下，信息化的发展也将意味着愈来愈多的敏感信息，如官员腐败、决策失误、裙带关系等流入互联网。政府所拥有的决策主导权和公民对政府的信任保持成为各国政府必须考虑的新问题。另外，适合于机械工业时代的金字塔型组织结构也受到了前所未有的挑战。金字塔结构形式由基层工作人员收集信息，然后筛选，层层上报至最高层，最后由最高层汇集各方面传输而来的信息进行决策，然后把决策方案再层层传达落实执行。信息化的发展完全可以实现在基层和最高层之间的直接信息共享与互动，真正实现了组织结构的扁平化甚至网络化的发展。

（2）管理型政府本身面临着新的困境。首先是财政危机。自20世纪30年代起，西方国家纷纷建立起庞大的社会福利项目。随着社会的进一步发展，管理行政普遍陷入了财政危机，财政危机成为西方行政改革的重要因素。在我国建国初期，由于实行计划经济体制，政府职能覆盖了社会的全部，也导致政府财政压力的日益增大。在这种背景下，人民只能寄希望于政府职能转变、机构改革来解决。其次是管理危机。随着工业化和科技的发展，社会在取得进步的同时，也引发了诸多新问题，如人口膨胀问题、城市化问题、医疗问题、社会治安问题、环境问题、失业问题、教育问题等。这些问题由于具有复杂性、动荡性和多元性的特点，使政府的不可治理性大大增加。同时由于韦伯式的官僚制所固有的僵化、形式主义、信息失真等负面效应也逐渐凸显，政府的不可治理性加剧。最后是信任危机。官僚制由于其自身所具有的墨守成规、“衙门作风”、繁文缛节、“官样文字”、腐败等问题，导致了公民对政府的信任危机。

（3）对管理型政府模式的反思与批判。时代发展的要求与现行政府管理模式所面临的新困境表明，管理型政府在行政理念、职能设置、政府体制、政府运行机制、行为方式等方面都存在着诸多与新环境的不适，这也促使人们开始对管理型政府进行大规模的反思与批判。这种反思与批判主要集中在管理型政府的组织形式——官僚制上。

如前所述，按照马克斯·韦伯的设想，行政官僚制具有严格的等级制、明确的规章和制度、专业的分工、非人格化的组织及其组织成员、组织成员的终身职业取向等特征。正是由于官僚制具有这些特征，它才被马克斯·韦伯视作是已知的人类行政体制中最“理想的”一种。马克斯·韦伯在他的著作《经济与社会》一书中指出，从“纯技术”的角度来看，官僚制作为管理体制的组织广泛传播的决定性原因，向来是由于它的纯技术的优势超过任何其他组织的形式。然而不可否认的是，公共行政官僚制存在着弊端，公共行政组织的官僚化是政府精神异化的一个现实表现，从而成为现代社会发展的一个挣脱不了的恶梦。

公共行政官僚制的弊端主要表现在以下几个方面：

第一，为效率而效率。管理行政对效率的片面追求“会有发生‘为了目的不择手段’这种反社会行为的危险”[①]，并最终使社会失去公平和公正。如就民主与效率的价值属性而言，民主是根本的价值取向，而效率只具有工具价值的属性，它只是实现民主的工具而已。而与此原则相反，在官僚制对效率的过分追求下，民主价值成为可有可无的东西，既可作为目标一致的副产品也可作为目标异同的牺牲品。同时，对效率的过分强调使得官僚制总是把决策权赋予一个最高的领导者，领导者个人垄断决策，而极少征求下级和公民的意见，公民的参与权与知情权丧失，这样就很可能会因决策失误而最终丧失掉效率。

第二，为规则而规则。官僚制内部严格而刻板、繁琐的规章和制度限制了公务员的主动性、积极性和创造性。公务员只需机械地照章办事，完全可以拒绝创新或拒绝作出比规章规定的最低工作量哪怕多一点的努力。一旦工作有误，按照官僚制的逻辑，所采用的补救措施往往是更详细的规则，似乎规则越详细管理越科学，以至于到了为规则而规则的地步。对规则和制度的服从成为他们一生致力于追求的目标而不是为公众服务的手段。

第三，为分工而分工。为了追求效率，官僚制的专业化分工使整体被分割为相互分离的部门。把分工作为实现专业化管理的基础和科学高效管理的条件，所以，官僚制总是在不停地分工，以至于为分工而分工，分工成了官僚制的主要手段。但分工过细造成部门之间各自为政、分工而不合作，一旦出现由分工造成的新问题，官僚制不是首先考虑问题的解决办法，而是考虑新的职能部门的设置，进一步专业化分工，结果造成职能重叠交叉、机构臃肿庞大。

第四，非人格化的规章和程序管理。为了避免管理中的因人而异等情绪化行为对管理质量的影响，官僚制极端推崇理性，主

---

① ［日］占部都美：《现代管理论》，蒋道鼎译，北京：新华出版社 1984 年版，第 281 页。

张非人格化的运作和剔除价值因素，扼杀了公务员的个性，公务员成了组织实现其效率的工具或者说机器。这种对工具理性的过度追求，必然会使行政系统乃至整个社会陷入形式化和工具化的困境之中。公务员作为有思想、有感情、有价值判断的“人”，并不是官僚制运用机器中的“齿轮”。这种对非人格化的过分强调导致了管理中的冷漠和不近人情，公务员缺乏亲民意识，公务员和公民之间互不信任，最终导致了管理效率的下降。

第五，官僚集团利益的形成。虽然终身职业取向增强了组织成员对组织的真诚，但是官僚在社会上形成了受到特别保护的利益集团。一旦公众价值偏好与官僚集团的利益无法取得一致，官僚精英为维护其固有的利益和价值偏好，就会利用本来应该用来维护公共利益的、掌握在他们手中的公共权力来为本集团利益服务，从而形成有利于自己的资源分配原则和分配方式。官僚集团就由公民的代理者变成了公民的奴役者，公民就由权力的所有者变成了权力的奴役者，这种“代理违背”的局面是对民主价值的严重侵犯。

第六，管理型政府的“盲目自大症”。管理型政府采用这种以政府为唯一公共管理主体的管理方式的一个必然结果，就是政府很容易患上“盲目自大症”。他们总认为只有政府才能管好，对公民和其他社会力量总是放心不下。于是，通过集权，政府越来越多地对社会和经济生活的各个方面进行全面干预和管制，排斥公民和其他社会力量的干预。“大量的行政实践证明：行政机构实现他们认为紧迫的目的的热情，会使它们看不清它们的职能，而且还会使它们认为宪法对它们的限制以及对个人权利的保障，在面对它们热情努力实现其所认为的最为重要的政府目标时，都应当让路。”① 在这种“盲目自大症”的影响下，政府管制

① ［英］哈耶克：《自由秩序原理》（下），邓正来译，北京：生活·读书·新知三联书店 1997 年版，第 14 页。

的范围和强度都急剧增大起来，形成了“全能政府”的格局。这必然会带来政府与社会、政府与市场之间的对立和冲突。

基于官僚制自身的缺陷和政府面临的新困境，管理型政府依其自身是无法克服这些缺点的。且官僚制自身又面临着全球化和信息化的双重挑战，所以自20世纪70年代之后，“政治学和行政学的所有有价值的研究，就不能不对韦伯的思想和威尔逊的设计进行认真细致地分析，以便从中发现现有政府类型一切缺陷的理论根源，并尽可能地启动建构新型政府的灵感”。① 新公共管理就是探索新型政府管理模式的一次尝试。

二、　新公共管理理论向新公共服务理论转变

20世纪80年代以来，西方国家的公共行政部门受到来自社会各界的猛烈批评。政府非但不能解决问题，反而成了问题的焦点。石油危机与福利主义让各国政府的财政都捉襟见肘，入不敷出。伴随着财政危机的产生，政府的管理危机、信任危机以及由此引发的更为严重的政府合法性危机接踵而来。一方面，政府赖以维系的官僚制成为公众批评的焦点；另一方面，公众又要求提供更多更有效的服务。一场针对官僚制的行政改革运动轰轰烈烈地掀起来了，而指导这场改革运动的理论就是新公共管理理论。新公共管理理论在许多方面都超越了官僚制，进而表现出一种向服务型政府的过渡趋势。

在这场改革运动中，英国是先行者。1980年，撒切尔政府推行以缩小政府规模和进行“财政管理创新”为中心的改革，其后的梅杰政府（“公民宪章运动”）、布莱尔政府（“第三条道路”）继续推进政府改革，进一步发挥市场化作用；新西兰则在1988年

① 张康之：《寻找公共行政的伦理视角》，北京：中国人民大学出版社2002年版，第99页。

开始以“政府部门法案”为蓝本的改革；加拿大在1989年成立“管理发展中心”，并于次年发表题为“加拿大公共服务2000”的政府改革指导性纲领；美国于1993年成立国家绩效评估委员会，用来指导政府改革，后于1998年更名为重塑政府国家伙伴委员会（National Partnership for Reinventing Government）。这些改革的重要特征就是，发挥市场机制在公共服务领域中的作用，积极借鉴私营管理的技术和方法，提升政府的管理能力和公共服务能力。

（一）新公共管理对官僚制的超越

1. 实现了公共管理主体的多元化

政府不再是公共管理的唯一主体，其他非政府组织将越来越多地参与到公共事务的治理中。在公共管理理论发展历史上，无论是威尔逊—韦伯的官僚制理论还是新公共管理理论，其基本的一个理论假设就是政府是公共管理的唯一主体。所以，不管人们是要提高政府管理的效率还是促进社会的公平，他们总是把焦点和希望寄托在政府的身上。因为政府及其公务人员是公权力的唯一主体，所以无论我们如何通过制度设计来限制政府对公权力的滥用，如何对公务员进行奉献精神的倡导和教育，世界范围内似乎愈演愈烈的腐败问题还是充分暴露了以官僚制为基础的管理型政府的局限性。而新公共管理提出的公共管理主体多元化的理念，无疑对公共管理领域的影响是革命性的。其一，它减少了政府寻租的机会。公共管理主体的多元化趋势说明，政府作用的范围将大大缩小，随之而来的是政府寻租机会的大大减少，腐败的机会也随之而缩小。其二，它为政府管理带来了效率压力。在政府作为唯一公共管理主体时，不存在不同主体之间的竞争压力，加之对行政效率的测度十分困难，因而，不存在政府管理的效率比较问题。新公共管理在公共管理中引入竞争机制，主张政府管理应广泛引入市场竞争机制，通过市场测试，让更多的私营部门参与公共服务的提供，提高服务供给的质量和效率，实现成本的节省。以竞争求生存，以竞争求质量，以竞争求效率。这种公共管理主体的多元化则意味着公共部门要想竞争到对某些公共事务的管理权，就必须提高管理效率，以在比较中获取竞争优势。其三，它为克服官僚体制中所形成的“官本位”意识提供了契机。公共主体的多元化打破了公共管理部门对公共资源的垄断，政府也不再是公共服务的唯一提供者，“官本位”意识也就失去了其存在的客观基础。总之，公共管理主体多元化的提出，“引起的不仅仅是一种管理手段的变革，同时也是对整个公共管理部门格局的重新认识，它由公共行政学对组织内部的关注转向外部，开始探讨实现公共部门有效管理中不同的实施主体各自的定位、分工和各自适当的角色，它反映了整个公共管理格局的变化”①。同时，政府作为唯一公共管理主体的垄断地位被打破，这为权力腐败、效率低下、官僚主义等问题的解决也带来了新的契机。

2. 对公民权利的关注

在传统的管理模式下，政府这一管理主体一直是公共管理关注的中心，整个管理活动都是围绕方便政府管理和有利于管理者利益的角度出发的，公民的利益被忽视了。新公共管理以顾客为导向，奉行顾客至上的全新价值理念，完全改变了传统模式下政府与公众之间的关系。公民是享受公共服务的“顾客”，政府以“顾客”需求为导向，尊崇“顾客”主权，坚持服务取向。新公共管理关注政府项目实施的有效性，表现出一种目标导向的趋势，行政权力和行政行为从属于“顾客”的满意度这一中心。政府以提供全面优质的公共产品、公平公正的公共服务为其第一要务。在新公共管理看来，政府是负责任的“企业家”，而公民是

---

① 贾西津：《治理结构的转型与 NGO 的角色：全球化下的社会变迁与 NGO》，上海：上海人民出版社 2003 年版，第 129 页。

其尊贵的“顾客”。这是公共管理理念向市场法则的现实复归。作为“企业家”的政府并非以赢利为目的，而是由“顾客”驱动的以提供多样化和高质量的公共服务的政府。对公共服务的评价，应以“顾客”的参与为主体，注重换位思考，通过“顾客”介入，保证公共服务的提供机制符合“顾客”的偏好，并能产出高效的公共服务。公共管理迎合公民的要求，关注公民的利益，这在一定程度上表现出了对公民权利的关注，也为公民意志在公共管理中决定性地位的实现提供了一些实践经验。

3. 对服务精神的倡导

传统管理型政府是典型的权力型政府，行政体系是一个以权力为中心的集权体系。它强调的是权力的权威性和强制性，公民作为管理的被动接受者必须接受权力所形成的权威，否则就会受到惩罚或强制执行。新公共管理对服务精神的倡导是由对权力中心主义的一系列改革而实现的。首先，管理主体的多元化大大缩小了政府公共权力的作用范围。原有的管理型政府权力管辖的范围过大，已渗透到社会生活中的方方面面，新公共管理则通过一系列改革措施，如社会其他社会力量参与公共管理，提供了许多具体的制度安排。同时，国有企业的非国有化以及减少政府对市场的规制、精简政府机构和人员等，大大缩小了政府公共权力的作用范围。其次，对结果和绩效的重视。管理型政府过分注重规则和程序，不仅严重影响了公务员的工作积极性和创造性的发挥，而且很多时候它也成了公务员玩弄权力、显示地位的借口。新公共管理主张放松严格的规则和程序限制，要求公务员对结果和绩效负责。这就使得公众没有必要了解也根本不可能了解政府这个官僚主义大迷宫中错综复杂的权力体系和细密繁杂的规则和程序，只关注最终的结果是否符合自己的意愿就行了。更为重要的是，在绩效考核中引入了公民满意标准。这样一种制度安排使得政府及公务员只能以更高的服务质量来赢得公民的认同。再次，公共管理主体的多元化也加剧了公共权力的非中心化进程。

随着公共管理改革的日益推进，其他社会力量越来越多地参与公共管理之中，这必将使政府和其他社会单元对社会公共事务形成“共治”的局面，这样一来，公权力对社会事务的垄断将成为历史。而公权力的非中心化，“实际上也就是管理的服务化。即公共管理变成了一种为公众的服务，所以，服务将是新公共管理的主题”①。

4. 政府职能由“划桨”转为“掌舵”

新公共管理的代表人物戴维·奥斯本在其《改革政府》一书中直言：政府的角色是“掌舵”而不是“划桨”。他主张政府在公共行政中是制定政策而不是执行政策，政府应该把管理和具体操作分开。政府只是起到“掌舵”的作用而不是“划桨”的作用，这样可以形成小规模、低成本的有限政府。在公共管理事务中，除政府外，还应有非政府组织、非盈利组织、社区组织、公民自治组织等第三部门和私营机构。政府应该是多元管理主体的组织者、协调者，是多元管理主体的核心。他们认为传统政府低效的一个重要原因就是忙于“划桨”而忘了“掌舵”，做了许多做不了、做不好、舍本求末的事情。至于“掌舵”的主要途径，新公共管理认为要通过重新塑造市场，不停地向私人部门施加各种可行和有利的影响让其以“划桨”的方式来进行。

（二）新公共管理运动的缺陷

新公共管理运动尽管在西方国家的行政改革实践中取得了一些积极的成果，但也暴露了其自身不可克服的缺陷。所以，新公共管理理论自诞生之日起，就遭受了来自各方面的批评。

1. 理论基础的局限

新公共管理的理论基础主要是新古典经济学，尤其是公共选择理论、交易成本理论和委托代理理论。经济学本身就是一门有

---

① 张康之：《论政府的非管理化—关于“新公共管理”的趋势预测》，载《教学与研究》2000 年第 7 期。

缺陷的社会科学，尤其是经济学的人性假设，所以将其运用到公共部门就必然会认为人是自利的，并追求个人利益最大化。这种人性假设忽视了互惠、互信、体谅、容忍等文化因素对人性的影响，否定了公共伦理存在的可能性，这不仅是悲观主义的，也是不符合公共行政的现实的。再者，经济学作为经济体系和私营部门的理论基础，是有一定成效的，但将其应用到公共部门必定会抹杀公共管理的公共性，以及由公共性而决定的对民主、公平和正义等公共管理应该追求的价值目标。对民主价值的背离，正是新公共管理理论最核心的缺陷。正如丹哈特所说的："在被新公共管理理论家奉为圣经的奥斯本和盖布勒的《改革政府》那本书中，如果你去查阅它的索引，你将不会找到诸如正义、公平、参与甚至领导等词中的任何一个，你也不会找到'公民'和'公民资格'。"[①] 新公共管理理论原本出发点是对官僚制的超越，事实上，新公共管理理论更应该看作是对传统官僚制理论的改进而不是替代。正如有学者所说的，"表面看来，它在公共选择、交易理论等经济学理论的指导下，试图发现一种可以超越官僚制的公共行政模式，实际上，它并没有实现对官僚制的超越，至多也只是一场对官僚制的大规模的修补工作。"[②]

2. 对效率的过分关注

如前所述，新公共管理理论是西方国家为挽救政府合法性危机而开出的对策性药方。在这一系列的对策性药方中，最核心的目标就是要提高政府管理的效率。追求效率是公共行政的出发点和落脚点。所以，在新公共管理理论中，到处都充斥着"市场"、"竞争"、"顾客"等概念，其目的就是通过这些新的概念的引入，使传统的官僚制理论在新的时代背景下更具效率。虽然奥斯本和

① Robert B. Denhardt, Janet V. Denhardt, "The New Public Service: Putting Democracy First", National Civic Review, Winter 2001, Vol. 90, Issue 4, p. 391.

② 张康之：《寻找公共行政的伦理视角》，北京：中国人民大学出版社 2002 年版，第 165 页。

盖布勒在《改革政府》一书里也提到了诸如“授权”、“服务”、“回应”、“参与”和“合作”等概念，但这些都是其实现效率的工具，体现出的依然是一种工具理性。这种单纯的效率追求决定了新公共管理理论主要关注的不是政府角色的重新定位，即政府应该做什么，而是具体操作层面的问题，即政府如何运作。这也正如奥斯本所说：“本书的主题不是政府应做什么，而是政府如何运作。”[①] 那么政府应如何运作呢？按照奥斯本和盖布勒的主张就是要把私营部门成功的管理手段和经验，如重视人力资源管理、强调成本—效率分析、全面质量管理、强调降低成本、提高效率等引入到公共管理中去。

3. **新公共管理理论强调的仍然是管理而不是服务**

新公共管理理论提出的效率目标是靠管理来实现的，所以，波利特认为新公共管理理论在一定程度上是对泰勒科学管理理论的回归，因为泰勒的科学管理理论和新公共管理理论“从根本上而言，关注的是控制”[②]。正如胡德所言，“由高层人员对组织进行积极的、显著的、裁量性控制。”[③] 因此，新公共管理理论实际上是一种“新泰勒主义”，[④] 其基本思路仍然是官僚制的精英治理之道，即由官僚精英按照企业管理的一般规律来进行管理，而公民则是精英管理的被动接受者。所以，胡德认为，新公共管理是一种没有实质内涵的“夸大伎俩”，是广告式的，而不是实质性的，它实际上并没有改变任何东西。“外面的包装是新的，里面的观念是旧的”，是一种“新瓶装旧酒”的把戏。新公共管理与

---

① ［美］戴维·奥斯本、特德·盖布勒：《改革政府：企业精神如何改革公营部门》，周敦仁等译，上海：上海译文出版社1996年版，第5页。

② Christopher Pollit，Managerialism and the Public Services：The Anglo-American Experience，Oxford：Basil Blackwell，1990，p. 177.

③ 转引自［澳］欧文·休斯著：《公共管理导论》，彭和平等译，北京：中国人民大学出版社2001年版，第72页。

④ Christopher Pollit，Managerialism and the Public Services：The Anglo-American Experience，Oxford：Basil Blackwell，1990，p. 56.

其说是一种公共行政典范的转移，还不如说是一个对官僚制权力中心主义批判的解谜之道。不过新公共管理对“管理”、“效率”等的过度迷信，也是一种“致命的自负”。所以，新公共管理运动，虽然引进了“顾客”这一概念，并在改革实践中确实也增进了政府的服务水平，但服务在这里只不过是为实现管理效率而体现出的工具价值，而不是公共管理的真正目的。

总之，尽管取得了一些积极的成果，新公共管理并没有实现对官僚制的全面替代。“它的所谓‘重塑政府’、‘政府再造’等是有着夸大其词的性质的。因为……它是一场按照官僚制的科学化、技术化的思路对官僚制进行的修补和矫正工作，是在一些枝节问题上对官僚制的调整，它没有从根本上触及政府应当具有什么性质，行政人员和政府与社会公众的关系应当是什么样子的问题。”① 但它毕竟在一定程度上实现了由对政府权力的关注向对公民权利关注的转移，并突出了服务精神的价值，从而表现出一种新的愿望和趋势，这个愿望和趋势就是服务行政时代的开始。

（三）新服务理论的诞生

新的时代有新的要求，正如弗雷德里克森所说的：“无论如何，一个新的时代需要构建自己的公共行政观，那将既不是新公共行政学，也非重塑政府。无疑，下一代将创造出他们认为是新范式的公共行政观。”② 新公共服务理论就是在总结新公共管理理论与实践基础之上提出的一个全新的公共管理理念及管理模式。诚如张康之教授所言：“就像统治型的社会治理体系贯穿着权力意志、管理型社会治理模式贯穿着法律精神和科学精神一样，公共管理的服务精神作为一种‘客观精神’、‘历史精神’是历史地

① 张康之：《寻找公共行政的伦理视角》，北京：中国人民大学出版社 2002 年版，第 173 页。

② H. George Frederickson, “Comparing the reinventing government with new public administration”, Public Administration Review, May/Jun. 1996.

生成的，是人类社会发展中的历史必然。既然农业社会要求统治型的社会治理模式与之相伴随，工业社会必然要求管理型社会治理模式与之相伴随，那么当人类进入后工业社会时，公共管理所代表的服务型社会治理模式的出现，也就只能被合理地理解为历史必然。”①

新公共服务理论是以美国著名公共管理学家罗伯特·丹哈特为代表的一批公共管理学者，基于对新公共管理理论的反思，特别是针对作为其精髓的企业家政府理论的缺陷所作的批判，而建立的一种新的公共管理理论。新公共服务理论认为，公共管理者在其管理公共组织和执行公共政策时应该集中于承担为公民服务和向公民放权的职责。他们的工作重点既不应该是为政府航船掌舵，也不应该是为其划桨，而应该是建立一些明显具有完善整合力和回应力的公共机构。具体来说，新公共服务理论包括以下7个方面的基本观点：②

1. 服务而非掌舵

这是被登哈特认为是七大原则中最突出的原则。公共管理者的重要作用并不是体现在对社会的控制或驾驭，而是在于帮助公民表达和实现他们的共同利益。

2. 公共利益是目标而非副产品

公共利益是管理者和公民共同的利益和责任，是目标而不是副产品。新公共服务提出，建立社会远景目标的过程并不能只委托给民选的政治领袖或被任命的公共行政官员。政府的作用将更多地体现在把人们聚集到能无拘无束、真诚地进行对话的环境中，共商社会应该选择的发展方向。除此之外，政府还有责任确保经由这些程序而产生的解决方案完全符合公正的规范。确保公

---

① 张康之：《政治文明与社会治理体系》，载《社会科学研究》2004年第2期。

② 参见［美］珍妮特·V. 丹哈特、罗伯特·B. 丹哈特：《新公共服务：服务，而不是掌舵》，丁煌译，北京：中国人民大学出版社2010年版，第5—6页。

共利益居于主导地位，而不应该仅仅通过促成妥协而简单地回应不同的利益需求。

3. **战略地思考，民主地行动**

新公共服务理论认为，满足公共需要的政策和方案可以通过集体努力和协作过程得以最有效并且最负责任地实现。为了实现集体的远景目标，在具体的计划实施过程中，政府依然需要公民的积极参与，使各方的力量集中到执行过程中去，从而迈向预期的理想目标。通过参与和推动公民教育计划、培养更多的公民领袖，政府就可以激发公民自豪感和责任感。这种自豪感和责任感会进一步发展成公民的一种更强烈的参与意愿，在这种情况下，所有相关各方都会共同努力为合作和达成共识创造机会。

4. **服务于公民而不是顾客**

新公共服务理论认为，政府与公民之间的关系不同于工商企业与顾客之间的关系。公共利益不是由个人的自我利益聚集而成的，而是产生于一种基于共同价值观的对话。因此行政主体不仅仅要对“顾客”的要求作出回应，而且要集中精力与公民以及在公民之间建立信任与合作关系，在政府与公民之间提供一种公正与公平的服务。此外，政府不应该仅仅关注“顾客”的短期利益，还更应该对一些超越短期利益的事务承担责任。

5. **责任并不简单**

新公共服务要求公务员不应当仅仅关注市场，他们也应该关注宪法和法律，关注社会价值、政治行为准则、职业标准和公民利益。新公共服务理论意识到了这些责任的现实性和复杂性。

6. **重视人而不只是生产率**

新公共服务理论在探讨管理和组织时十分强调“通过人来进行管理”的重要性。通常，人们往往将生产力改进系统、过程重塑系统和绩效测量系统视为设计管理系统的工具。虽然这些探讨可能会取得一些成果，但是它们却培养不出具有责任心、献身精神和公民意识的公民。为此，新公共服务理论认为，这种试图控制人类行为的做法在组织成员的价值和利益并未同时得到充分关注的情况下很可能要失败。同时，新公共服务理论还认为，如果要求公务员善待公民，那么公务员本身也必须受到公共机构管理者的善待。这一“善待”不仅仅是薪水或保障的问题，还包括如分享领导权的问题，这些工作极为复杂，而且面临着巨大的挑战。

7. **超越企业家身份，重视公民权和公共事务**

新公共服务理论明确提出，公共行政官员并不是其机构和项目的业务所有者，政府为公民所有。公共行政官员有责任通过担当公共资源的管理者、公共组织的监督者、公民权利和民主对话的促进者、社区参与的催化剂以及基层领导等角色来为公民服务。这便是一种与看重利润和效率的“企业家”身份大不相同的观点。

新公共服务理论提出了一种更加关注民主价值与公共利益，更加适合现代公共社会和公共管理实践需要的新的理论选择。它吸收了传统公共行政的合理内容，承认新公共管理理论对于改进当代公共管理实践所具有的重要价值，但它把效率和生产力置于民主、社区、公共利益等更广泛的框架体系中，摈弃了新公共管理理论特别是企业家政府理论的固有缺陷，有助于建立一种以公共协商对话和公共利益为基础的公共服务行政。

三、构建服务型政府：中国行政改革的目标选择

（一）中国建设服务型政府的重要性

建设服务型政府，既是世界发展之潮流，更是当代中国社会转型所必需。

1. **建设服务型政府是政府自身发展的内在需要**

中国传统计划经济体制下形成的管制型政府在国家和社会生活中处于绝对主导地位，公民则是一个被管理的对象。这样，一方面政府过于强调自身管治的政治职能，而弱化和忽视了社会服务职能，造成政府大量越位、缺位、错位；另一方面，在这种行政理念下，公民和社会的自主意识淡薄，参与社会治理的积极性和创造性遭受挫折。如此下去，“官本位”意识长期盛行不衰，各种腐败现象久治不愈，公民对政府的信任危机也日益显现。因此，政府要重新树立自己的威信，维护自己的合法性，就必须用为公共服务的理念来改造政府，就必须重新调整国家与社会、政府与市场、政府与企业、政府与公众的关系，政府内部组织、运作程序，变革政府治理观念、手段、方式和方法。服务型政府将是政府实现自身革命的一个重要载体。

2. **建设服务型政府是推进民主政治发展的需要**

我国在改革开放以前和改革开放初期，政府和政府工作人员行使职权和履行职责均体现出一个“管”字，他们处处以“管理者”自居。随着改革开放的深入和民主政治的发展，公民的权利观念日益增强，逐渐要求政府由“管理者”的身份变为“服务者”的身份。公民意志开始逐渐居于决定性地位，服务才是衡量政府一切工作的出发点和最终归宿。政府和政府工作人员在行使职权和履行职责时，将不得不逐步放下身段，主动或被动地以“服务者”身份面对相对人。此外，公民社会的成长和公民结社权、话语权的加强进一步确立了政府的服务地位。尤其是近些年来，各种 NGO（非政府组织）、NPO（非营利组织）社团组织得以成立，公民社会正在逐步形成，公民的话语权（特别是通过互联网表达）日显强劲，从而构成了促使政府由管制型转变为服务型的一种强大推力。

3. **建设服务型政府是实现经济与社会协调发展的要求**

由于中国的特殊国情，长期以来中国政府坚持以经济建设为主要任务。但这极易导致政府变成经济发展的主体，只是一味地追求 GDP 的增长，很容易忽视本该由政府提供的公共产品和公共服务，从而造成经济、环境、社会不能协调发展的局面。特别是当前环境问题、贫富差距两极化问题、弱势群体问题、教育不公问题、医疗就业问题等十分严重，如果不能对之及时纠偏和调控，经济、社会、环境的持续、健康发展将受到严重影响。

4. **建设服务型政府是推进市场经济发展的需要**

在计划经济时代，企业办社会中，各种社会职责由企业承担，如医疗、住房、子女入学等。在市场经济中，企业只有成为真正的市场主体，才能参与市场竞争。政府必须为企业减负，为企业提供各种公共服务，才能为各种市场主体参与市场竞争创造必要的公平环境和条件。同时，政府也必须解决市场竞争可能产生的各种负面问题，如企业破产、环境污染、工人失业、通货膨胀等以维持社会稳定和秩序，此外，在市场经济中，政府还为公民提供各种公共服务，如廉租房、最低生活保障等。否则，社会秩序和社会稳定就无法保障，市场也将无法正常运作。

（二）服务型政府的内涵与建构理念

在以往的研究中，学者们对服务型政府的职能关注较多，而对服务型政府的性质或内涵却关注不够。就是说，他们偏重于研究政府“做什么”，而忽略研究政府“是什么”。当我们不能对政府的性质做很好的把握时，又怎样为政府做什么找到深层次根据呢?

1. **服务型政府的内涵**

目前，理论界对于服务型政府的概念尚无统一的定论，但对其基本精神和理念的理解却达成了一些共识。（1）服务型政府以服务为宗旨。为公民服务是政府存在的合法性基础，也是服务型政府的首要职责。以服务为宗旨体现了人民的利益至上，公民和社会需要什么样的服务，政府就应提供什么样的服务，而不能按照政府的意志提供强制性的服务，这会使政府处于被支配的服务地位。（2）服务型政府是以公民为本位的政府。政府需要首先考虑公民利益的实现，保证公民需求在公共管理中的支配地位。公民本位体现了公民是政府工作的“根”和“本”，是政府工作的起点，公民有权参与公共政策的制定和执行，公共政策也必须反映公民的需求，同时，公民满意度也是评估政府绩效的主要标准。（3）服务型政府是法治政府。服务型政府要求政府在为公民提供服务、保护公民权利的过程中，必须遵守正义的宪法，依法行政，政府侵权行为必须受到法律追究，司法审查是服务型政府的基本保障。（4）服务型政府是责任政府。即能够迅速对公民的服务需求作出回应，并能采取有效措施，公正高效地满足公民合理需求的政府。任何失职或渎职行为都会受到追究，这是责任政府的基本要求。服务型政府所承担的责任包括政治责任、行政责任、法律责任和道德责任。

2. 服务型政府的建构理念

（1）在政府施政理念方面，要实现由“政府本位”、“权力本位”向“公民本位”、“权利本位”的观念转变。重新界定公共服务“为了什么”。政府是人民的政府。一切以人民为本，政府性质的定位是“人民的政府”，说明在政府与公众的价值关系上，政府只是从属的工具，而公民是主导、是目的。这种理念的建立是人类民主政治发展的巨大成就，而支持这一理念的两个理论依据是：一是政府本质上起源于社会契约的观点；二是国家的最高权力属于人民的原则。一方面，“政府为什么会产生?”以及“政府为了什么而产生?”在这些问题上，社会契约论者认为，国家与政府的一切权力都来源于公民权力的部分转让和公民与政府之间的委托，而政府作为这一社会共同体的委托结果，本质上应成为执行“公意”的工具。另一方面，“人民主权”这一术语，表达了一个国家的最高主权始终属于人民的原则，而政府的权力则只来源于表现“公意”的法律，人民制定法律决定国家政体并赋予政府权力，于是，政府成为“人民的公仆”。不管是社会契约论，还是人民主权论都向公众传递着一种深刻的理念，即“人民的政府”必然“受人民制约”。我国宪法也明确规定：国家的一切权力属于人民，人民行使主权的机关是全国人民代表大会和地方各级人民代表大会，中央政府与地方各级政府只是权力机关的执行机关而已，它们对权力机关负责并报告工作。可见，在我国，人民代表大会是制约政府的权力机关，它是真正实现“人民的政府”的制度保障。（2）在公共服务内容方面，要转变政府职能，明确政府工作重心关键在于提供公共服务和公共产品，由全能政府向有限政府转变，重新界定公共服务“提供什么”。政府的活动重点应该主要着眼于解决社会公众、企业和市场无力解决或不愿解决的社会公共问题。因此，政府工作的重心和财政支出的重点要转向提供一系列的公共产品和服务，包括宏观经济调控、市场监管、社会管理、发展科学技术与教育文化事业、调节社会分配和组织社会保障、保护生态环境和自然资源、促进社会化服务体系的建立等领域。（3）在公共服务主体方面，要本着共管共治的原则，借鉴新公共管理理论，由“唯一主体”向“多元主体”转变，鼓励非政府组织发展，并为非政府组织参与公共服务创造发展的空间。重新界定公共服务“由谁提供”。研究表明，政府更擅长提供以暴力资源为后盾的范围较大的公共物品，而民间社会组织则擅长提供非暴力的公共物品，以及范围较小的公共物品。① 遵循这种理念，社会中除了少数核心公共产品由政府直接提供外，在更多的领域，政府只应扮演“掌舵者”的角色，对公共产品的生产、经营、质量标准等等提出具体的要求，并通过平等的合作与对话，甚至是契约方式，交给相应的企业组织和非

① ［英］盛洪：《打通“民间公共品”制度通道》，载《南方周末》2008年06月26日。

政府组织来操作，而不是自己来“划桨”。因此政府有责任来培育并鼓励非政府组织的发展，形成一种协同治理的“伙伴关系”模式。（4）在服务方式方面，要本着以公民为本的宗旨，再造政府流程，为公民参与创造条件和机会，真正实现公共服务的民主供给、高效供给。重新界定公共服务“怎么提供”。传统政府在公共服务供给方面实行的是政府主导一切的方式，政府“替民做主”，采取强行供给的方式：政府提供什么、提供多少、在哪儿提供、为谁提供，皆以政府为中心。服务型政府以公民需求为中心，公民要不要服务、要多少服务、在哪儿服务、由谁服务，均以公民的需求来评判。为此，政府公共政策的制定与绩效评估必须让公民参与，再造公共服务流程，以加强决策的民主化和科学化，切实提高政府的服务水平。

在服务型政府的建构理念中，其核心价值观是在政民关系中，切实实现由政府本位向公民本位的转变，由权力本位向权利本位的转变，否则服务型政府的建构就不可避免地落入了管理型政府的巢穴。目前，一些地方政府在改革中所采取的集中服务提供、改善服务态度、设立“政务超市”和“阳光大厅”、改多门服务为“一站式服务”、建设“审批中心”等尝试，在他们看来，就是正在进行服务型政府的建设。认为将这些新的工作方式引人公共管理中的政府，就是服务型政府。我们认为如果没有从根本上改变政府与公民之间的关系，进而以公民的参与和监督去制约政府必须提供各种服务。这仍然没有实现由管理型或管制型政府向服务型政府的转变，只是政府职能结构的调整而已。更何况统治型和管制型政府也都可以有服务行为，这一点，毛泽东早在延安时就曾说过，统治者的政府也可以为人民办好事，但他们的服务，不是在人民当主人情况下的服务，而是像农民爱自己的牛一样。从这个意义上说，只解决服务的有无问题，并不能解决政府的性质问题。反之，解决了政府性质问题，则一定解决了服务的有无问题。两者思考问题和解决问题的深度、力度，是不可相提并论的。社会与公民的地位不能正确确立，服务问题也解决不好。试想：如果政府提供的服务并不是公民需要的服务，又带有强制性，公民没有拒绝的权力，甚至会出现用“服务”把公民逼死的现象。相反，公民迫切需要的服务，政府却列入不了议事日程。这是服务型政府吗？如果政民关系得不到根本性的改变，任何服务型政府的建制都将是一种治标不治本的办法，或者是在政府改革的一种“政绩工程”而已。在这样的情况下，政府即使办了好事，也没有超出“贤人政治”的范畴，只是变成“明君”罢了。

再如，近年来，被学术界所关注的“参与治理”的问题。新公共服务的倡导者丹哈特认为公共参与理论包含着民主的理想，因为第一，“通过积极的参与才能够最有可能达到最佳的政治结果，这些最佳的政治结果不仅反映了公民作为一个整体的广泛判断或特定群体经过深思熟虑的判断而且也符合民主的规范”。第二，“通过对公民事务的广泛参与，公民们能够通过帮助确保个人利益和集体利益不断地得到政府官员的倾听和关注。此外，他们还能够阻止统治者侵犯公民的利益”。第三，“民主参与可以增强政府的合法性”。[①] 事实上，在现实生活中，我们发现，即使在公众参与活动开展得最为成功的国家，也未能达到这样的理想，它在很大程度上只是一种设想，是政治学家们聊以自慰的设想。从表面上看来，参与治理是出于矫正官僚制组织集权结构的要求而作出的设计，但是，就这种治理结构上的中心—边缘设置而言，依然是一个不平等的体系。尽管在参与的过程中，双方会被要求通过对话、辩论等方式达成一致，最后形成决策，然而最终决策的一方无疑还是主持或主导参与过程的政府。由此可见，对服务型政府的研究必须从政民关系的角度出发，要把政府真正定

---

① ［美］珍妮特·V. 丹哈特、罗伯特·B. 丹哈特：《新公共服务：服务，而不是掌舵》，丁煌译，北京：中国人民大学出版社 2010 年版，第 48 页。

位在公民服务者的角色上，这才是问题的核心与根本。

（三）建立服务型政府需处理好几种关系

1. 服务与管制的关系

政府的重要功能之一就是管制。《布莱克维尔政治学百科全书》认为："就其作为秩序化统治的一种条件而言，政府是国家的权威性表现形式。其正式的功能包括制定法律，执行和贯彻法律，以及解释和应用法律。"① 无疑，政府是一个具有统治职能的国家机器，是以政府权力的强制性来保证的，这种强制性就来源于政府所拥有的系统的、有组织的暴力行为。所以，管制是政府概念的固有特性。这种管制的主要形式和手段有：审批与许可、限制相对人准入资格、税收、利率、价格控制、强制披露信息、质量标准、监督检查、行政处罚、行政强制等。

既然政府的功能定位是服务，为什么还需要管制？服务型政府的提出与政府的内在本质之一——管制是不是矛盾？答案是否定的。

首先，就政府的起源来说，从表面上来看，政府是从社会中分离并凌驾于社会之上的并在一定时期带有强制的力量，但这种力量一定是来源于公民权利的让渡，因而它理应按照让渡者的要求来提供单个的公民无法提供的公共产品和公共服务。这说明，政府本身并不是一个天生的统治和控制机构，而是一个为组成它的公民提供服务的机构，所以，服务才是政府的本质所在，也是政府最基本的职能。著名公共政策专家安德森就明确宣称，"政府的任务是服务和增进公共利益。"② 只是因为这种权力在阶级社会里，日益为在政治和财产上居于优势地位的阶级所攫取，才逐

---

① ［英］戴维·米勒、韦农·波格丹诺主编：《布莱克维尔政治学百科全书》，邓正来译，北京：中国政法大学出版社 2002 年版，第 312 页。

② ［美］詹姆斯·E. 安德森：《公共政策》，唐亮译，北京：华夏出版社 1990 年版，第 222 页。

渐异化为阶级压迫的工具和机器。

其次，服务和管制本身也不是一对矛盾，而是共处于同一个社会之中，只不过在不同的社会里，政府服务和管制的对象不同罢了。服务型政府之前的社会，政府的管制表现为统治者为了实现自身意志，而对广大民众实施管制。服务型政府的服务对象则是广大的普通公民，管制的对象是那些破坏社会和市场秩序的少数人，以迫使他们遵从反映广大公民意志的法律和秩序，从而更好地为广大的公民利益服务。不可否认，服务型政府的主要职能是公共服务，但公共服务却不是服务型政府的唯一职能，除了“公共服务”的职能以外，服务型政府还有其他职能，如经济调节、市场监管、社会管理。后三项职能均以管制为手段。由于在任何一个政府中，我们都不可能希冀所有的公民都能依法行事，并能正确处理公共利益与自身利益之间的矛盾，因而服务型政府也需要以一种管制的力量来威慑甚至强迫那些不法分子，使其不致构成对反映公民意志的公共利益的侵害。从这个意义上说，服务型政府的管制属性和服务型政府的服务定位不矛盾，只不过服务的方式有所差异而已。这种差异也是服务型政府真正实现其服务功能的一个必要条件。服务型政府建设只是要求将政府的管制功能纳入公共服务视角，以公民为本位的公共服务精神重塑政府管理职能。

不可否认，管制型或管理型政府也有服务，服务型政府也有管制，但二者的从属关系不同：管制型或管理型政府是把服务作为实现其管制或管理的一个工具，其目的是为了更好地维持其统治秩序；而服务型政府则把管制或管理作为一种手段，服务才是最终目的，把为社会、为公众服务作为政府存在、运行和发展的基本宗旨。后者将彻底抛弃旧的“治民”观念或“为民作主”观念，而确立为民服务和“由民作主”观念。由此看来，服务型政府虽然允许管制存在，但服务型政府下的管制与管制型或管理型政府下的管制存在重要区别：其一，目的不同。服务型政府实施管制的间接目的是秩序，最终目的是为公民和社会服务。即使是通过许可、标准、监控、处罚、强制等手段实施的管制，其最终目的仍然很明确——为社会、公众服务；而管制型或管理型政府实施管制的目的是控制社会，维持统治秩序，其最终目的可能是服务于（GDP）的增长或追求某种“政绩”。其二，适用的方式、程序不同。服务型政府下管制职能的实施有固定的程序和方式、方法，一切“循规蹈矩”。而管制型政府或管理型政府下的管制职能的实施，其行为往往从效率出发，选择能在短时间内产生效果的措施、手段，所以其管制往往没有固定的程序，常常表现出随意性。其三，管制的后果不同。服务型政府的管制承担着后果责任，有一整套完善的纠错机制、补救机制和后果追究机制。而管制型政府或管理型政府下管制则没有严格的后果责任机制，补救机制和后果追究机制也不完善，当公民受到不应有的管制时，常常处于无能为力的状态。

在实践中处理服务与规制的关系时，要特别防止两种倾向：其一，将管制与服务截然区分，认为服务型政府的职能就是服务，不重视发挥管制的积极作用，过分放松管制或取消管制。我们在强调服务型政府的公共服务职能时，绝不能忘记或忽视管制手段的运用。在很多情况下，如果该强制的不强制，该处罚的不处罚，放任市场主体的垄断行为、欺诈行为、损害公民权益的行为，那我们的政府就既不是“管制型政府”，也不是“服务型政府”，而是“非政府型政府”、是“不作为的政府”，这样的政府根本就谈不上为民服务。其二，将管制等同于服务，认为加强管制就是加强服务。这混淆了服务型政府与管制型政府的概念，认为政府的所有职能，如审批、许可、征收、征用、处罚、强制等都属于服务的职能。要是果真如此的话，那我们的政府早已是服务型政府了。建设服务型政府，必须对政府的管制职能与服务职能加以区分，强调减少管制，增加服务，在实施管制时强调服务宗旨，并辅之以相应的服务措施。

2. 服务型政府与有限政府的关系

服务型政府是为人民服务的政府，服务是无限的。其一，政府和政府工作人员不是“天使”，即没有个人利益，只具“公心”的公职人员。所以在具体的行政活动中，由具有“偏私”的人去履行“公”的职责，其矛盾和冲突即不可避免。因此，在服务型政府里，通过完善制度与道德提升使其不断向“天使”转化和接近的过程是无限的。其二，公民对物质增长的要求与精神快乐或尊严的需求是无限的，服务型政府在“满足”这双重需求的过程是无限的。因为人们已有的需求满足了，新的需求又会产生。服务型政府又是有限的。这主要指的是政府的机构、编制、职能及行使职能的权力、手段的“有限”。人民的政府为人民，政府的无限庞大必然增加人民的负担，所以政府必须是有限的。另外，政府的职能是服务并不等于政府一定要垄断服务，如果权力过大以至于无限，必然会导致滥用和以权谋私。最后，无论政府的效率再高，由于受制于所在时代条件的限制，都是有限的，不可能随时随地解决所有问题。政府越大并不代表效率越高，甚至有时适得其反，造成“三个和尚没水吃”的局面，如果 5 个人能干的事让 10 个人去做，并不等于多了 5 个工作机会，这 10 个人有可能服务更差。

“服务型政府”绝不是让政府将所有的公共服务职能全包下来，聪明的政府是善于将“掌舵”与“划桨”区分开来的政府。政府集中并协调“掌舵”职能，以便更加有效把握政策和方向，而把“划桨”的权力下放社会，实现公共服务的所谓“社会化”和“市场化”。让个人之间能“私了”的“私了”，让民间社会能“自治”的“自治”，公共服务凡能由个人或民间提供的，政府就不要插手，更不能垄断。对个人和民间从事的公共服务，政府可起指导、规制、监管的作用，对于某些公益事业，政府还应予以财政资助，以防止公益事业举办者向相对人收费过高。只有民间做不了或不愿做的社会事务和公共服务，才应由政府直接提供。建设服务型政府，最重要的是应解决为人民服务的理念问题，保障政府的行为一切从人民的利益出发，在政民关系中，真正做到以民为本。如果将政府作为“公共物品”如社会保障、社会救济、公共交通、医疗等的唯一提供者，不许民间染指，那不是建设服务型政府，而是与民争利。

尽管社会化和市场化是公共管理和公共服务发展的趋势，但是这决不意味着政府可以“甩包袱”。正如戴维·奥斯本和特德·盖布勒所指出的：“私有化是答案之一，但不是唯一的答案。”政府“可以把个别的掌舵性职能加以私有化，但不能把治理的全过程都私有化。如果这样做，我们就会失去作出集体共同决定的机制，就没有为市场制定规章条文的途径，就会失去强制执行行为规范的手段。我们就会失去社会公平感和利他主义精神，不管是为无家可归者提供住房还是为穷人提供健康医疗，任何不能赚钱营利的社会服务都将不复存在”①。“服务型政府”与“有限政府”本来是统一的。将所有的重担放在非政府组织身上，是政府的失职，从根本上来说，它们也挑不起这副重担。同时，行政管理体制改革的历史经验证明，“服务型政府”如果不以“有限政府”加以限制，其服务必然异化。

政府应有哪些管理职能？不同的时代有不同的观点。新中国成立以后的历届政府曾有过很多探索，但走过很多弯路。刚解放时，我们国家的行政文化是一种泛精神的行政文化，以为精神力量可以战胜一切。20 世纪六七十年代，党和国家的最高领导人又认为政府的主要职能是领导人民搞阶级斗争，确保政治的高度纯洁性。到 80 年代改革开放以后，党和国家第二代领导人认为政府主要职能是领导人民搞经济建设，提高 GDP 是最重要的任务。20 世纪末 21 世纪初以来，开始认为政府主要职能是经济调节、市场

① ［美］戴维·奥斯本、特德·盖布勒：《改革政府：企业精神如何改革公营部门》，周敦仁等译，上海：上海译文出版社 1996 年版，第 18 页。

监管、社会管理和公共服务；近年来则进一步修正为：在加强和改善经济调节、市场监管的同时，更加注重社会管理和公共服务，维护社会公正和社会秩序，促进基本公共服务均等化。可见，对政府职能的定位随着社会的发展，是一个认识不断深化与校正的过程。通过这种认识的深化，服务型的政府将必然逐渐由“万能政府”向“有限政府”过渡。

3. 服务型政府与“唯服务论”政府的关系

倡导服务型政府，要求政府承担公共服务的职责，尽可能满足公民的服务需求。但服务型政府并不是“唯服务论”的政府观，强调政府要加强公共服务职能，并不是说政府在政治、经济、文化等领域扮演一种“消极”角色，“被动”角色。具体体现在：为满足公众一时之需，甚至为了当地的维稳之需，对公众的要求采取了无原则的迁就，公众要啥就给啥，公众要怎么干就怎么干，还自称为“贯彻群众路线，与群众打成一片，真正做到以民为本”。这种“听群众的不引导群众，跟在群众后面，群众干啥就是啥”的现象，毛泽东早就称之为“群众尾巴”，并指出：“在一切工作中，尾巴主义也是错误的，因为它落后于群众的觉悟程度，违反了领导群众前进一步的原则，害了慢性病。”今天，如果对一些公众的不合理、不合法的需求不去积极引导，对少数人的不当甚至是极端行为进行无原则妥协，那么，这就不是在服务公众，而是在误导公众，最终也会使法律、制度、规章等的执行效果大打折扣。刘少奇同志也曾指出：在工作中遇到矛盾和问题，善于走到群众中去，了解群众的意愿和要求，集中群众正确的意见，然后再去指导群众前进，而决不能跟在群众后面，“做群众的尾巴”。张闻天曾概括说：“同群众在一起，而又领导群众；是群众的学生，而又是群众的政治领袖：这就是党与群众的正确关系的基本原则。”如果把党看作同群众“没有分别，使党成为群众的尾巴，崇拜群众的自发性，也会使党趋于灭亡，趋于瓦解”。

服务型组织不应沦落为“群众的尾巴”。从公民的角度来看，以公民为本就意味着公共行政必须满足公民的需求并为不断发展的需求提供服务升级的义务。那么，公民的理性就显得非常必要了。问题的实质在于：第一，公民对自己需求的准确把握。由于公民的需求环境、需求阶段以及需求人群存在着程度不同的差异，处于具体环境中的公民其实往往最注重基础的需求，而对于可能的或者高层次的需求缺乏认知。第二，即使公民完全知道自己的需求，他们是否能够充分地表达自己的需求？公民的表达取决于三个因素：其一，表达能力。由于他们素质上的参差不齐，有时很难准确地传达给利益相关者。其二，表达意愿。公民的表达意愿是受个体情绪很大的，不同心理素质和个性的人对表达的见解是不相同的。其三，表达成本。如果公民感觉到对话的成本高于收益或者担心投入沉没的话就会放弃许多表达的机会。第三，公民对政府服务质量评价的差异性。即使是同等同质的服务对于不同的客体而言满足程度也是截然不同的，这种困境时常出现，使得服务方不知所措，也往往影响公平性和制度化。

从政府的角度来看，作为服务型政府的要求，全心全意为人民服务是毫无疑问的。但我们更应看到，公民的需求日益增长，个人的需求也不尽一样，而政府的现实条件有限。面对超越现实发展阶段的各种利益需求，政府是无法满足的；面对过于超前的福利开支，政府也是不能透支的；面对这样那样的不符合政策规定，或者暂时不具备解决条件的个人需求，政府更不能当“老好人”，特别是随着改革开放的深入，社会矛盾呈现出多样化、复杂化的趋势，政府也逐渐由原来的管制—管理型转变为“服务型”，在处理各种矛盾纠纷中，尤其是涉及到拆迁、企业改制等工作中，难免有些群众提出一些过分要求，当我们说尊重民意时，绝不包括这种“病态”的民意，甚至刻意博取民意。这样做，就真正成为了“群众的尾巴”。这样做，就是对公共权力的滥用、对公共资源的浪费，也会对政府威信造成极大的损害。它不仅有悖于公平正义，也败坏了社会风气。

服务型政府要防止成为“群众尾巴”，就要深入群众，把党的方针政策深入地宣传下去，争取得到绝大多数公众的理解和支持，同时要照顾公众现有的政治水平，满足公众当前切身的、局部的要求，取得民众的拥护和信任。当然，这种要求应是合理的诉求，不合理诉求坚决反对，决不能“留口子”、“出岔子”，要使公众从这种合理的诉求满足中去支持党的方针政策的贯彻落实。

第二章　从物本文化向人本文化的转化

行政管理的根本目的是什么？是人还是物？或者说应以什么为本？是以人为本还是以物为本？这是行政管理实践的出发点，也是行政管理理论研究的出发点。

一、以物为本的发展理论

在中国的行政文化中，往往更多地强调“物本”，即以物质财富为本位。“物本行政”是中国传统行政管理的特征之一。黑格尔说，存在的就是合理的，合理的就会存在。以物为本的发展理论的存在也有其合理性。

（一）以物为本的发展理论

任何一种发展理论都会在理念和手段这两个方面体现出来。而以物为本的发展理论在这两点上都明显地突出了“物”的特性，我们才称之为“以物为本”。事实上，没有任何一种发展理论直接命名为“以物为本”，当我们说一种发展理论是“以物为本”时，只是与我们现在常说的“以人为本”相对而言的。

1. 以物为本的发展理念

这种理论认为，人类进步的先决条件是经济的增长，经济的增长就意味着发展的实现。这种理论也可以被直接简化为“经济增长”等同于“社会发展”。于是对“发展”的求索就走向了单纯追求经济增长的“发展主义”。在他们看来，增长比不增长要好，快增长比慢增长要好，所以发展主义要求快速的经济增长，要求更多的产品和服务。而衡量这种增长的主要指标是国民生产总值（GNP）或国内生产总值（GDP）。于是经济指标，即GDP就被视为社会福利多少、生活质量好坏的标准。因为以物为本存在着一种价值预设：经济增长能够产生更多的产品和服务，这样就能更好地改善人们的生活质量，社会就必然会进步。这种理论并不是不考虑社会平等、公平，以及人类的进步。只是其坚定地认为只要经济增长了，社会的平等与公平就可能实现。凡是对经济系统有益的事，就会惠及全体人的福利。于是，“决定经济系统发展的问题不再是：什么对人有益，而是：什么对系统的增长有益”。[1] 于是，整个社会便笼罩在以物为本的发展主义意识形态的氛围之下，经济的力量和价值成为社会发展的首选目标。一个国家人均GDP的多少就被视为其富裕与否的指标，在人们的潜意识里，这就是发达与不发达之间的分水岭。考核地方官员政绩的主要指标就顺理成章地换算成GDP的增长以及增长的速度，一些地方官员为了升迁，只能不遗余力地推行这种只顾GDP直线增长的发展主义的意识形态。弗罗姆评说发展主义之下的社会是一个“官僚主义的、以物为中心和以消费为导向的社会系统”。[2]

2. 以物为本的发展手段

既然GDP的增长就是经济的增长，经济的增长就是社会发展的证明，那么，如何实现GDP的快速增长呢？第一，“实物”上高投入。在既定的生产力水平之下，以物为本的发展主义理论把资源等“实物”的高投入作为主要实现手段，投入越多，产品的生产也就越多，GDP的增长也就越快，至于生产过程中对环境的影响以及生产过程后对产品的公平分配问题，则不予考虑；第二，“虚物”上的高科技应用。科学技术等“虚物”的使用是实

---

① ［美］弗罗姆：《占有还是生存》，关山译，北京：三联书店1989年版，第9页。
② ［美］弗罗姆：《占有还是生存》，关山译，北京：三联书店1989年版，第168页。

现经济增长的重要手段。马克思曾指出："生产力中也包括科学"，"固定资本的发展表明，一般社会知识，已经在多么大的程度上变成了直接的生产力"。马克思还深刻地指出："社会劳动生产力，首先是科学的力量"；"大工业把巨大的自然力和自然科学并入生产过程，必然大大提高劳动生产率"。因为科学技术一旦渗透和作用于生产过程中，便成为现实的、直接的生产力。具体而言，科学技术能够提高资源的利用率，能够开发出更好的产品，能够消除一些生产过程中的负面效应，等等。这些要素对经济增长或 GDP 的增长都十分有利，在一定程度上我们又将其称为"科学技术是第一生产力"。

第二次世界大战后，对大部分发展中国家来说，农业仍然是各自国民经济的基础，工业体系还十分薄弱或根本就没有自己独立的工业体系，相比于农业来说，工业产品的生产周期要短得多，而附加值要大得多，换句话说，经济增长或 GDP 的增长在短期内得到提升要比农业现实得多，所以许多国家都把实现国家工业化作为实现现代化的象征。更有甚者将某一项工业生产指标当作工业化水平的象征而进行全民动员，如我国的"大炼钢铁"就是如此。这种把"实物"与"虚物"统一起来的工业化生产过程就是实现以物为本的经济高速发展的重要手段。

（二）以物为本理论在我国行政文化中的体现

以物为本理论在我国行政文化中的体现，具体来讲，主要表现在三个方面：

1. 政府行为的目的

以物为本把促进物质财富的增长作为政府行为的最终目的。长期以来，我们的国家贫穷、落后，以至于被动挨打。所以在近代中国社会，很多有识之士均期望政府能够大力发展经济，使国家富强，以期自立于世界之林。建国后，当时的中国"一穷二白"，百废待兴，摆在国家和政府面前的首要任务就是迅速恢复和发展国民经济，为此我们制定了第一个五年计划、第二个五年计划，基本奠定了国家工业现代化的基础。“文化大革命”使我国的经济发展被迫中断，所以在“文革”后，党和政府痛定思痛，果断地作出了把党和国家的工作重心转移到经济建设上来的英明决策。30 多年来，党和政府在领导人民进行经济建设方面取得了有目共睹的巨大成就，2008 年，中国超越德国成为世界第三大经济实体，到了 2010 年，中国又超越日本成为世界第二大经济实体。在 2012 年召开的党的十八大，更是明确指出，到 2020 年实现全面建成小康社会的宏伟目标。然而，事物总是一分为二的，在经济高速增长的背后隐藏着许多不容忽视的社会问题，如教育经费短缺、医疗问题、环境污染、社会分配不公等。在某些政府官员看来，政府行为的根本目的就是为了发展经济，增加财政收入，而没有看到物质财富增长背后的最终目的：满足人的需求，促进人的全面发展。

2. **政府职能**

政府职能是国家行政机关依法对国家和社会公共事务进行管理时应承担的职责和所具有的功能。政府职能反映着公共行政的基本内容和活动方向，是公共行政的本质表现。一般来说，政府职能主要有政治、经济、文化与社会等方面的内容。在不同的时期，政府会根据社会的实际状况的对其所拥有的职能赋权不同，尽管权重不同，但也不能以忽略甚至牺牲其他因素为前提。如在“文化大革命”中，我国政府因过分强调政治职能而忽视了经济、社会和文化职能。“文化大革命”结束以后，政府将全部工作重心转移到经济建设上来，但由于对“以经济建设为中心”的片面理解，政府在充分发挥经济职能促进物质财富增长的同时，对其他职能重视不够，尤其是对社会管理职能重视不够。况且，即使是经济职能，也包含了宏观经济调控、提供公共产品的服务、市场监管和社会管理等众多内容，而不仅仅是 GDP 的增长。

3. **政府绩效评估**

政府绩效离不开评估，评估离不开标准。建国后的很长一段时间，我国一直实施“政治挂帅”，特指在政治与各项工作的关系上，要把政治摆在统帅的地位。在一个时期内，实行这个原则，对各项工作坚持社会主义道路起到了积极的作用。随着社会的发展，这个原则慢慢地被歪曲成了“突出政治”，把政治工作与各项工作对立起来，否定了经济基础的决定作用，搞空头政治，在实践中造成严重恶果。特别是到了“文化大革命”，“政治挂帅”便失去了原意，其实质是以“阶级斗争为纲”。十一届三中全会以后，随着政府工作重心的转移，经济指标成为评估政府绩效的主要指标。然而在实际操作过程中，有些地方把经济指标当成了唯一指标，更有甚者，直接将经济指标简化为单纯的 GDP 指标，以至于政府在社会服务和公共管理方面的绩效评估，没有引起足够的重视。

以物为本的行政文化，其实质在于政府在管理上过分地“重物轻人”，没有看到政府促进经济增长的根本目的是为了满足人的需要，促进人的全面发展。如果物质财富增长了，政府却不能提供良好的社会服务和公共管理，人民群众的需要也不可能得到很好地满足，至少很难实现现有物质条件下社会效益的最大化。这种“重物轻人”的行政管理与目前提倡的“以人为本”的行政文化是不相吻合的，尽管在特定时期物本文化有其一定的合理性，但还是受到了来自多方面的批判。

（三）以物为本的发展理论的合理性分析

以物为本的发展主义主要是强调经济增长是社会进步的先决条件，经济增长即意味着物质财富的增多，肯定了物质条件的重要性，这是有其合理性的。物质条件之所以重要，是因为它是人的生存和全面发展的基本条件，没有这一条件，人们是无法“创造历史”的。

从人性基础上看，人首先是一个自然性的存在，因而满足其物质生活资料的需要应是其第一需要，如果没有经济的发展，人类将处于缺衣少食的境地，人类的发展也无从谈起。所以马克思认为，“任何一个民族，如果停止劳动，不用说一年，就是几个星期，也要灭亡。”[①] 物质生产“之所以是绝对必需的实际前提，还因为如果没有这种发展，那就只会有贫穷、极端贫困的普遍化；而在极端贫困的情况下，必须重新开始争夺必需品的斗争，全部陈腐污浊的东西又要死灰复燃”。[②] 物质生产资料的生产是其他一切生产得以进行的基础和前提，如果没有物质财富做基础，人类的其他社会活动，如政治、科学、道德、艺术、宗教等，就失去了其存在的基本保障。由此看来，尽管马克思、恩格斯把人的解放和人的全面发展作为社会发展的根本目标，但他们并没有否认经济增长的重要性，更没有将它们对立起来，恰恰相反，而是将社会发展与经济增长统一起来，首肯了物质生活资料对于人类生存的基础性地位，进而创立了唯物史观。

从现实国家存在的基础来看，每一个国家为了更好地生存和发展，在其制订宏观发展战略的时候，都会对其战略要素给予“全面”的审视，然而，在落实这种发展战略的时候，又要有所侧重，给某个“局部”以特殊照顾。前世界银行行长约瑟夫·斯蒂格利茨指出：“虽然一个国家有很多方面迫切需要发展，但是任何发展战略都应该先确定发展的轻重缓急。优先权的关键是要有次序的意识，即有些事情必须优先解决。”[③] 事实上，在历史上，政治问题、道德问题、宗教问题、经济问题，甚至军事问题等也都曾成为优先解决的问题。但无论谁作为主导因素，经济发展在整个社会发展的基础性地位却是不能动摇的。任何社会的发

---

① 《马克思恩格斯选集》第4卷，北京：人民出版社1995年版，第580页。

② 《马克思恩格斯选集》第1卷，北京：人民出版社1995年版，第86页。

③ ［美］约瑟夫·斯蒂格利茨：《走向一种新的发展范式》，《理论经济学》2005年第5期，第52页。

展都不能不以经济增长为物质基础并在经济增长的推动下实现。初看起来，经济学家强调经济增长，人文学家看重人文价值，两者似乎存在着矛盾。但正如哈比森和迈尔斯指出的，“在经济学家与人文学家之间不应当存在冲突……人类自身的发展仍然可以视为终极目的，但是经济进步也可以是达到这种目的的主要手段之一。”[①] 另外，衡量经济增长的主要指标 GDP 也不像批判者所批判的那样一无是处，它也是有着一定的合理性的。罗伯特·艾尔斯指出，“当前对 GDP 明显不合逻辑的曲解并不能证明对 GDP 本身的批评是正确的。事实上，GDP 值得占据其目前的高位；它是一种精巧的创造，在过去的半个多世纪里，许多好的思想在它的基础上发挥了作用；作为一种指标，它是有用的，是准确的。”[②]

经济增长对人类有好处，是毫无疑问的事。有时把经济发展摆在人类活动领域的优先位置，本也没有什么不对，这也是发展主义最初的出发点。问题在于，如果这种“优先”位置排挤了社会发展的其他要素，乃至独占社会发展的全部空间，就值得警惕和反思了，而这就是发展主义理论范式的实际局限性。

二、 对以物为本发展理论的批判

发展就是人的发展，发展就是为了人的全面发展。为什么以物为本的发展最终又走向了人的发展的反面、成了以人为本的发展的片面形式了呢?

（一） 对以物为本发展理念的批判

以物为本的理念有两个前提假设：一是 GDP 的增长等于经济

---

① ［美］德尼·古莱：《发展伦理学》，高铦等译，北京：社会科学文献出版社 2003 年版，第 44 页。

② ［美］罗伯特·艾尔斯：《转折点——增长范式的终结》，戴翼星、黄文芳译，上海：上海译文出版社 2001 年版，第 179 页。

的增长；二是经济增长等于社会进步。下面我们将论证这两个命题中分别提及的在“二者”关系中是否存在着一一对应的关系。

1. GDP 的增长与经济增长的关系

首先，GDP 不能真实地反映经济增长，因为 GDP 衡量的是贸易活动，只有那些在市场上具有货币价值交换的商品才能归纳到 GDP 的经济指标中去。而那些没有通过市场贸易流程的产品和劳务，却不能纳入 GDP 的计算之中，尽管其也对国民经济有所贡献，如农民生产的自己食用的粮食和蔬菜，如果他们到市场上去买粮食和蔬菜，就参与了 GDP 的增值，但由于一部分农产品没有参与到商品的流通过程，就不能计算进 GDP 之中。如果 GDP 欲真实地反映这一时期的经济增长，就必须假设农民把自己生产的全部粮食都卖掉，然后再到市场上买回来，然而在实际生活中这是不可能的。

其次，GDP 的增长也并不意味着物质财富的绝对增加。在以物为本的发展主义理论范式下，自然资源和能源本身是不计入成本的，同时又没有考虑化石燃料消耗所排出的废气、废物等所造成的环境污染，这些都应从经济增长带来的利润中扣除。非但如此，当我们在治理这些污染的时候，无疑又增长了 GDP 的数值。一般地说，对于自然资源和能源的利用，都会为 GDP 提供两次增值机会。所以许多学者建议国家应使用“绿色 GDP”这一概念：GDP 的数量扣除生产该 GDP 所造成的污染治理的费用。

2. 经济增长与社会进步的关系

这种关系比之上一种关系更复杂，无疑，社会进步离不开经济增长，但经济增长就一定意味着社会进步吗？二者真的是一种正相关的关系吗？

首先，经济增长能够给社会带来更多的产品和服务，但这只是社会总量的增加，如果这些产品和服务为社会上少数人所攫取甚至是不当获取，是根本谈不上社会进步的。正如我们常说的，馅饼可以做大，它只是体现了社会的经济发展，但如果馅饼分配不公，它体现的将是这一社会的政治公平问题，甚至政治合法性问题，最终将导致政治危机。正如蔡定剑所说，“创造利润不是经济发展，更不是社会发展的全部。如果一个社会以追求最大的利润为目标，这个社会迟早是要崩溃的。一个企业可以这样做，但社会和政府不行，它必须考虑劳资的平衡和社会的全面发展。”① 所以，以为随着社会经济的发展，会缩小社会的不平等，实现全民福利的均衡并给予公民更多的幸福，这“完全是一种神话”②。在缺乏一个相对公平的分配机制的社会里，经济的增长只会使少部分人受益。“收入分配是发展质量的一个方面。迅速的发展与分配的不合理相结合可能还不如缓慢的发展与有利于穷人的再分配的结合。”③ 也就是说，经济总量的增长能否促进社会的进步，还要看经济增长所带来的产品和服务如何分配。在某种程度上，产品的分配方式更为关键。

其次，不可持续的经济增长不仅不会促进社会的持久进步，还可能毁灭人类生存的家园。如过渡砍伐森林，可直接兑现为一笔可观的经济收入，短期内能够促进该国的经济增长，但从长期来看，它所带来的可能是灭顶之灾。传统的经济增长方式是以原材料与能源的高投入和废气废料的高产出为特征的，这种粗放式的经营方式如果得不到有效的遏制，经济增长的可持续性也将不复存在，还可能威胁到人类的生存状况。也就是说，经济增长能否促进社会的进步，还要看经济增长是以何种方式实现的。

再次，经济增长无疑能够生产出更多的产品和服务，但从价

---

① 蔡定剑：《每个人都是改革的缔造者》，北京：法律出版社 2011 年版，第 162 页。

② 埃德加·莫林、安娜·布里吉特·凯恩：《地球祖国》，马胜利译，北京：三联书店 1997 年版，第 78 页。

③ 世界环境与发展委员会：《我们共同的未来》，王之佳译，长春：吉林人民出版社 1997 年版，第 64—65 页。

值学的角度上看，财富并不是越多越好，增长也不是越快越好，需求并不是越大越好。经济增长能否促进社会的进步，还要看经济增长所带来的产品和服务能否满足人们的需要，以及满足人们需要的程度，这才是问题的关键。正如房子过多超出需求而卖不出去是一种资源的浪费，但房价过高，虽有刚性需求但公民买不起住房所产生的剩余也是资源的浪费。这样的经济增长即使生产了再多的房子也是无意义的。

最后，经济增长与道德进步、艺术提升未必是正比例关系。就经济增长与道德进步的关系，非但不是正比例的关系，相反，英国历史学家汤因比还认为，“人类道德行为的平均水平，至今仍没有提高。所以在道德上说文明社会比原始社会高出一头，是完全没有根据的。……我们通常称之为文明的‘进步’，始终不过是技术和科学的提高，还有使用非人格力量的提高。这跟道德上（即伦理上）的提高，不能相提并论。”① 其实，18 世纪的卢梭同样持类似的立场。中国先秦思想家韩非也认为：“上古竞于道德，中世逐于智谋，当今争于气力。”（《韩非子·五蠹》）这明白无误地承认了人的德性的历史退化。即便说经济增长引起了社会进步，但社会进步与艺术进步存在着一定的正比例关系，就更是无从考证了。一个简单的例证就是生活在现代社会里的人是很难写出具有唐诗、宋词韵味的诗篇的。所以，波普尔认为，历史发展的决定论并不适合于解释艺术的历史及艺术的创造行为，“艺术中的历史决定论恰恰是一个错误”②。在他看来，任何真正不朽的艺术作品的诞生都是“瞬间即永恒”的。在艺术领域内，由社会“进步”信念支配的创新冲动是虚妄的。基于这一判断，波普尔对现代派艺术持毫不留情的讽刺态度：“‘现代派’——那

---

① ［英］汤因比、［日］池田大作：《展望 21 世纪—汤因比与池田大作对话录》，荀春生等译，北京：国际文化出版公司 1999 年版，第 388 页。

② ［英］卡尔·波普尔：《无尽的探索：卡尔·波普尔自传》，赵月瑟译，南京：江苏人民出版社 2000 年版，第 74 页。

种牺牲一切代价都要标新立异，都要站在时代前列，要写出‘未来的艺术作品’（……）的愿望——与艺术家应当重视并且应当努力创造的事情毫不相干。”①

总之，以物为本的发展主义理念忽略了经济增长背后的原因的原因，以为经济增长就是一切。人的全面、自由发展被忽视了。在社会发展中，经济增长只是手段、是过程。如果经济增长自足化，则必然会导致经济发展的异化。美国生态文学家爱德华·艾比在其著名的散文作品《沙漠独居者》中断言“为发展而发展是癌细胞的疯狂裂变和扩散”②，揭示出这种经济发展至上的意识形态所存在的严重谬误。

（二）对以物为本发展手段的批判

如上所述，经济的快速增长源于两个基本条件：从“实物”上看，资源的无穷供给；从“虚物”上看，科学技术的大量运用。下面我们将分别从这两个方面来进行论述。

1. 来自大自然界的“实物”批判

经济增长必然要消耗资源，所消耗的资源也只能来自于自然界。以物为本的发展主义理念将大自然的多元价值作了单一化的理解，认为自然界只有经济价值，即为人类提供经济增长所需的资源，以及生产过程所产生的废气、废物的排放场，而否定了自然界其他方面的价值。事实上，自然界还能够给人类提供审美对象，即自然的美，如初升的朝阳、翠绿的森林、恬静的湖水等。更重要的是，自然界还是人类的栖息地。如果仅仅将大自然界当作资源的存储库以及废物的排放场。那么，环境的恶化将直接导致居住地居民的迁徙甚至消失，如古楼兰国的消亡。这种功能定

---

① ［英］卡尔·波普尔：《无尽的探索：卡尔·波普尔自传》，赵月瑟译，南京：江苏人民出版社2000年版，第74页。

② 转引自陈向义：《物本与人本：发展理论的迷失与重建》，上海：上海交通大学出版社2008年版，第27页。

位已经把自然界弄得面目全非了。另外，以物为本的发展主义理念认为，大自然界是一个拥有无限存储量的库源，它可以为经济增长提供无穷尽的资源。事实上，这个存储库并非无限，任何不可再生性资源都是有一个限度的，而且有些资源已经接近这个限度了。以物为本的发展主义忽视了发展的制约性条件，为了获得快速的经济增长，如果一味地以最大限度地耗费资源为前提，也许能给当下的人带来些许舒适的生活、生命的适当延长等等，但极有可能带来资源的枯竭，"吃祖宗饭，断子孙路"。艾比指出，无视生态承受力的发展是"一架发了疯的机器，一架专家不能理解、经理不能管理的机器。更为严重的是，这架巨大的机器正在迅速地将世界的资源吞噬殆尽"。[①] 这实际上是一种"无度的发展主义，必导致对生存的彻底遗忘。而'生存'被置之度外，这是发展主义的必然结果"。[②]

2. 来自对科学技术的"虚物"批判

以物为本的发展主义观念"把技术—工业的增长视为人类与社会发展的灵丹妙药"。[③] 可是，自 20 世纪中叶起，科学技术的负面效应逐渐显现出来。原子弹的爆炸、全球性的环境污染、生态环境的破坏以及能源危机使人不得不面对这样一些问题：科学是否真的能够中立？科学究竟是在给人类造福还是在成为毁灭人类的祸首？科学是否在本质上就必然是进步的？

"进步"的同时又意味着"退步"，也许这就是文明的吊诡。马克思早就指出："技术的胜利，似乎是以道德的败坏为代价换来的。随着人类愈益控制自然，个人却似乎愈益成为别人的奴隶或自身的卑劣行为的奴隶。甚至科学的纯洁光辉仿佛也只能在愚昧无知的黑暗背景上闪耀。我们一切的发现和进步，似乎结果是

---

① 转引自王诺：《唯发展主义批判》，《读书》2005 年第 7 期。

② 吴国盛：《豁出"生存"搞"发展"》，《读书》1999 年第 2 期。

③ ［美］埃德加·莫林、安娜·布里吉特·凯恩：《地球祖国》，马胜利译，北京：三联书店 1997 年版，第 84 页。

使物质力量成为有智慧的生命，而人的生命则化为愚钝的物质力量。”[①] “文明每前进一步，不平等也同时前进一步。随着文明而产生的社会为自己所建立的一切机构，都转变为它们原来的目的反面。”[②]

对科学技术的批判，在近代最早可上溯到卢梭，他批判科学技术的发展没有给人们带来福祉，相反地倒是败坏了民风的淳朴性。[③] 埃吕尔等人是从技术自主性的视角进行批判，他们认为技术是一种自律性的存在，技术的发展会导致人的价值的泯灭。[④] 法兰克福学派对科学技术的批判更为深入。在他们看来，科学技术已经成为发达工业社会的新型意识形态，为巩固统治服务。由于科学是通过技术作用于社会的，技术所直接改造的是物质世界，改造力量越强，人对物质的依赖就越高，对理想社会的追求也从对精神世界的培养转为对物质世界的改造。同时，人的生存方式和心灵被技术化、机械化。所以科学及其技术并不必然为人类带来幸福，相反，却可能使人失去了人的本性。德国当代思想巨匠哈贝马斯认为要完成作为哲学之使命的社会启蒙和自我启蒙，进而克服西方思想历史上的启蒙辩证法，就必须对科学主义进行“彻底的批判”。何谓“科学主义”呢？在哈贝马斯看来，科学主义就是科学对自身的一种信仰，它企图将科学与所有的知识等同起来，并以科学去垄断一切知识，认为只有科学才能提供真理，只有科学才是有用的，只有科学才能给人类带来幸福。

---

① 《马克思恩格斯选集》，第 1 卷，北京：人民出版社，第 775 页。

② 《马克思恩格斯选集》，第 3 卷，北京：人民出版社，第 482 页。

③ 参见［法］卢梭：《论科学与艺术的复兴是否有助于敦风化俗》，何兆武译，合肥：安徽文艺出版社 1997 年版，第 164 页。

④ 雅克·埃吕尔（Jacques Ellul，1921—1994）法国著名学者，当代最有影响的技术哲学家之一，其主要思想是技术自主性思想。它包括三个方面：第一，技术发展有其内在的逻辑和规律；第二，技术对社会的全面渗透或者说整个社会的技术化使得技术摆脱了社会的控制；第三，技术对人的全面影响，特别是对人的思想观念和思维方式的影响，使得人依赖于技术而难以控制技术。

事实上，并非所有复杂的社会现象都可以用科学的方法来解决。对事物的认知，科学可以给出“对”与“错”的严谨性证明，却不能说明事物“对”、“错”背后的“善”、“恶”判断，正如人们可以发现“核”运转的“真理”，却不能保证它是用来发电还是用来制造原子弹一样，在许多价值领域，科学是无法作出判断的。更不用说科学对于解决人类终极价值问题的无奈，如迄今为止，科学仍然无法完全替代人类对宗教、道德的需要，无法安顿心灵，无法解决救赎问题。圣·安布罗西（Saint Ambrose，340—397）说：“讨论大自然和地球的位置无助于我们对未来生活的信心。”伽利略曾说：“圣经可以告诉我们怎样上天堂，但不能告诉我们天体怎样运行。”这是在“唯基督教”时代指出宗教在阐释世界上的局限，提出了抛开《圣经》进行科学探索的理由。而为伽利略平反的教皇保罗二世则说：“科学可以告诉我们天体怎样运行，却不能告诉我们怎样上天堂。”这是在唯科学时代指出科学在阐释人生上的局限，提出宗教在科学时代继续存在的理由。

科学主义更容易使人盲信科学，这也是非常危险的。因为科学主义往往容易伴随着傲慢与偏见，容易借助“科学真理”的名义，对人的生存方式、人的价值和意义，进行一种价值独断。历史上的许多谬误，固然可能肇源于迷信，但也不乏假借科学、真理之名，进行规训或压迫，走向科学绝对主义的极端，给人类造成种种灾难。

那么，通过对发展主义的批判，人们不禁要问：发展的意义何在？在于物的创造和积累吗？正如波兰学者维克多·奥辛廷斯指出，当今世界最严重的危机主要是工业社会意义上的危机。我们在解决“‘如何’一类的问题方面相当成功，但与此同时，我们却对‘为什么’这种具有价值含义的问题，越来越变得糊涂起来，越来越多的人意识到谁也不明白什么是值得做的。我们的发展速度越来越快，但我们却迷失了方向”。[①] 这就是我们在生产力不断进步、物质财富不断丰富、人民生活水平不断提高的今天，为什么还面临着那么多严重的问题？为什么还有那么多的人感觉不到人生的快乐和意义呢？我们得到了过去不曾得到的，但同时也丢失了不曾失去的。得到的未必是福祉，失去的未必是灾难。所谓“发展的进步”并不具有绝对的意义，从而不应成为一个毋庸置疑的独断衡准。因为它仅仅是在有限的和相对的视野下得到的判断，倘若换一个角度看，所得结论又将面目全非。所谓进步，如果脱离了价值尺度（它归根到底取决于人的存在本身）是否还有意义？对发展的理解究竟应当基于什么才是正当的？这些难题的合理解决归根到底还受制于历史本身的成熟。

三、 人本文化的认知

（一）以人为本中的“人”与“本”

1. 以人为本中的“人”

“人”这个概念在哲学上，常常和两个东西相对，一个是神，一个是物，人是相对于神和物而言的。因此，提出以人为本，要么是相对于以神为本，要么是相对于以物为本。大致说来，西方早期的人本思想，主要是相对于神本思想，主张用人性反对神性，用人权反对神权，强调把人的价值放到首位。中国历史上的人本思想，主要是强调人贵于物，“天地万物，唯人为贵”。《论语》记载，马棚失火，孔子问伤人了吗？不问马。说明在孔子看来，人比马重要。在现代社会，无论是西方还是中国，作为一种发展观，人本思想都主要是相对于物本思想而提出来的。具体到“人”来讲，一般来说，人有三种基本形态：（1）作为类存在的

① ［波］维克多·奥辛廷斯：《未来启示录——苏美思想家谈未来》，徐元译，上海：上海译文出版社 1988 年版，第 193 页。

“人类”。人首先是在和动物相区别的意义上，作为人这个“类”而存在的。二者的主要区别在于：一是人的生命活动是一种追求意义的“生活”。“动物和自己的生命活动是直接同一的。动物不把自己同自己的生命活动区别开来。它就是自己的生命活动。”[①]这就是说，动物与自己的生命活动直接融为一体，动物的生命活动仅仅表现为一种维持生命存在的“生存”。人的“生活”除了维持生命存在之外，更主要的是要追求这种生命存在的意义。功利主义者穆勒曾说：“得不到满足的人也比得到满足的猪好一点，得不到满足的苏格拉底比一个得到满足的笨伯要好一点。”[②] 二是“进化”与“发展”的区别。马克思曾精辟地指出，“动物只是按它所属的那个种的尺度和需要来构造”，动物就只能是按照它所属的那个种的尺度来维持生命活动，永远只能一代又一代地复制自己，每一代与其他代没有差别，因而没有“历史”，了解了一个动物，也就了解了这一类动物，“一窝蜂实质上只是一只蜜蜂，它们都生产同一种东西”。[③] 动物有“生存”而无“生活”，有“个体”而无“个性”，有“历”而无“史”，这就是“进化”的存在方式——动物的存在方式——的特征；人则有“生活”、有“个性”、有“历史”，这就是“发展”的存在方式——人所特有的存在方式——的特征。“进化”的主题是动物，而“发展”的主题只能是人。发展的目的是“成为人”，发展是为了人的。“进化”和“发展”都是“运动”的一种形式，但“进化”是属于自然的自发性运动，而“发展”是具有明确指向的目标性运动。人之所以为人，在于人要把自己做成“什么”，至于能做成什么，一直都处于一种开放性状态之中，决不会停留在某种已经达到的规定或某种已经形成的东西上，这就是发展的实质。由此我们引

---

① ［德］马克思：《1844 年经济学哲学手稿》，北京：人民出版社 2000 年版，第 57 页。

② 转引自［法］佩鲁：《新发展观》，张宁、丰子义译，北京：华夏出版社 1987 年版，第 96 页。

③ 《马克思恩格斯全集》第 46 卷（上），北京：人民出版社 1979 年版，第 195 页。

申出的第三个区别是是否合目的性。动物的“进化”是一种无目的的合目的性的生存，而人类的“发展”则是一种有目的的合目的性的生活。发展的动力不是某种先定的神秘力量，而是实现目的的人的活动本身。只有人能提出目的，并通过自己的活动使之实现。(2) 作为个性存在的现实人。人若失去了个性，也就失去了存在的价值。每个人都与他人不同，都具有自身的独特性、唯一性、不可重复性和不可取代性，这是每个人得以存在的根据。一种动植物的不同个体在外形以及气质上会有差异，但这种差异仍然是外在的，其内在的生命活动并无根本的差别。而人不同，不同个体之间其差异是内在的和根本性的。对于任何一个理智健全的人来说，虽然他们都有创造性的能力，但其先天的禀赋尤其是后天努力所造成的个体差异却是巨大的和本质性的。(3) 作为社会存在的现实人。我们必须把人看作社会的人，人最现实的存在是他的社会存在，人在社会关系中从事各种劳动、承担各种社会角色与职能，受特定的社会关系制约和规定。马克思指出：“人的本质不是单个人所固有的抽象物，在其现实性上，它是一切社会关系的总和。”[①] 对于这一经典性命题，马克思恩格斯在随后其合著的《德意志意识形态》中进行了具体的诠释。“这是一些现实的个人，是他们的活动和他们的物质生活条件”[②]，“这里所说的个人不是他们自己或别人想象中的那种个人，而是现实中的个人，也就是说，这些个人是从事活动的，进行物质生产的，因而是在一定的物质的、不受他们任意支配的界限、前提和条件下活动着的”[③]。这里，马克思恩格斯非常明确地提出了构成现实的人的三个要素：有生命的个人的存在、物质生产活动以及一定的物质生活条件。现实的人的“第一个前提无疑是有生命的个人的存在。因为，第一个需要确认的事实就是这些个人的肉体组织

---

① 《马克思恩格斯选集》第 1 卷，北京：人民出版社 1995 年版，第 60 页。
② 《马克思恩格斯选集》第 1 卷，北京：人民出版社 1995 年版，第 67 页。
③ 《马克思恩格斯选集》第 1 卷，北京：人民出版社 1995 年版，第 71—72 页。

以及由此产生的个人对其他自然的关系”①。第二个要素是人所从事的物质生产活动。“可以根据意识、宗教或随便别的什么来区别人和动物，一当开始生产自己的生活资料的时候，这一步是由他们的肉体组织决定的，人本身就开始把自己和动物区别开来。”② 第三个要素是一定历史阶段所具有的一定的物质生活条件。马克思恩格斯指出，人们用以进行物质资料生产的生产方式，首先取决于已有的由历史遗留下来的物质生活条件，人们只能在既定的物质的、不以他们主观选择为转移的前提条件下以一定的方式从事物质生产活动。因此，现实的个人“不是处在某种虚幻的离群索居的固定不变状态中的人，而是处在现实的、可以通过经验观察到的、在一定条件下进行的发展过程中的人”③。这样的人既是历史的主体，又是历史的产物；既是一切社会关系的总和与结晶，又是这些社会关系的创造者与驾驭者；在他的身上既保存了以往历史的成果，又体现了未来发展的趋向。人的上述三种存在只是逻辑层次上的划分，实际上它们之间是彼此相关、相辅相成的。

2. 以人为本中的“本”

人既是手段，又是目的，人总是按照人的尺度来评判历史进步的；社会历史是人的依赖走向物的依赖再走向自由个性的历史，这样的社会历史就是不断解放人的历史，也不断表现着对人的终极关怀。恩格斯指出：“人终于成为自己的社会结合的主人，从而也就成自然界的主人，成为自身的主人——自由的人。”④ 这就提示了人的自由而全面发展的思想实质在于：一是把人当做主体，确立人在世界中的主体地位，实现自由生存、自主活动；二是把人作为发展的目的，使人在世界中确立自己的价值，使每个人的潜能、能力的发展成为目的本身；三是致力于人类社会发展

---

① 《马克思恩格斯选集》第1卷，北京：人民出版社1995年版，第67页。
② 《马克思恩格斯选集》第1卷，北京：人民出版社1995年版，第67页。
③ 《马克思恩格斯选集》第1卷，北京：人民出版社1995年版，第73页。
④ 《马克思恩格斯选集》第3卷，北京：人民出版社，1995年版，第760页。

和个人发展的和谐一致，使人类社会朝着有利于个人和个人朝着有利于人类社会的方向健康发展。根据这一科学理论，以人为本中的“本”就需要放在各种关系中来理解，其主要含义是：（1）人是主体、人是目的。相对于人对人的依赖、人对物的依赖而言，它把人当做主体，确立人在世界中的主体地位，实现自由生存、自主活动；主体性是人的不可剥夺和不可让渡的本质特性。与人是主体紧密相联的是：人是目的。过去我们往往较多地关注人以外的世界，而对人本身的世界关注不够，人总是为人之外的某种东西而存在着，而不是为自己而存在。但在康德看来，“在全部等我中，人们所想要的和能够支配的一切也都只能作为手段来运用；只有人及连同人在内所有的有理性的造物才是自在的目的本身”。人之所以能够成为目的，是因为人具有纯粹实践理性，具有给自身立法的能力，“他意识到自己是一个独立的实体，他有回忆过去，展望未来的能力，有用符号表示客体和行动的能力；他用理性规划并理解着世界”。人作为人的最高追求物，作为人的根本目的，只能是人的本质自身。康德也曾指出：“人，总之一切理性动物，是作为目的本身而存在的，并不是仅仅作为手段给某个意志使用的。我们必须在他的一切行动中，不管这行动是对他自己的，还是对其他理性动物的，永远把它当作目的来对待。”① （2）人是有尊严的理性存在。在康德看来，人是有尊严的，人身上是有神性的。什么是尊严？在康德哲学中，“尊严”是仅具有人性、不附加任何条件的东西。它至少包含这样几个层面的含义：一是“尊严”属于道德范畴，它是一个个人经过不断修养而形成的内在于自身的理性；二是“尊严”是独一无二的，没有等价物，不能交换。一个有价值的东西能被其他东西所代替，这是等价；与此相反，超越于一切价值之上，没有等价物可

① 北京大学哲学系：《西方哲学原著选读》下卷，北京：商务印务馆 1982 年版，第 317 页。

代替，才是尊严。三是“尊严”的不可侵犯。康德认为，每个人都是一个有尊严的精神性存在，不可被当作手段使用。一个人既不能把自己看作实现别人目的的手段，也不能把别人看作实现自己目的的手段。（3）人的本质是自由。自由性是人之为人的最根本的特性，人与自然界的其他物体有着本质的不同，人不仅是一个自然体，更重要的是一个有意识、能思想的理性主体，是具有理性的理论活动和道德实践活动的自律而又自由的主体。所谓自由，即是指主体在选择方案中选择他自己的目标和行为方式的力量。自我决定、自我主宰是自由的根本所在。马克思指出：“动物只是按照它所属的那个物种的尺度和需要来进行塑造，而人则懂得按照任何物种的尺度来进行生产，并且随时随地都能用内在固有的尺度来衡量对象；所以，人也按照美的规律来塑造。”[①] 在康德看来，人分两部分：一部分是人活在现象世界里，或许你是不自由的，这是生物性的规律；另一部分是人活在本质世界或本体世界里，你是有灵魂的，作为本体世界的人是自由的。自由是一切有理性的东西的意志所固有的性质，而理性只有人才具备，故而人的本性就是自由。黑格尔则进一步指出：“所有的人都是有理性的，由于具有理性，所以就形式方面说，人是自由的，自由是人的本性。”“自由是人的本性”是黑格尔继康德之后对“人的知识”所做的具有现代人文主义精神的诠释。人的自由是“人是目的”的应有之间，一个人不自由意味着他被贬低为手段，成为他人达到某种目的、获取特定利益的工具。换句话说，一个人如果为了一些物质利益而丧失人格，那他实际上就是不把自己当作目的而是当作手段了，是把自己当作了谋取物质利益的工具，从而他也就丧失了做人的自由。所谓人是目的，只有将人提高为自由人的高度，才有它自身的意义，只有在自由人的条件下，人与人才有可能相互把对方视为目的。

---

① 马克思：《1844 年经济学哲学手稿》，北京：人民出版社 2000 年版，第 58 页。

根据上述对以人为本中的“人”与“本”的理解，所谓以人为本，其基本含义简要地说就是：它是一种对人在社会历史发展中的主体作用与地位的肯定，强调人在社会历史发展中的主体作用与目的地位；它强调尊重人、解放人、依靠人和为了人；所谓“发展的目的决不是要强迫人们不情愿地像牛一样被喂养，或者永远作为小孩来抚养；也不是要通过把今天的人们压抑在受国家政策强制的计划机构中来寻找后代人的最终解放，而是要通过共同的努力，使人们能够自己养活自己，有意识地自己教育自已，并且不用暴力来实现自己的解放”①。“必须牢牢记住，个人的发展、个人的自由，是所有发展形式的主要动力之一。这种个人的发展和自由能够在每个人所赞成的和在其各种活动中所感到的各种价值范围内充分实现他们的潜力。”②

（二）以人为本与以物为本的统一性

“物本”，就是以物的发展为根本、本位和本源。历史的发展已充分证明，应该说，不管人类历史演进到何种阶段，物的生产水平决定着社会政治和文化的发展水平，是一个千古不易之法理。因为人类社会赖以生存的前提就是物质资料的生产和发展，不断提高劳动生产率，为文明进步创造雄厚的物质基础，这始终是一个社会发展的根本任务。如果我们从“物”的这一头来观照历史的话，那么，承认“物本”在历史中的地位和作用，是有其合法性和合理性的。但是，随着社会的发展，物的发展却造成了人类自身的异化，这已成为一个不争的事实。这种异化体现为：

1. 人类本性的单一化

人类本性具有两重性：一是自然性。他来源于自然，最后又

---

① ［法］佩鲁：《新发展观》，张宁、丰子义译，北京：华夏出版社 1987 年版，第 117 页。

② ［法］佩鲁：《新发展观》，张宁、丰子义译，北京：华夏出版社 1987 年版，第 175 页。

归于自然，受自然规律的支配。二是超自然性。这种超自然性又体现为两个方面：一是社会性，人是社会的人。正如马克思所说，“人的本质不是单个人所固有的抽象物，在其实现性上，它是一切社会关系的总和。”① 当然，仅凭社会性还不足以完全体现人的超自然性，像蚂蚁、蜜蜂等动物都具有较为严密的“社会”组织，但动物的这种“社会性”只能克服自然性意义上的个体有限性，而不能克服精神性层面的个体有限性，这正是动物逊色于人的真正所在，也是人的超自然性的另一点表现。因而，人的超自然性还体现为人本之“本”的尊严与自由。即人类具有自我意识，从而使自身活动的自觉化，这种自觉化就意味着人类具有自由选择的能力，人类的活动才因此而富有意义。以物为本使人性中自然性部分得以弘扬和伸张，而人性中另外两个部分却受到削弱和压抑。这样，人类本性的丰富性内涵就被单一化为自然性一个维度——尽管是最重要的维度，其他两个维度都被简约掉了。事实上，古典经济学和发展经济学都只局限于“经济人”的单一人性假设，只在经济学范围内来探讨发展。这种发展理论指导下的发展模式必然导致人的异化和单向度，因而探讨发展问题必须超越经济学的范围来进行。

2. 人类生存需要的单一化

既然人类本性有三个维度：自然性、社会性、尊严与自由性。与此相适应，人类生存的基本需要也有三个方面，即物质生活资料生产的需要、社会生活秩序的需要和意义的需要。其中物质生活资料的需要是第一需要，其他两种需要则处于从属地位。以物为本的发展理论突出了物质生活资料需要的首先性地位而简约掉了其他两种需要。他们认为只要经济增长了，商品丰富了，物质生活资料需要满足了，其他问题就会自然而然得到解决。

---

① 《马克思恩格斯选集》第1卷，人民出版社1995年版，第56页。

3. 人类活动领域的单一化

人类生存的需要多样化（即三个方面：物质生活资料需要、社会秩序需要和生活意义需要），就决定了人类活动要有三大领域来相应地满足这些需要，即经济活动领域、政治活动领域和文化活动领域。丹尼尔·贝尔认为："与社会统一观相反，我认为较有益的方法是把现代社会（我此刻不管它与以往社会的继承关系）看作由三个特殊领域组成，每个领域都服从不同的轴心原则，我把整个社会分解成经济—技术体系、政治与文化。它们之间并不相互一致，变化节奏亦不相同，它们各有自己的独特模式，并依此形成大相径庭的行为方式。"[①] 不过，在丹尼尔·贝尔看来，人类活动的这三大领域是并列的，他没有深入地研究经济活动领域在人类的活动领域中的首先性地位，这是值得商榷的。以物为本的发展理论恰恰是把经济活动领域的首先性变成了唯一性，把另外两个领域都简约掉了，进而把经济活动领域扩展成为人类生活的全部领域。这样，个人在社会发展中就只能得到片面的、畸形的发展，与快速的经济增长相伴随的是贫富悬殊、消费畸形、腐败滋生、犯罪增加等一系社会问题，人生的全部意义就都浓缩于现实的生活意义，而这种生活意义又被淹没于经济活动之中，即淹没于对物的极端追求之中，人性的丰富性内容被消融在物性的纯粹释放里，人对自我的认识和关怀服从于逐物的需要。以物为本的社会发展模式塑造的只能是异化人、单面人。

物的膨胀所造成的人的本质由于物化"被归结为这种绝对的贫困"[②] ——单一化发展的趋势，所以生产力的发展和人的自由而全面的发展处于尖锐的对立冲突之中，前者的进步不但没有带来社会整体水平相应的提升，反而以其相对甚至绝对水平的下降

---

① ［美］丹尼尔·贝尔：《资本主义文化矛盾》，赵一凡等译，北京：三联书店 1989 年版，第 56 页。

② 《马克思恩格斯全集》第 42 卷，人民出版社 1979 年版，第 124 页。

为代价。正是由于现代的“物本主义”造成了人的贬值、物化和异化，以人为本的“人本主义”才在批判异化的过程中被提出来。

但就此认为，“以人为本”一定是对“以物为本”的否定，或者说是对以经济建设为中心的否定，也是对“以人为本”观念的一种误解。在整个人类历史发展的无限行程中，“人本”和“物本”相即相离，“人本”脱离不了“物本”，但又不断超越“物本”而复归“人本”；而“物本”依赖于“人本”，又不断地把“人本”拉向自身而化为己有。假如没有“物本”的对立和对抗，也就无所谓“人本”的本位和本源了。从人类自身的发展来看，一部历史就是人类创造“物本”而又扬弃“物本”求得人自身解放的历史，就是人类在不可解脱的“物本”和“人本”的矛盾关系中不断克服物化或异化而复归于人的历史，也就是人类在摆脱“物本”的束缚中愈益获得更多自由的历史。

1. 以人为本与以物为本在本体论上的统一

第一，从纯自然进化的角度来看，物本位优先于人本位，以物为本是以人为本的基础，以人为本是以物为本的升华。自然界先于人类而存在，人类则是自然界进化的最高产物，是自然界的有机组成部分。所以，当我们谈到以人为本时，对以物为本的唯物主义本体论是不能简单轻率地予以否定和抛弃的，否则就会背离科学的唯物主义立场。第二，在人类社会历史里人和物始终是共处一体，互相依赖，互为条件的。每一方面都在与对方相联系时方能证明自身存在的价值，其中，人是主体，物是客体。在一定条件下，二者相互作用，相互转化。人类的物质生产和消费充分说明了这一点。马克思指出：“在生产中，人客体化，在消费中，物主体化。”[①] 其实，在人与物质环境的关系中也是如此，人在适应环境的同时，环境也在创造人。所以，马克思指出：“环

① 《马克思恩格斯选集》第2卷，北京：人民出版社1991年版，第7页。

境的改变和人的活动或自我改变的一致，只能被看作是并合理地理解为革命的实践。”① “革命的实践”一词是马克思对实践本质的概括，是唯物史观的本体论的代名词，是人与物、主体与客体有机统一的基础。所以，当我们讲以人为本时绝对不能否定以物为本。

2. **以人为本与以物为本价值论的统一性**

在价值体系里，不可否认，与物的价值相比，人的价值处于第一位。毛泽东曾指出：“世间一切事物中，人是第一个可宝贵的。”② 因此在人类社会生活里必须首先为了人，关心人，尊重人，依靠人，爱护人。正是在这个意义上，我们讲以人为本是完全正确的。但以人为本绝不是绝对的“人类中心主义”，二者有着本质的区别。人类中心主义出现在近代，伴随着科技理性主义的发展，西方社会发生了工业革命、科技革命和改造社会的各种实践活动，人类的智慧和力量得以充分体现，改造和征服自然的夙愿终于变成了现实，人们真的成了自然界的主人。这种对理性主义的弘扬，对主体的赞美，使得人类只承认人的价值，而轻视人以外的存在物的价值，如果说自然有价值，也仅仅是作为工具的价值。这就形成了人类中心主义的核心价值观，这种价值观将人与自然的关系推向了对立的两极，形成了以人类为中心处理人与自然关系的模式。我们必须看到自然物是人的生命和生存的物质源泉，人靠自然界来生活。人的价值不是孤立存在的，而是与物的价值相互依存、相互比较而言的，如果离开物的价值也就不存在人的第一位的价值。

3. **以人为本与以物为本的现实统一性**

关于以人为本与以经济建设为中心的关系。以人为本是为了更好地以经济建设为中心，即把以人为本的理念注入以经济建设

---

① 《马克思恩格斯选集》第 1 卷，北京：人民出版社 1995 年版，第 55 页。

② 《毛泽东选集》第 4 卷，北京：人民出版社 1991 年版，第 151 页。

为中心之中，是对以经济建设为中心的发展而不是否定。如前所述，传统的经济增长方式，主要是以“物”的方式来实现。这种“物本”的经济增长方式虽然功不可没，但也付出了沉重代价。因而，必须把“人本”理念引入经济建设与经济增长之中，实现由传统的经济建设和经济增长的方式与形态向现代的经济建设和经济增长的方式与形态转变，既把提高人的自主创新能力看作实现经济增长方式转变的中心环节，又把推进人的全面发展看作经济建设的目的。一是从目的方面看，把人的全面发展看作经济建设的目的，反对只见物不见人；二是从手段方面看，通过“人”的方式来推动经济发展。以人为本要求把人的全面发展看作以经济建设为中心的目的，同时，以人为本还强调人在经济发展中的作用，强调人的主体性的能动作用。在农业经济和工业经济时代，经济的增长更多地是靠物的投入来推动，如土地、原材料和资本等的投入，在很大程度上这些物质资本的量决定了这一时期经济发展的规模与速度。进入现代的知识经济互联网时代，人才资本在经济发展中起到了决定性的作用。于是，发展手段从“以物为本”到“以人为本”也就成了进一步发展的必然要求。“经济能否取得成就和进步，在很大程度上取决于人的能力和态度，取决于根据人的能力和态度而建立的社会政治制度和采取的组织措施。”① 发展只能通过“人”本身，只能通过人的价值追求的创造性活动，发展的动力就来自人的无限潜在的创造能力。人才资本能力建设在经济发展和财富增长中起着越来越重要的作用，具有创新能力的人也越来越成为生产力中最具有决定性的力量。因此，以人为本也就成为实现经济更快更好地发展需要确立的一种理念。以人为本的提出，意味着整个发展观和发展框架必须由过去注重“以开发物质资源为核心”逐步走向“以开发人力资本为

---

① 鲍尔《关于发展问题的争论》，转引自［英］韦伯斯特：《发展社会学》，陈一筠译，北京：华夏出版社 1987 年版，第 29 页。

核心”，即走向通过人力资本能力建设尤其是自主创新能力的培育，来推进当代中国经济发展。由此看来，当前我国正在提倡的以自主创新能力为核心的经济增长方式可概括为“人本”经济增长方式，这种经济增长方式实际上蕴涵着一种新的发展模式：发展的目的是从物本走向人本；发展的手段是从资本走向能本；发展的方式从投资驱动走向创新驱动；发展的主体是从依附人格转向主体性人格，由等级转向平等。

（三）以人为本与政府管理职能转变

这一问题涉及以人为本的实现。近些年来，我国实现服务性政府职能的转变，就是以人为本的体现，人性化的社会管理渗透社会各个领域。我国的社会管理归根结底是对人的服务和管理。

首先，转变政府思维方式。将以人为本理念自觉贯穿于政府的各项工作之中。以人为本是立足于尊重人、解放人、依靠人、为了人和塑造人的价值取向，同时也是政府工作的一种根本的思维方式。这就要求政府在分析问题与解决问题时，处处从方便、体贴、适合人的需要的角度来思考。转变思维方式还必须真正把广大人民群众看作是经济社会发展的主体和动力，把实现好、维护好、发展好人民群众的利益作为经济发展的根本目的，十分重视促进人的全面发展，人的全面发展是以人为本的内在要求。人的全面发展，既是以人为本的目标，又是以人为本的结果。以人为本强调的是一切社会活动的根本目的，人是人创造历史活动的出发点和归宿。人不会单纯地为创造历史而创造历史，单纯地为改造和保护自然而改造和保护自然。这一切都是为了人的生存与发展。以人为本的核心就是一切为了人，为了满足人的需要，推进人的全面发展。自觉地把群众拥护不拥护、赞成不赞成、高兴不高兴、满意不满意、答应不答应作为评价我们工作的标准，做到一切为了人民，一切着眼于人民，一切服务于人民。

其次，转变政府工作职能。按以人为本理念着力加强社会管理、公共服务。贯彻以人为本理念，必须由管制型政府、管理型政府向服务型政府转变，由经济建设型政府向公共服务型政府转变。在中国传统社会，政府较注重对人的管制，一定意义上是一种管制型政府。这种管制型政府得以存在和延续的理念支撑，就是“官本位”。在管制型政府的框架内，难以真正实现“以人为本”。要真正实现以人为本，就必须从管制型政府转向服务型政府。这里，人的政治权利、人的主体性、人的尊严与自由必须受到政府的保障；同时，为公民提供幸福不应是政府的职能，为公民提供获得幸福的平台和机会才是政府的应有工作，也是现代政府的重要职责。所以，政府管理创新显得尤其重要。尤其是对于我国传统社会遗留下来的身份制、等级制、劳动管理体制和户籍制等，这些都是影响以人为本实现的体制障碍。通过政府体制创新，实现由权力社会走向能力社会，由身份社会走向实力社会，由依附社会走向自立社会，由静态社会走向流动社会，由人治社会走向法治社会。从而使以人为本的地位得到真正的体现。

最后，转变政府工作作风。重视作风建设是我国政府的优良传统。作风是无形的力量，能够发挥出难以估量的巨大社会作用。好的作风是人民政府的生命，体现政府宗旨，关系人心向背。作风好，政府讲话才有人听，政府的法令、决策才能得到贯彻落实。在以人为本理念指导下的作风建设，就是要坚持科学民主的决策，在政府工作中注意尊重人民群众的知情权、参与权。特别是有关发展规划的重点项目建设、公共政策制定等重大决策，要广泛听取社会各方面意见，增加决策的透明度和公众参与度。进一步完善公众参与、专家论证和政府决策相结合的决策机制。同时，严格依法行政，不但是当前我国贯彻依法治国方略的基本要求，也是现代政府的重要标志。依法行政的实施，使得政府权责明确、行动规范、监督有效、保障有力，公民的权利能得到有效的保障，同时还可使公民通过行政复议、行政诉讼等法定渠道加强对政府机关及其工作人员的监督，使以人为本得到法律的切实保护。

总之，正如存在主义大师萨特所说，人没有自己固定不变的本质，他永远处在半路上。人本也是一个处在不断发展、不断变化、不断超越自身的不定的存在。因为人具有永不满足的超越现有“物本”而趋向应有“物本”的无限追求。按照马斯洛的观点，当人们的基本需求得到了满足后，就会产生新的更高层次的需求。这是一个永无止境的过程。正是在这种“人本”与“物本”的交替矛盾转换中，社会在不停地向前发展着。无论在任何时期，我们都可以想象，公民的需求总是不可能得到完全满足，一旦在公民的需求和政府所提供的服务之间存在着相应的差距时，公民的不满意就开始涌现。这也可以说明，随着社会生活水平的整体提升和服务的改善，人们的“不满意度”反而会增高。因为人们的期望值在增大而且多样化，对此，我们应予以正确理解和对待。当我们测评一个社会特定时期公民对政府的“满意度”时，不能只看数值的高低，而应具体分析这种产生“不满意度”的层次水平及其所指向的对象。因为处于不同发展水平的地区和公民素质的要求水平是不同的，我们应从实际出发，具体情况具体对待，然后采取不同的对策，真正为人们实现每个人的全面而自由发展创造良好的条件。

第三章　从人治文化向法治文化的转化

人治是儒家学说倡导的一种的治国理论，被封建统治者长期奉为正统思想。然而，我们必须看到，传统中国社会的那种以礼治、德治为核心的人治模式，毕竟只是以宗法社会为基本结构的农耕社会文化的产物，根本无法作为高度复杂化了的现代社会的治理模式；有鉴于此，我们唯有引进作为人类文明共同成果的现代法治模式，其已成为社会发展的必然选择。

一、人治与法治的内涵与特征

（一）人治与法治

1. 人治的内涵与特征

人治就是个人或少数人因缘于历史原因掌握了社会公共权力，以军事、经济、政治、法律、文化、伦理等物质的与精神的手段，对占社会绝大多数的其他成员进行等级统治的社会体制。人治包括权治和教化两个部分。权治指威权统治，它是一种单向的、自上而下的、等级森严的“线状”控权模式。其典型特征是权力一元化的状态，这种权力一元化的状态极易滋生“独裁”与“专制”。教化指用思想意识形态支配社会思想，通过使人心求稳维护统治秩序。其主要方式是“德治”，即重视人的特殊化，重视人可能的道德发展，重视人的同情心，把人当作可以变化并可以有很复杂的选择主动性和有伦理天性的“人”来管理统治的

“教化”思想。

人治文化，作为一种治国方式，显然是指一种人格化权威为国家治理的支点，把治理国家的希望寄托于人格化权威的圣明与贤能上。它无限夸大圣人明君的作用，把国家的兴旺发达和长治久安完全寄托于执掌最高权力的人。当然人治并不排斥法律的作用，而是认为法律必须服从最高统治者的权威，最高统治者的意志才是至高无上的。在对人的引导上，人治把教化放在第一位，当教化没有效果时，才诉诸法，这叫做“德主刑辅”。人治所要实现的理想社会是以明君、贤臣、顺民为标志的社会，但这种社会事实上未曾出现过。中国几千年来走的就是人治的道路。概括而言，人治的基本特征有以下几点。

（1）行政权威神化。在人治行政中，最高统治者具有至高无上的权威，是上天派来的无所不知、无所不能的圣人，奉天承运是其执政的合法性基础。建国后由于历史的惯性作用，毛泽东的政治权威也曾被神化，如被称作“中国人民的大救星”、被比作“红太阳”等，在当时其正确性是无人敢质疑的。薄一波在其《若干重大决策与事件的回顾》一书中就曾写道：“由于毛主席的伟大功绩和崇高威望，在我们党内，从上到下，几乎都认为毛主席一贯正确，没有也不会发生错误。即使自己的看法和毛主席有不同，也总是从自己方面检查，找原因。记得我的一位老领导和老战友曾不止一次地告诫我：毛主席讲的话，如果你觉得不对，千万不要讲，你回去想一想，慢慢就会知道毛主席是正确的。长期以来，在我们的脑筋里，的确形成了一个思想框框，毛主席说对，就对，说错，就错，人人都以毛主席的是非为是非。”①

（2）法律权威弱化。在人治行政中，法律权威的弱化体现在两个方面：一是不具备普遍性。法律只是用来管束老百姓的，所

① 薄一波：《若干重大决策与事件的回顾》（下卷），北京：中共中央党校出版社 1993 年版，第 757 页。

谓“设法度以齐民”（《韩非子·八经篇》），“威不两错，政不二门，以法治国，则举措而已”（《管子·明法》）。换言之，法治只是实现国家秩序或社会治安的手段而已。最高统治者不受法律约束。二是随意性太大。最高统治者不但掌握着不受制约的绝对权力，而且行政权力的行使一切以最高统治者的意志为转移，可以说，在皇帝意志面前，法律的权威性在法律出台之前就已经丧失了。尽管我们有完整的法系，也有成体系的法律裁决，但法律存在的价值完全在于最高统治者的需要，最高统治者随时可以根据自己的需要对已经生效的法律进行取舍，法律成为权力的“婢女”。因此，政策法规的朝令夕改、摇摆不定，是在人治行政中司空见惯的事。

（3）约束机制软化。在人治行政中，对各官僚阶层强调的多是道德化行政的教育。官员作为公共行政的主要实施者，既要厉行道德修身，又要承担对社会的道德教化；君主作为最高的统治者，同时也是全社会的道德楷模。“君贤者，其国治，君不能者，其国乱。”（《荀子·议兵》）孟子也认为，“君仁莫不仁，君义莫不义，君正莫不正，一正君而国定矣。”（《孟子·离娄章句上》）对他们的约束主要是道德的“软”机制约束而非制度的“硬”机制约束。其手段多为侧重“德治”的“教育”。所以马克斯·韦伯认为：“中国的教育……是一种纯粹的俗人教育，一方面具有仪式、典礼的性质，另一方面又具有传统主义的、伦理的特性。学校既不教数学、自然科学，也不教地理学及文法。”[①] 在这样的传统行政文化影响下，一旦发现有的领导有滥用权力、徇私枉法等不良行为时，往往会被简单地归结为思想作风问题，与此对应的解决手段不外乎是改造思想、改造世界观、整风等，借此来坚定行政官员的道德信念、提高官员的政治觉悟。由于思想改造和

① ［德］马克斯．韦伯：《儒教与道教》，洪天富译，南京：江苏人民出版社 2008 年版，第 149 页。

整风只能起作用于一时，所以运动要不断地进行下去，一个接着一个运动不停地整风，因为思想改造稍一放松，各级官员就又可能走到邪路上去。

（4）权力竞争恶化。在人治行政中，由于各级官员的职位由上级任命，而非人民选举。所以上级的意向直接决定了下级的"官运"，为此在官场上，他们只会对上级负责，处处迎合并讨好上级，唯上级之命是从。不怕群众不满意，就怕上级不注意的投机心理成为官场上心照不宣的游戏规则。揣摩上级意图就成了各级行政官员必须练就的一项基本功。为了邀宠，官员之间尔虞我诈，勾心斗角的事情不胜枚举，这就决定了人治行政中权力竞争的严重恶化。

2. 法治的内涵与特征

法治，作为一种治国方式，是指主要依靠良好完备的法律来治理国家，把国家的长治久安维系于国家的法律和制度上，认为法律和制度比领导人的素质更靠得住。法治并不排斥领导人个人的权威和作用，但认为这种权威和作用必须置于法律之下。人治和法治的分歧，并不在于治国的过程中要不要法律，也不在于要不要领导人的权威，而在于法律和领导人的权威哪个更大，这是其一；其二，所遵循的法律是不是良法，是否能够切实有效地保障公民个人自由和权利的基本需要。

法治思想源远流长，最早发轫于古希腊。亚里士多德堪称法治思想的集大成者。他曾提出："法治应当优于一人之治。"[①] 究其原因：第一，法律是经过众人的经验审慎考虑后制定的，同一个人或少数人的意见相比，更具正确性。第二，任何人即使最伟大、最贤明的人，也会受个人感情等主观因素的影响，从而做出一些不利于民众、不利于国家的事，而"法律恰恰正是免除一切

---

① ［古希腊］亚里士多德：《政治学》，吴寿彭译，北京：商务印书馆1965年版，第167页。

情欲影响的神和理智的体现”①。就是说，法治有利于排除因感情用事而偏私的问题。第三，法律具有稳定性。因为人不免凭感情行事，而感情常常又是变动的，那当然就谈不上什么稳定的问题，而依照法律办事，恰能避免这一缺点。而且，法治还可以防止君主的继承人是庸才而危害国家。亚里士多德还明确地指出过：“法治应当包含两重意义：已成立的法律获得普遍的服从，而大家所服从的法律又应该本身是制订的良好的法律。”② 这里，亚里士多德实际上提出了法治政治必须具备的两个基本要件：法律必须是良法；良法具有至高无上的权威。这两大要件可视为法治理论代代相传的基因，至今仍为法治论者所坚持。究竟什么是法治，至今没有一个权威的定义。国际法学家委员会秘书长让-弗拉维尔·拉利夫（Jean-FlavienLative）在《自由社会的法治》一书的导言中一开始就指出，法治“是许多不同法律制度的法律家所熟悉的但却常被认为是一个意义难定的用语”。③“法治”在《牛津法律大辞典》里也被看作是“一个无比重要的，但未被定义，也不是随便就能定义的概念，它意指所有的权威性机构、立法、行政、司法及其他机构都要服从于某些原则。如：正义的基本原则、道德原则、公平和合理诉讼程序的观念，它含有对个人至高无上的价值观念和尊严的尊重。在任何法律制度中，法治的内容是：对立法权的限制；反对滥用行政权力的保护措施；获得法律的忠告、帮助和保护的大量的和平等的机会。……它不是强调政府要维护和执行法律及秩序；而是说政府本身要服从法律制度，而不能不顾法律或新制定适应本身利益的法律”。④ 与《牛津法律大辞典》具有同样权威的《布莱克法律辞典》对“法治”的解释是：“法治是由最高权威认可颁布的并且通常以准则或逻辑

① 亚里士多德：《政治学》，吴寿彭译，北京：商务印书馆1965年版，第169页。

② 亚里士多德：《政治学》，吴寿彭译，北京：商务印书馆1965年版，第199页。

③ International Commission of Jurists，“The Rule of Law in a Free Society”，1959，第V页。

④ ［英］戴·M. 沃克：《牛津法律大辞典》，李双元等译，北京：光明日报出版社1988年版，第790页。

命题形式出现的，具有普遍适用性的法律原则。”“法治有时被称为法律的最高原则，它要求法官制定裁决（决定）时，只能依据现有的原则或法律而不得受随意性的干扰和阻碍。”以上两部法律大辞典提供了两种不同的解释，代表了两种不同的观点，但也蕴含了一个相同的基本点，即两者在不同程度上都是把法治作为人治对立面的一种社会组织机构来看待的。不同的是，前者注重法律背后的价值分析，而后者注重的是法律本身的价值分析。与政治文明的一种文化形态——法治，也理应具有一种核心的内涵，基于各国法治历史的经验与教训，面对当今政治国家的发展与演变，探索法治内涵的精义，促进法治秩序的建构，就成为现代各国有识之士的远虑。在此值得一提的是，二战之后，国际法律专家会议（The International Commission of Jurists）就曾举行多次研讨，试图改写传统的法治含义，提出一个具有普适性的法治概念，最终于1959年在印度的德里会议上就“法治的本质”（the nature of law）达成了大致的共识，并庄重地宣之于《德里宣言》之中。这份可谓凝聚了人类1000多年来法治文明智慧的宣言，审慎地提出作为人类最高价值的“人的尊严”，必须成为所有法律的基础，并进而确认法治应该包含如下内容：（1）根据法治精神，立法机关的职能就在于创设和维护得以使每个人保持个人尊严的各种条件；（2）法治原则不仅要防范行政权力的滥用，而且还需要有一个有效的政府来维护法律秩序，借以保障人们具有充分的社会和经济生活的条件；（3）法治要求正当的刑事程序；（4）司法独立和律师自由。这可以说就是当今国际社会对现代法治的一个较为权威性的定义。

关于法治在现代社会的基本特征与人治正好相反，主要表现如下：

（1）政治权威俗化。法治社会的建立，是一个国家领导人的“祛魅”过程，任何人都必须置于法律和制度的约束下，置于社会舆论的监督下，这已成为人们的共识。任何人无论官职有多大，也必须在法定的范围内行使职权，而绝不可以抛开法律和制度，将自己的意志强加于国家和社会。在法治社会里，马克斯·韦伯的魅力型领导（Charismatic Leadership，超凡魅力、远大理想、强烈的感召力等）已无法引起人们的兴趣，人们更关注的是他执政时的实际政绩，关注的是他能否增进公民的福利、自由和民主的权利。

（2）法律权威强化。在法治社会中，法律成为社会控制的主要方式，社会生活的基本方面和主要的社会关系均纳入法律规范的调整范围。法律具有普遍的约束力和最高的权威性，没有任何个人能够凌驾于法律之上，即便贵为国家元首也必须服从法律以及根据法律作出裁判。人民必须守法，政府更必须守法。政府必须在法定的权力范围内行事，也就是说，行政权力受到了法律的限制，掌权者绝不能随心所欲，为所欲为。而且，所实施的法律为良法，它反映的是人民的利益和意志，以维护和保障公民的权利和自由为目的，强调的是权利本位而非义务本位。

（3）约束机制硬化。在法治社会里，对权力主体的约束更多地诉诸制度机制。首先对权力进行制度性的规范可有效地防止权力的非正常扩张，因为权力非正常扩张的实质就是个人意志的加强。其次，法治社会里的责任制约机制的建立，使得职权与责任相对应，一旦权力的行使违背公意，就必须接受法律的制裁。再次，在法治社会里，权力的外部监督机制形式多样，有法律、社会组织、社会舆论、公民等，但法律处于核心地位。通过把权力的配置、运作、更迭纳入制度化的法治轨道，对权力主体滥用权力、贪污腐化的现象进行有效遏制，即使发生此类现象，也可以通过法律制裁、舆论谴责等形式予以纠正和惩罚。法治条件下约束机制的效力绝非人治所能相比的。

（4）权力竞争优化。在法治政治中，权力是由下至上逐级授予的，掌权者是由下而上选举的。自由公正的选举制度使得权力竞争有了严格的制度来规范，从而变得有序、透明。权力主体在政治舞台上的升降沉浮与选民手中的选票密切相关，为了争取到更多的选票，权力主体必须兢兢业业，恪尽职守，作出实实在在的政绩，来兑现原初对公民的承诺。政治运行变得平稳有序，通过纳入制度化的管理，减少或消除了人治政治中的任意性和多变性，在社会公众当中建立起了一种稳定的心理期待，保证了社会的持续、有序发展和长治久安。

从人治与法治的比较中我们可以看出，法治是更为进步、更为合理的一种治国方式。执政党的执政行为循着法治的轨道运行，既是社会文明进步的重要标志，也是国家长治久安的可靠保障。中国共产党作为中国唯一的执政党，能否将其执政方式纳入法治思维和法治方式，关系国运民生、民族前途，也是党自身立于不败之地的关键所在。

（二）法治与法制

法治与法制这两个词，乍一看起来似乎大同小异。事实上，二者具有本质的区别。无论是法制还是法治，都具备法律性（legality）的特征。所谓法律性特征，就是作为法律起码要具备的特点，如法律条文的既定性、规则的权威性、执行法律的严肃性等。但法治与法制具有结构性的区别，在英文里，法制是“rule by law”，法治是“rule of law”。一个“by”，一个“of”，判然有别，是不能含混的。法制指一个国家的法及其法律制度，着重讲的是法的一系列规则、原则及与此相关的制度，它更多的是一种直接借助于并非出自人民意志的法律来控制国家与社会的统治形式，正所谓“制而用之谓之法”（《易传·系辞上》）。法律条文的正当性来源于统治者的意志，并随着统治者的意志改变而改变。法治也与一定系统的法律机制相联系，但这个法律系统直接与人民主权的原则联系在一起。从国家的层面上建立宪法，然后以宪法精神制定部门法规，它所强调的却是一个国家处于依法治理的一种状态。而不仅仅是静态的法的规则及其体系，还包括动态的立法、司法、行政执法以及守法等活动。所以，法治的内容相较于法制来讲，要丰富得多。法制所讲的法律制度既可以是好的、民主的法律制度，也可以是不好的、专制的法律制度；而法治所讲的法律制度单指良好的、民主的、能使法得以正确适用和普通遵守的法律制度。法制社会中的法与民主的关系既可以是与民众的意志相统一、体现民众意志的法，也可以是与民众相对立、是统治者统治民众的工具的法，一切取决于统治者的意志；而在法治社会中法完全体现的是人民主权、政治民主。法制社会中法对权力的规范和约束既可以是所有的人和一切国家机关，也可能是在法的约束和规范之外仍然存在着一个至高无上的权力独裁者或权力机关，也就是说法制并不必然排斥人治；而法治社会中法对权力的约束和规范却是完全的、绝对的，包括一切的权力机关和所有的个人，法治必然排斥人治，法在法治社会中至高无上，除此之外不存在绝对的个人或权力机关的至上权威，而且所有的国家权力都予合理配置和划分，并相互制约。在法制社会里，法律不具有自发作用的可能，它依靠主宰法律的统治者个人意志才能运转起来；在法治社会里，法律无须依赖任何组织与个人意志而自发地运转，所谓“法律主治”由此形成。

可见，法制与法治具有本质性的差异。在现代社会条件下，需要的是法治，而不是单纯的法制。法制可以存在于奴隶的、封建的、资本主义的和社会主义的任何的社会形态之中，而法治只能存在于民主政治的社会形态中。因此，我国现在所提倡和努力建立健全的是现代意义上的依法治国和法治国家，培养的是现代的法治思维和法治方式。

二、 法治取代人治的人性基础

人性观是政治行政体制设计时的一个重要理论根据。在我国，自孟子始一直是性善论居主导地位。孟子认为，“人性之善也，犹水之就下也。人无有不善，水无有不下。”（《告子》）按儒家观念“人人皆可为尧舜”，统治者更是品德高尚，尤其是君主作为社会和国家的最高统治者，更是全社会的道德楷模，其道德水平的高低直接与国家的安定相关。所以孟子提出，“君仁莫不仁，君义莫不义，君正莫不正，一正君而国定矣。”（《孟子·离娄上》）因此在政体设计上就靠人治，不靠法治；依靠官员的“德行”，不要权力制衡；靠“自律”，不要“他律”。所以中国古代的政治制度设计中，它是与道德要求混为一体的圣贤道德观，政治只是道德事务的一种，符合伦理要求是政府官员行为的重要指导原则，由此形成了中国绵延2000多年的具有显著“人治”特征的君主官僚专制政体。

那么，“人性善”为什么不能作为政治制度设计的基础？

首先，“人性善”这个命题是一个在学界被称为人性论证中的“哥德巴赫猜想”。因为“人性善”从未得到过有效的证明，它仅仅只是一种猜想而已。尽管儒家文化对“人性善”推崇备至，但吊诡的是，只有孟子对“人性善”提出过“四端”论证。在《孟子·告子上》中，孟子认为，人之本性有“四端”，即恻隐之心，仁之端也；羞恶之心，义之端也；辞让之心，礼之端也；是非之心，智之端也。这好比人有“四体”一样天经地义。对于这样的类比论证，很难得到人们的认同。第一，羞恶、辞让、是非之心均为社会教化之结果，将教化结果描述为人之本性，是一种因果颠倒的表现。尽管恻隐之心能得到证明，也只能在有限的个案和特殊的情况下才能发生，但也不能保证一定发生，不具备证明“人性善”的普遍必然性。第二，以有限来证明无限是无效的推论。在人性中随意选择有限的几种“善”（“四端”）来证明永恒的“人性善”是无效的。事实上在社会中仅凭直觉的经验我们就可感知“人性恶”更为普遍，从理论上生物学家就认为利己是生物进化的规律，基因复制的过程也证明了这一点。从实践上现代科学的证据也更有利于性恶论，如趋利避害、谋求安全、生存条件与生存竞争优势的获得等案例比比皆是，这些都被证明是人性中最具决定性的力量。第三，社会中确实存在着道德高尚之人，在特定的情境下还能够作出道德极为高尚之事，也没有论据来证明他们的行为与“四端”有着必然的联系。第四，孟子的类比论证完全不伦不类。假如“四端”与“四体”相对应，那么，人性中的多“端”，相对应的多“体”何在？这是一个不能自圆其说的论断。

其次，麦迪逊的“天使”理论。人性善固然可取，不能保证人人都是天使是困扰现实政治生活的一个主要难题。美国的开国元勋麦迪逊认为：“如果人人都是天使，就不需要任何政府了。如果是天使统治人，就不需要对政府有任何外来的或内在的控制了。”[①] 这一论断说明：第一，人不是天使，所以需要政府。托马斯·潘恩曾说：“社会是由我们的欲望产生的，政府是由我们的邪恶产生的，社会在各种情况下都是受人欢迎的，可政府即使是在最好的情况下，也不过是一件免不了的祸害。”因为政府是一个“惩罚者”。[②] 经济学家就认为，利已是人的本性，它伴随着所有的人，无论他们的身份和地位如何，从利己出发，人可以从善，也可以为恶。人性是不完善的，自利和人性是不可分的。洛克也指出：政府的起源是人性的先天不足所致，是一种“正当补救办法”，它是人类理性的产物。[③] 第二，人不是天使，说明“最佳情形”和“道德圣贤”的假设不能作为制度设计的基础，因为这样的制度设计不能保证每位政治家长期地无条件地从事与“善”和“正义”有关的社会政治生活。道德高尚的人有，但任

---

① ［美］汉密尔顿等：《联邦党人文集》，程逢如等译，北京：商务印书馆 1980 年版，第 264 页。

② ［美］托马斯·潘恩：《潘恩选集》，马清槐译，北京：商务印书馆 1981 年版，第 3 页。

③ ［英］洛克：《政府论》（下篇），叶启芳、瞿菊农译，北京：商务印书馆 1964 年版，第 10 页。

何人决不是一生下来就能够成为君子的。“君子的品格”只能是后天形成的，是教养的结果。第三，人不是天使，说明人是“脆弱的人”，而不是十足的“善”与“智”，由如此“正常”的人组成的政府绝不能毫无保留地加以信赖。我们从一开始就应正视出现坏政府的可能，这是政府“胎生”的本性，也是一种逻辑的必然。政府作为公民的代理人，作为一种统治的机构，既有可能为善也有可能为恶，所以需要对政府实行外在和内在的有效控制，寻求“辅助性的预防措施”，这种控制最根本的就是对内实行权力制衡，外部由相关的社会力量或公民社会对其实行控制，内外控制的统一就是政治制度的有效设计。

第三，将“人性善”作为政治制度的基础不具有普遍同意和普遍接受的特性。一个制度的有效与正当性必须是稳定而明确的、对所有人一视同仁的、普遍同意且普遍接受的系列规则。将“人性善”作为政治制度设计的基础则不然。因为道德之事，没有人人必须遵守的绝对标准，更无法强制执行，尤其是良心之事只有各自作主，它更多的是强调个人的道德修养。况且作为一个人，只要他守住了“做人”的道德底线，遵纪守法，就很难再对其行为作更多的道德指责。我们可以期待公共权力的掌管者个个都是“先天下之忧而忧，后天下之乐而乐”，为社会、为人民的公共事业鞠躬尽瘁，死而后已的人。可惜的是这种期待既不切合实际，也不大可能做到。因为对于任何人来说，无论你多么伟大、杰出，都只能是一种社会化了的高级动物，其一半是天使，一半是魔鬼，不可能是天然的君子和圣贤，更不可能是神。如果我们要求所有的政治家必须是柏拉图笔下的“哲学王”，那只能是一种脱离现实生活的乌托邦。对权力的掌控者进行圣贤道德观教育，使其达到最高的道德理想状态和最高的道德境界，我们可以不断地实践以期达到我们完美的政治实践。但在真正的政治实践中却成了一件永远没有终点的事情，因为一个人一时为善容易，长期不为恶、不犯错难，正所谓人非圣贤，孰能为过？“无赖假定”则不然，它对所有公共领域的掌权者都一视同仁，将其视为“无赖”，不依赖于统治者个人的品行好坏而依靠所有公民都信赖的普遍实施的制度而自行运转。

通过对“人性善”的分析，法治论者认为，社会的最佳统治方式是法治。他们的论证分为唯理主义的法治论和怀疑主义的法治论者。唯理主义法治论者认为，法律作为一种理性“是不受欲望影响的”、“是永恒正确的理性”，是一种“永远公正”的普遍意志的体现。既然如此，法治自然也就不容质疑了。在一定意义上看，他们的判断可能正确，但他们的论证与柏拉图的圣贤“哲学王”统治的人治讨论属于同一范畴，都是对一种不考虑操作的理想制度的推论，因此在实践上也往往以人治告终。而怀疑主义的法治论者认为：第一，人的理性力量（无论是个人还是一个时代的人）永远是有限的，世界上没有不犯错误的全知全能的圣人；更为重要的是第二，人性本恶。尤其西方人认为“人性是恶的，掌权者是恶的立方”。匹夫一怒，伏尸二人，天子一怒，伏尸百万。可见掌权者的恶是普通人的几十万倍。在西方，从基督教教义到古希腊政治家、资产阶级启蒙思想家，始终是性恶论居主导地位。如亚里士多德认为，人性中充满自利、欺诈、贪心、嫉妒等恶习，它“导源于人的罪恶本性”[①]。霍布斯认为，人性中有许多无休止的欲望，如权势欲、财富欲、安逸欲、肉欲、赞誉欲、虚荣心、利己心等[②]。美国大法官兼历史学家艾兹摩尔也指出，“基于人皆有罪的观点，清教徒拒绝给予个人过多的权力。权力有腐败趋势，并且可以被用来打压别人。因此，统治者的权力必须予以妥善的监督。对由一群‘罪人’建立的政府一定严加防范，不能信任；必须像防强盗一样的防范他们，把他们关在笼

---

① ［古希腊］亚里士多德：《政治学》，吴寿彭译，北京：商务印书馆 1965 年版，第 55 页。

② ［英］霍布斯：《利维坦》，黎思复、黎廷弼译，北京：商务印书馆 1985 年版，第 73—75 页。

子里。”[①] 麦迪逊认为：“人类某种程度的堕落值得我们谨慎和防范”，“凡政府中的实际权力所在之处；就存在压迫人的可能”。[②] 越来越多的人认识到：人都具有普遍人性。能够区别高下的只有制度，这是一种约束人性恶的制度，可以选择、可以改造的是制度；不可选择、不可改造的是人性。正是基于这样的怀疑，他们认为法治是更适当的治国思维和治国方式。正如霍布斯所说：“如果你要了解法律，一定要从坏人的角度去看待法律，而不要从好人的角度去看待法律。”[③] 英国哲学家休谟在谈到宪政制度的设计时也指出，“在设计任何政府体制和确定该体制中的若干制约、监控机构时，必须把每个成员都设想为无赖之徒，并且设想他的一切作为都是为了谋求私利，别无其他目标。”[④] 这就是休谟著名的“无赖假设”。这一命题的提出，遭到了一些学者的质疑，如 Ayres 和 Braithwaite 认为，这一假定冒犯甚至贬低了人的尊严，将“无赖假设”作为制度设计的基础，排除了政治制度设计时的道德意义，并摧毁了政治人美德的可能性。[⑤]

难道“无赖假定”的提出或以人性恶为前提的政治制度设计真的是对人性的贬低吗？

首先，“实然”与“应然”的休谟问题。在西方哲学史上，休谟第一次提出了“实然”与“应然”的区分，“实然性”更多地侧重于事实的描述，“应然性”多倾向于主体价值的判断，脱离主体的事物的“实然性”推论不出该事物的“应然性”，这便是哲学史上的休谟问题。“无赖假设”是休谟“实然”与“应

① ［美］艾兹摩尔：《美国宪法的基督教背景》，李婉玲等译，北京：中央编译出版社 2011 年版，第 167 页。

② ［美］汉密尔顿等著：《联邦党人文集》，程逢如等译，北京：商务印书馆 1980 年版，第 215 页。

③ ［英］霍布斯：《利维坦》，黎思复、黎廷弼译，北京：商务印书馆 1985 年版，第 73—75 页。

④ ［英］休谟：《休谟政治论文选》，张若衡译，北京：商务印书馆 1993 年版，第 27 页。

⑤ 参见何包钢：《民主理论：困境和出路》，北京：法律出版社 2008 年版，第 4 页。

然”的哲学问题在其政治思想领域的自然延续。每个人应该被视为无赖的假设并不意味着所有的人都是无赖，正如人人应当平等，并不等于在真实的社会中人人就一定平等一样。“无赖”思想只是一个政治哲学上的假设，不是指一个客观事实的存在。它描述的是一个可能的世界，不是一个现实的世界。只有可能性才是政治哲学的问题，如长期以来，我们将官员称为“人民的公仆”，认为他们应该为人民服务，这表明我们国家的制度设计，一个潜在的逻辑是“官员应该干什么”，对“官员可能干什么”则缺乏政治哲学上的系统考虑。只有存在着可能性，政治制度才有了选择，有了选择才有了哲学上的反思，而不仅仅是单纯的思考。所以“无赖假设”背后的人性恶思想，虽在事实上为假，但在政治哲学的分析中却为真。以乘飞机安检为例，由于不能确认是哪些人携带违禁品，所有乘客及行李就必须被要求过安检门，这就意味着每一个人都被假设可能携带违禁品。事实上，只有极少数的人会冒这样的风险。每位旅客都接受安检绝不等于每个人都是恐怖分子。如果每位旅客安检后都平安无事，整个旅程所有的乘客就都心里踏实。同理，从每个政治家都可能是无赖这一最坏情形出发，恰恰是为了形成最佳的社会政治秩序。即既然每个想从事政治的人都有可能是一个无赖，为了自利有可能利用手中的权力损害公共利益，带来社会和政治的失序与混乱，为此必须对其进行约束，防止权力腐败、政治腐败。

其次，公共领域与私人领域的区分。在现代社会，出现了如哈贝马斯所言的社会结构的公共化转型，这种转型的一个前提条件是公共领域与私人领域的界限明晰化。这个界限越明晰，意味着社会的公共化程度越高；公共化程度越高，意味着公共领域的扩大。政治学中的公共领域是指那些与市民社会相对应的社会生活内容，是围绕着公共部门的核心而展开的公共生活形态，它的特点是非交换性。休谟“无赖假设”的前提是“宪政制度的设计”，显然它与社会政治生活中的公共领域有关。在政治生活的公共领域中之所以进行“无赖假设”，是因为公权力内在冲突的客观实在性。这种冲突体现在公权力的“公属”与“私掌”的分离上。“公属”意指，根据社会契约论的观点公权力来源于公民自然权利的让渡，它必须服务于公共利益，服务于公民利益。但在公权力的具体运行中又处于“私掌”的客观现实中，因为公民自然权利的让渡必须由政治“代理人”在政治生活中具体操作才能发挥作用，况且现代公权力的运行机制又是一种行政授权的机制，这种授权机制的存在也意味着“私掌”的客观现实性。公权力的这种冲突表明，一方面，公权力具有代表社会公正、维护公民权利“善”的价值目的；另一方面，公权力更是一种潜在的威胁公民权利的可能的“恶”，而且由于它具有国家背景支撑下的特殊强制力，一旦它对公民权利产生威胁，将比其他形式的威胁更大。所以对公权力的怀疑和忧虑，必然表现为对公权力行使主体的怀疑和不信任，然后设定一个善的政治制度使那些天生的“无赖”们，在现实生活中难以真正成为“无赖”。然而，公共领域中的“无赖假设”，并没有否认在其他生活领域中人的动机的多样性和多变性，以及私利获得的正当性，也没有否认美德与诚实存在的必要性，二者不是非此即彼的关系，它完全可以是一个互相溶合的人性。正如罗尔斯所言：“适用于制度的原则决不能和用于个人及其在特殊环境中的行动的原则混淆起来。这两种原则适用于不同的主题，必须分别地加以讨论。”①

再次，政治哲学规范性研究的方法论要求。政治哲学是一门规范性学科，它试图确立的是事物的规范、规则或理想的标准，研究的是事物应当是什么样的价值判断：善的制度和正义社会的政治伦理。在方法论上它更倾向于分析模式，通过分析来探求政治社会的真相，从而归纳出带有一般规律性的结论。而描述性的

① ［美］约翰·罗尔斯：《正义论》，何怀宏等译，北京：中国社会科学出版社 1988 年版，第 50 页。

研究是发现事物实际上是什么样的一种方式方法，它是社会学家、历史学家、政治学家常用的一种方法（有时也用分析模式）。当然，研究“是什么”对解释“可能是什么有”帮助，“可能是什么”是“应当是什么”的先决条件。但如果就此将“无赖假设”当做描述模式一定是错误的，因为它与人们所感知的现实政治生活不符，原本“无赖假设”就不是为现实政治生活中的人性真相提供基础论证的，它只是意味着人们要去寻找一个合理制度安排的规范意义上的出发点，即政治制度的设计必定要求对所有从事政治生活的人都一视同仁，或有一个同等制度要求的起点，它不会因为人的道德品行不同而作出不同的制度安排。这种“无赖假设”作为对人性的描述一定为假，但作为政治制度设计的分析模式便可得到正当的证明。

长期以来，对休谟的政治制度设计有一种误解，即休谟式的制度设计不包括道德取向。在制度设计中“无赖假定”是一种避恶的原则，这当然是对的，但这种制度设计并不排除需要道德上的补救。事实上，休谟的制度设计就已包含了两重性：一方面，政治制度的设计应该建立在“无赖假定”基础之上，防止当权者由无赖变为腐败者；另一方面这种制度设计要求有德行、正义和人道。[①] 二者的结合不仅“经受论证和质询的检验，而且有助于人类生活的改善、德行和社会品行的提高”[②]。关键是二者谁更为优先的问题，这才是其争论的焦点。“无赖假设”无疑是一种避恶优先的选择，而 Ayres 和 Braithwaite 则认为，“在制度设计时，假如小恶，那么扬善是首选的原则；假如恶的风险性很大，那么，避恶就成为首选的原则了。”[③] 学者何包钢则直接提出了一个政治制度设计中的“中间状态”的观点。他认为，“中间状态处于两种极端情形之间：最坏的情形是指人人都是无赖，而最佳情

① Hume, The Philosophical Works, Vol. 4, p. 378.

② Hume, The Philosophical Works, Vol. 4, p. 253.

③ 参见何包钢：《民主理论：困境和出路》，北京：法律出版社2008年版，第18页。

形为人人都是天使。而中间状态则指的是知识论上以中庸的态度对待人性，既不夸大美德，也不夸大无赖”，并“要求制度和诚实双重监控以对待权力之滥用”。① 无论是“优先性”问题，还是“中间状态”的论述，都趋向于证实一个道理：“无赖假设”一定不是终极真理，它有自身的不足，美德的补充应该也成为必需。

三、中国法治文化的历史进程

在中国古代，法家也有垂法而治、缘法而治、任法而治的思想，主张运用法律来治理国家。作为东方传统的法律建构，与西方“法律主治”的传统在结构上还是具有本质上的区别的，尽管我们的法律文献也是系统化、规模化的，但它所体现的法律精神和法治思维与方式还是与现代法治具有重大差异的。管子首先提出“以法治国”的口号，并给“法治”下了一个较为完整的定义：“有生法，有守法，有法于法。夫生法者，君也；守法者，臣也；法于法者，民也；君臣上下贵贱皆从法，此之谓大治。”（《管子·任法》）“以法治国，则举措而已。”（《管子·明法》）法家思想之集大成者韩非则认为君主必须“以法为本”，使“法”、“势”、“术”紧密结合才能实现“法治”，并构建起一套封建专制主义中央集权的治国范式。他认为，“法者，宪令著于官府，刑罚必于民心，赏存乎慎法，而罚加乎奸令者也”。（《韩非子·定法第四十三》）第一，“宪令著于官府”。法律由官府明文规定，清楚明白，不是掌权者的随意发布或秘密操纵的权谋。第二，“刑罚必于民心”。刑罚的正当性来源于“民心”（统治者认定的民心），而不是官愿，这是惩罚正当性的保障。第三，“赏存乎慎法，而罚加乎奸令者也。”对于谨慎守法的人给予奖赏，而对于触犯法令的人进行惩罚。这是对法律奖惩对象的规定性。

---

① 何包钢：《民主理论：困境和出路》，北京：法律出版社2008年版，第16页。

韩非子认定的法的精神的这三点含义还具有些微的现代含义。但是，韩非子在强调了法的重要性之外，还强制了“术”的重要性。“术者，因任而授官，循名而责实，操杀生之柄，课群臣之能者也。”（《韩非子·定法第四十三》）所谓“术”，就是根据才能授予官职，明确各自的职责并加以考核，这样君主就可以操生杀之柄，督促群臣竭尽所能努力工作。“君无术则弊于上，臣无法则乱于下，此不可一无，皆帝王之具也。”（《韩非子·定法第四十三》）君主不掌握术治就会在上面被蒙蔽，臣子没有法治就会在下面出乱子，这不可或缺，都是帝王所应该具备的。由此可见，“术”多指权力控制之术，就是将权力分级、分层、分类别。而所谓的法律就是国王借助的工具，控制国家大权，帝王可凌驾于法律之上的，法律被称作王法，是钦定的。所谓的“法”并非保护人民权利的良法，而是惩治百姓的严刑峻法。由是观之，中国古代之“法治”可以理解为以下几层含义：一是君权至上。“主独制天下，而无所制。”（《史记·李斯列传》）二是法自君出。“然则礼义法度者，是圣人之所生也。”（《荀子·性恶》）三是君主“独擅”其权，将“法”、“势”、“术”紧密结合。四是“法治”的关键在吏治、在“治民”。商鞅说：“法制明，则民畏刑。……民众而奸邪生，故立法治，为度量，以禁止。”（《商君书·君臣》）

到了汉代，统治者采取“霸王道杂之”的统治进路，将儒法合流，使中华法系的基本精神鲜明地凸显出来，那就是荀况所讲的：“有乱君，无乱国；有治人，无治法。……故法不能独立，类不能自行；得其人则存，失其人则亡。法者，治之端也；君子者，法之原也。故有君子，则法虽省，足以遍矣；无君子，则法虽具，失先后之施，不能应事之变，足以乱矣。”（《荀子·君道》）其义为：有搞乱国家的君主，没有自行混乱的国家；有治理国家的人才，没有自行治理的法制。所以法制不可能单独有所建树，律例不可能自动被实行；得到了那种善于治国的人才，那么法制就存在；失去了那种人才，那么法制也就灭亡了。法制，是政治的开头；君子，是法制的本原。所以有了君子，法律即使简略，也足够用在一切方面了；如果没有君子，法律即使完备，也会失去先后的实施次序，不能应付事情的各种变化，足够形成混乱了。简言之，治国需要有法，但更需要君子。君子是法的本原，也是国家得以治理的根本保证。所以为君之道在于任用君子、尚贤使能，做出好的表率。这样，中国几千年的政治文化究竟是人治还是法治在这里就再清楚不过了，这样一种“有治人，无治法”的思维定势，从根本上与“法律主治”的现代法治精神是格格不入的。

从韩非子对法律特点的三大论述到“法”、“术”、“势”的有机结合，再到法律的儒家化定势，现代法律的精神已荡然无存。这种论证是由三个疑问来进行的。第一，既然依靠法律治理国家，那么“宪令”在先，而“宪令”由谁来制定？当然是由人来制定。第二，“宪令”制定后，由谁来执行？依其自身是不能自动发挥作用的，也必须依靠人使其运转。第三，“宪令”执行的效果由谁来评估？仍然是由人来评估。基于此，荀子十分简单地就得出了自己的并影响中国几千年的结论：“有治人，无治法”。换句话说，就是离开了人治的“法律主治”从根本上就是一个无法回答也无法操作的问题。解决该问题的根源就是儒家道德理想中的君权。所以，尽管我们有完备的法律，却没有法律的权威，因为法的权威在君王面前甚至在其出台之前就已丧失殆尽。由于我们的法律均为“治民”所用，所以，中国古代的法律是以让人恐怖和恐惧为前提的，关于孟德斯鸠的“法律就是使人愉悦的状态”，瑟欧多尔·J. 洛伊在其《自由主义的终结》中写道，“依法办事的原理是无权无势者抗衡有权有势者的唯一可以依赖的防御手段。”① 与中国人的感觉正好相反，因为无论是从

① 转引自季卫东：《法治构图》，北京：法律出版社，2012 年版，第 472 页。

《大秦律例》还是到《大清律例》，所谓的法律均是一系列的惩罚措施的汇编，鲜见有对公民权利与自由的保护。这样的法律是根本不可能让公民产生“愉悦的状态”的。

当西方列强以火与剑开道，以强力打开中国国门时，中华民族出现了有史以来最严重的危机。当时，中国学者为了振兴图强，纷纷翻译与介绍西方的法律制度与法律文化，整理出版了一大批西方法律教材与法律著作。西方法律制度的介绍与引进才逐渐受到重视。有学者认为，在中国最先提到法治的应该是梁启超。[①] 梁启超在其不少论文中，都涉及到“法治”问题。他赞美法治而反对人治，认为国家的富强与发展必须实行法治，所以他说，“法治主义为今日救世唯一之主义。”限于当时的历史环境，梁启超所论之法治也不具有现代社会法治本身所具有的真正内涵。[②]

清朝末年开始了大规模的修法，“清季迄今，变迁之大，无过于法制。综其大本，则由德治而法治，由官治而民治。漩洄激荡，日在蜕变之中。而世界潮流，亦以此十数年变动中为最剧。吾民竭蹶以趋，既弃吾之旧法以从欧美之旧法，又欲弃欧美之旧法，而从彼之新法，思想之剧变，正日进而未艾”[③]。1907 年，沈家本聘日本学者冈田朝太郎为顾问，以“折衷各国大同之良规，兼采近世最新之学说，而不违背中国历世相沿之礼教民情为宗旨”，草定《大清新刑律草案》。该草案上奏清廷后，遭到以张之洞为首的礼教派的一致反对。“自新刑律草案出，而礼教之争议生。主进化者，谓新刑律与礼教并不相妨；主国粹者，谓新刑律于礼教显有违背。彼此相持，争议甚剧。”[④] 1910 年，《修正刑律草案》交由宪政编查馆考核。考核者调和双方意见，核定后，将

---

① 孙国华主编：《法理学》，北京：法律出版社，1995 年版，第 236 页。

② 梁启超：《饮冰室合集》（2），北京：中华书局，1989 年版，文集 15，第 43 页。

③ 柳诒徵：《中国文化史》（下），上海：上海古籍出版社，2001 年版，第 924 页。

④ 《大清新刑律释义序》

《修正刑律草案》更名《大清新刑律》，交资政院议员议决。1910年10月，资政院开议新刑律时，礼教派和法理派爆发了大争论。时人陈宝琛批评道："法律不能与习惯相反者，立法上之原则也。"欧法有欧洲的风俗习惯，各国也因风俗习惯不同而分为不同法系，中法乃独立法系，其特点是"注意伦常礼教"，和西方国家的法律宗旨不同。因此，"改良刑律止于采吾国旧法之不合于理者去之而已，不当一一合乎外国法律而没吾国固有之文明"。大学堂监督刘廷琛也认为，"今请定国是者，不论新律可行不可行，先论礼教可废不可废。礼教可废，则新律可行。礼教不可废，则新律必不可尽行。"① 针对沈家本"孔子曰'齐之以礼'，又曰'齐之以刑'，自是两事"的观点，劳乃宣驳斥道："夫法律与道德教化诚非一事，然实相为表里，必谓法律与道德教化毫不相关，实缪妄之论。"② 1910年12月，清政府以实施宪政不得推迟颁布为由，将已议和未议之全部条款略加修改，即以颁布。

中国传统法律儒家化从汉初的系统完成至清末礼教派发出的"礼教不可废"故"新律必不可行"足足2000年依然甚有生机，虽然陈、劳等人认为法不背礼仪习俗、固有文明，法德应紧密结合之诉求有其合理因素，但从另一方面可见我们的伦理法律是多么地深入人心。毕竟几千年皆行"秦制"，所以，学者季卫东认为，"法治之于中国，不仅是一种制度变革和组织重构，而且也是一场文化、观念的革命。"③

在我国以往的历史上，为什么历朝历代的统治者，实行的多是人治，几乎没有统治者自愿选择实行法治？毫无疑问，维护君主专制的"偏私"使然。但是，在我国新中国成立后，无产阶级自己掌握了国家政权以后，作为无产阶级代表的共产党人和革命

---

① 《清朝续文献通考》，浙江古籍出版社影印本，第9937页。

② 张国华、饶鑫贤：《中国法律思想史纲（下）》，兰州：甘肃人民出版社1987年版，第469—471页。

③ 季卫东：《宪政新论——全球化时代的法与社会变迁》，北京：北京大学出版社2002年版。第2页。

领袖治国理政，为什么许多人仍乐于选择施行人治而不是法治，这就有点不大合乎逻辑了。当然，这里所谓现代的“人治”就是指国家领导人或领导集团或政党超越法律，具有决定或改变国家命运的权威，而视法律为治理国家的装饰物。例如，1958 年 8 月 24 日，毛泽东在北戴河发表谈话说：“不能靠法律治多数人……我们基本上不靠那些，主要靠决议、开会，一年搞四次，不能靠民法、刑法来维持秩序。我们每次的决议都是法，开一个会也是一个法。……要人治，不要法治。《人民日报》一个社论，全国执行，何必要什么法律？”[①] 会上刘少奇也说道：“到底是人治还是法治？看来实际上靠人，法律只能做办事参考。党的决议就是法。”[②] 作为开国元勋，毛泽东、刘少奇等人为什么会这么选择？难道追求公平正义、保障公民的权利与自由不是共产党人所追求的价值吗？

首先，这与经济基础决定上层建筑有关。建国后，在经济上，迫切要求新兴政权恢复经济秩序的正常运转，解决战争后所带来的系列经济问题，如通货膨胀、大城市的失业等问题。为此，为了保证国内经济建设的顺利运行，打破国外的经济封锁，人们自然会要求一个强有力的、高效率的政府。在这种状况下，根据马克斯·韦伯关于组织效率的假说，集权的倾向是很难克服的。另外，由于早期的社会主义国家基本都实行计划经济。而计划经济的实施往往受党的政策和领导人的主观意志所影响，因此，在某种意义上说，计划经济就是人治经济。同时，计划经济反过来又为人治施政提供了基础和条件，二者具有相互依存的关系。

其次，与当时的阶级关系和政治状况相联系。由于旧的统治阶级刚刚被推翻不久，其残余势力不甘心自己灭亡的命运而伺机反扑，外国敌对势力也试图颠覆新生政权。在这种形势下，为了

---

① 《董必武法学思想研究文集》，第四辑，北京：人民法院出版社 2005 年版，第 426—427 页。

② 转引自于一夫：《“以党治国”面面观》，《炎黄春秋》2010 年第 7 期

灵活和随机应对各种困难局面，执政者根据形势需要自然会愿意选择依其意志便利而定的政策与命令，而不愿过多地受到法律和制度的约束。建国初期的政治形势要求和后期的阶级斗争思维，特别是“以阶级斗争为纲”的思维与人治具有天然的联系。具有这种思维的执政者必然偏爱人治而排斥法治。这种情况即使在阶级斗争被国家定性为已基本结束或已不是国内主要矛盾时，亦无太多的改观，因为统治者对国家的治理已养成了“人治”的思维方式。美国著名教育家曼德曾说：“习惯就仿佛像一条缆绳，我们每天为它缠上一股新索，不要多久就会变得牢不可破。”[①] 虽然我们不敢苟同后面的断言，但从另外一面也说明了习惯在我们日常思维中的重大影响。

再次，因为家长式的个人权威主义统治的形成。早期社会主义国家的领导人由于长期从事革命活动，并在党内长期担任领导职务的经历，使得他们获得了杰出的领导力和极大的个人权威，但这同时也使他们在心理上形成了对权力的无限依恋以及行使权力的无约束感，这种心态必然促生其人治思维和人治方式，消弭其法治思维和法治方式。这种家长式的个人权威主义统治具有天然对抗民主法治的普遍性感召力。正如 G. 津梅尔曾经说过的那样，使对自由的限制感觉不出来“不自由”的方法只有两个：一个是限制产生于自我，一个是自我产生于限制。[②] 显然，对于已获个人权威的统治者来说，如果没有足够的自制力来控制自己的权力欲，外部环境又没有创制适当的机制制约其权力欲，人治思维与人治方式必然会日益增长，而法治思维与法治方式必然会日益萎缩。

由此可见，早期坚持计划经济模式和以阶级斗争为纲的社会主义国家在治国方略上之所以实行人治思维和人治方式而排斥法

---

① 转引自［美］史蒂芬·柯维：《高效能人士的七个习惯》，顾淑馨、常青译，北京：中国青年出版社，2003 年版，第 43 页。

② 转引自季卫东：《法治构图》，北京：法律出版社，2012 年版，第 475 页。

治思维和法治方式，是有其相应的政治、经济和社会人文的基础和根据的。

到了现代社会，依法治国绝不是一个陌生的话题。早在改革开放之初，就如何正确处理社会主义民主与法制的关系，邓小平就提出：“要加强民主就要加强法制。没有广泛的民主是不行的，没有健全的法制也是不行的。”1997 年，在党的十五大报告中明确提出，依法治国是党领导人民治理国家的基本方略。1999 年，“依法治国”被写入宪法，即中华人民共和国实行依法治国，建设社会主义法治国家。2002 年，党的十六大将“依法治国基本方略得到全面落实”作为全面建设小康社会的重要目标。2003 年，国务院要求贯彻实施《中华人民共和国行政许可法》。2004 年，国务院颁布《全面推进依法行政实施纲要》，确立了建设法治政府的目标。2005 年，国务院下发《国务院办公厅关于推行行政执法责任制的若干意见》。2006 年，国务院召开全国行政复议工作座谈会，强调坚持“以人为本，复议为民”。2007 年，党的十七大明确提出，要全面落实依法治国基本方略，加快建设社会主义法治国家。2008 年，国务院下发《国务院关于加强市县政府依法行政的决定》。2010 年，国务院颁布《国务院关于加强法治政府建设的意见》，对今后一个时期推进依法行政工作作出全面部署。2011 年，国务院下发《国务院关于贯彻实施 < 中华人民共和国行政强制法 > 的通知》。同年，时任全国人大委员长的吴邦国宣布中国特色社会主义法律体系已经形成。截至 2014 年 3 月，我国现行有效法律 242 部，68 部法律的制定或修改列入了本届全国人大及其常委会的立法规划中。中国特色社会主义法律体系成为国家治理体系的重要组成部分。立法引领改革和经济社会发展，成为国家治理新常态。这说明，经过 30 多年的法治建设，我国取得了举世瞩目的成绩和进步，推进依法治国进程，早已成为全社会的共识，更成为执政党一贯、既定的方针和目标。2012 年，党的十八大又提出，“提高领导干部运用法治思维和法治方式深化改革、推动发展、化解矛盾、维护稳定能力”，切实做到严格规范公正文明执法。2014 年，在中国共产党的历史上首次以“依法治国”为主题召开了党的十八届四中全会，会议通过了《中共中央关于全面推进依法治国若干重大问题的决定》。会议特别强调了法律的生命力在于实施，法律的权威也在于实施。法治是治国理政不可或缺的重要手段，全面推进依法治国是关系党执政兴国的根本性问题。十八届四中全会是法治中国建设的一个新的里程碑。

四、依法行政，积极建设社会主义法治政府

（一）建设法治政府对建设社会主义法治国家的特殊意义

依法全面履行政府职能是深入推进依法行政、加快建设法治政府的必然要求。所谓“法治政府”是指整个政府的设立、变更、运作都是合法化、规范化的，包括政府的整体行为和个体行为都是合法化、规范化的。就政府的整体行为来看，政府的抽象行政行为和政府决策必须具有合法性、规范性；就政府的个体行为来看，政府个体执法的必须具有合法性、规范性。建设法治政府是建设法治国家的核心内容，主要原因在于：

首先，政府行为对国家发展和公民个体具有特殊意义。就国家发展来看，政府是国家政治、社会经济和社会生活的主要调控者，尤其是在我国，政府还承担着社会主义现代化建设的组织者和指挥者的特殊职能，这些职能的发挥必须经由政府，而政府行为的合法性和规范性，将直接制约着我国社会主义市场经济的健康发展和现代化建设目标的早日实现。就公民个体来看，公民从出生到死亡都要与行政权打交道，这是由行政权的特性所决定的。相对于一般的社会组织、公民个人的权利而言，行政权具有

执行性、强制性、优益性①、单向意志性、法律性等特点，如果没有法律性这一重要特点，公民自由和权利的保障很难落到实处。所以，无论是从国家的角度还是从公民的角度，政府是实践中的国家最活跃、最核心、最主要的组成部分，它对整个国家发展和公民个体具有最重要的影响。

其次，要依法“治民”必须首先依法“治官”。政府管理社会公共事务，又有谁来管理政府？法治原则实质上则是宣示：由法律统治政府。如前所述，《马德里宣言》所阐述的法治四原则之一就强调要靠法律制止行政权力的滥用。行政权必须受到法律的规范，这是人类社会法治发展的规律。正如西方谚语所云：迄今为止，人类文明的最大进步就是将国家权力关进了笼子。由于行政权源于国家权力的授予，国家权力来源于人民的让渡，但在行政权的执掌者手中，它既可以为“公”也可以为“私”，所谓的“私”即权力的“异化”——为政府的部门利益或个人私利，而不是公共利益。因此，对法治的威胁，绝非来自其他的组织或公民个人，而是手握大权的政府和行政官员。依法全面履行政府职能、建立法治政府的核心含义绝非治民，恰恰相反是治权、治官、治政府。

再次，行政机关是实施法律法规的重要主体。我国80%以上的法律法规是由行政机关执行的，所以依法全面履行政府职能是法律实施的重中之重。只有作为国家和社会事务管理者的各级政府充分发挥引领和表率作用，带头信仰法治、坚守法治，自觉运用法治思维和法治方式深化改革、推动发展、化解矛盾、维护稳定，做到所有行政行为都于法有据、程序正当，才能在全社会牢固树立法律的尊严和权威，使人们充分相信法律、自觉运用法律，形

---

① 在行政权行使过程中，权力主体享有特定的优益权，具体体现为职务上的行政优先权和物质上的行使受益权。职务上的优先权包括三方面内容：（1）推定有效权，行政行为推定有效；（2）获得社会协助权，行政的实施能获得社会协助；（3）先行处置权，在紧急情况下，可以先行处置，不受法定程序制约，如即时强制、先行扣留等。物质上的行政受益权体现为国家向行政机关或组织提供经费、办公条件以及交通工具等。

成全社会对法律的信仰，从根本上保证法律得到有效实施。

（二）建设法治政府必须全方位贯彻法律优先原则

法律优先，又称法律优越或法律优位，是指行政应当受现行法律的约束，不得采取任何违反法律的措施。法律优先原则无限制和无条件地适用于一切行政领域，不论是干预行政还是给付行政，也无论是行政合同还是行政指导。

依法行政首先是依宪行政。因为依法行政所依之法律规范在效力上是有不同的。宪法作为国家根本大法具有最高的法律效力，法律在效力上高于其他法律规范。因此，所有行政机关不仅要以法律为行为依据，而且必须以宪法为行为依据，不得违反宪法，包括宪法关于公民基本权利的规定。当前我国正在全面深化改革，推进国家治理体系和治理能力的现代化。这其中，“宪法至上”不仅体现在立法层面，也体现在国家治理的实施上，宪法的实施决定了一个国家治理的正当合理性。它是国家治理的最高准则，是制定、调整国家治理政策的基本依据。因为宪法实施关系到国家秩序、国家共识、国家价值的构建和执政的正当性、治理的合理性。宪法之道，乃治国之道。宪法精神是行政文明的灵魂，是法治文化的核心。大力弘扬宪法精神，是全面推进依法行政、建设社会主义行政文明的灵魂工程。让宪法“活”起来，就是要将宪法精神充溢于日常的法治政府中，增强对宪法的认同，激活宪法中的公民权利和义务，在国家行政和社会生活中彰显宪法价值，实现宪法价值的社会化和宪法规范的生活化。

准确把握依法全面履行政府职能的基本要求是：第一，坚持职权法定。职权法定是依法行政的基本要求，是依法全面履行政府职能的基础。在社会主义市场经济条件下，加快建设法治政府，必须用法律法规调整政府与市场、政府与社会的关系，努力做到政府职权法授、程序法定、行为法限、责任法究。坚持职权法定，首先要依法规范行政机关的职能和权限，科学合理设置政府机构，核定人员编制，推进政府职责、机构和编制法定化，实现组织法定。行政机关不得法外设定权力，是法治政府的基本特征，是把权力关进制度笼子的关键。因此，行政权力要严格实行“授予原则”。各级行政机关无论履行哪一项职能，从行为到程序、从内容到形式、从决策到执行都必须符合法律规定，行政权力必须在法律和制度框架内运行。第二，坚持全面履职。全面履职是处理好政府与市场、政府与社会关系的核心环节。只有各级政府全面履行好法律赋予的经济调节、市场监管、社会管理和公共服务职能，才能促进经济社会持续健康发展。全面履行职能，必须继续简政放权，深化行政审批制度改革，厘清政府与市场边界，让政府更好归位、市场更大发力、群众更多受益。简政放权，深化行政审批制度改革绝不是懒政、怠政，并且坚决惩处失职、渎职。当前，全面履行政府职能，要更加重视社会管理和公共服务，加快建设可持续的基本公共服务制度体系，更好发挥政府提供公共服务、促进社会公平正义的作用。第三，坚持权责统一。权责统一是法治政府的内在要求。是现代责任政府的基本理念。把国家法律赋予的公共权力当作部门权力和个人权力，或者只行使权力不承担责任的做法，都违背了依法行政的基本要求。坚持权责统一，要依法做到执法有保障、有权必有责、用权受监督、违法受追究、侵权需赔偿。它要求行政机关必须对法律负责，承担因自身行政行为违法或不当产生的各种法律责任。有权必有责，有权要尽责，不允许存在无责任的权力；用权受监督，监督要全面，不允许存在不受监督的权力；违法要纠正，人员要问责，有健全的行政纠错机制和责任追究机制。

依法行政在对待公民层面的法治精神和法治要求。如何对待公民，法治精神和法治要求很多，但最根本的有两条，做到这两条，公民就能活得幸福，活得有尊严。第一，以保障公民权利为天职。保障公民人身权、财产权、基本政治权利等各项权利不受侵犯，保障公民经济、文化、社会等各方面权利得到落实，实现公民权利保障法治化。增强全社会尊重和保障人权的意识，健全公民权利救济渠道和方式。第二，法无禁止即可为。对公权，法无授权即禁止；对公民，法无禁止即自由。这两条是极其重要的法治原则，长期以来我们对其的认识不到位，一方面随意自我扩权，一方面随意以“非法”名义禁止或处罚公民找不到法律明文禁止的行为。

（三）领导干部在依法行政实践中的认知误区

如前所述，2011 年，时任全国人大委员长的吴邦国就宣布中国特色社会主义法律体系已经形成。但为什么在 2014 年中国共产党再次以“依法治国”为主题召开党的十八届四中全会，并特别强调了法律的生命力在于实施，法律的权威也在于实施。这说明法律体系的完善，并不代表法治的施行；法律的生命在于实施，法治的目标在于善治和良政的实现。俗话说，“徒法不足以自行。”法律必须在实践中得到严格的适用才能发挥其效力，否则再好的法律也只能形同虚设。从“纸面上的法”（law in book）转化为“行动中的法”（law in action），依然还有很长的路要走。

当前，无论是在社会治理领域，还是在经济发展领域，一些领导干部除了在以权压法、徇私枉法、目无法纪等方面存在问题，亟需依法依规予以惩处外，还有一个不容忽视的问题就是一些领导干部在运用法治思维和法治方式上存在着一些认知上的误区。正是这些误区的存在才使得这些领导干部宁愿相信人治而不是法治，坚持人治思维而不是法治思维，从而以人治方式而不是用法治方式去治国理政，去深化改革、推进发展、化解社会矛盾和维护社会稳定，这些误区主要有以下几种。

第一种：一些领导干部认为，依法行政是对领导开展工作的一种束缚，是对领导权力的一种约束，如果没有相应法律的约束，领导者的意图可以迅速得以贯彻执行。不可否认如果没有法律的约束，领导干部在开展工作时可迅速贯彻自己的意图，这为他们开展工作带来了许多的便利，必然会为许多领导干部所喜欢。而法治则意味着制度性地解构领导干部的这种特权，“法无规定不可为”，而对公民来讲“法无禁止即自由”。因此法治必然会为部分领导干部所不喜。

首先，对权力进行“束缚”必要性的认识。现代社会需要强大的公权力来解决各种错综复杂的利益关系冲突，也需要政府的权力维护良好的社会风尚，维护社会的公共秩序。那种所谓以“最小政府”来治理像我国这样一个庞大社会的想法不太实际。然而对权力的需要并不等于对权力不需要约束。英国思想家洛克认为：“法律一停止，暴政就开始了。”法国启蒙思想家孟德斯鸠也曾说过：“一切有权力的人都容易滥用权力，这是一条千古不变的经验。有权力的人直到把权力用到极限方可休止。”[①] 所以对权力实施的内容与实施的程序必须进行必要的限制。当前，正是由于部分领导干部对权力行使程序的模糊，对法律赋予权力的边界不清晰，频频超越法律给其划定的“一亩三分地”而为所欲为，所以造成了不良的社会影响。其次，如果没有相应法律的约束，何以保证领导者意图的正确性？一如上文麦迪逊的“天使理论”所述。第三，依法行政真的是对领导开展工作的一种束缚吗？法律是一种具有普遍合理性和有效性的行为规范体系，无疑依法行政一定是对领导行为的一种规范性约束，但在合理约束的同时，领导干部还应看到法律也相应地明确规定了领导行为实施的范围和界限。正是这一规范化的约束，使得领导干部从无限权力的拥有转化为有限责任的承担。毕竟领导干部处于社会和组织的顶端，各种资源首先汇聚到他身上，组织中所有人的目光也会在他这里高度聚焦。在社会处于正常与稳定时期，尤其是在一个人治痕迹明显的体制中，权大于责，甚至有权无责，他自己还可

① ［法］孟德斯鸠：《论法的精神》，张雁深译，北京：商务印书馆 1961 年版，第 154 页。

以享用权力带来的各种风光。但在一个社会关系处于非稳定与非正常的状态时，责任追究制往往是社会安定化的基础。历史也证明，在一个社会超越传统、跨越法治门槛的时候，往往也是以强化责任为先导的。此时，大权在握的人往往也是责任全包的人。因此处于社会资源调度中心的领导干部，由于诸多社会利益集于一身，就必然成为社会多元利益群体的博弈中心，从而直接承担了各种利益要求而决策产生的诸多责任。除非领导干部是铁打的，否则必然难以承受。正如卢梭所说，“人是生而自由的，但却无往不在枷锁之中。自以为是其他一切的主人的人，其实反而比其他一切更是奴隶。”① 卢梭的《社会契约论》就是为了论证人戴上枷锁与没有戴上枷锁一样的自由。任何一个法律规则的出台，在很大程度上分散了领导干部的决策压力，从而将领导干部从社会多元利益博弈的中心里解放出来。为了自由，我们才做了法律的奴隶。因为法律在规范化约束的同时，也限定了领导权力的范围，从而锁定了领导干部的有限责任。所以领导干部在社会的改革与发展、化解社会矛盾与维护社会稳定的过程中，如能有效地运用法治思维和法治方式，可极大地分散领导干部的决策风险，让自己从社会多元利益的搏弈中解放出来。由此看来，法律并不是束缚领导，反而是解放和保护领导。我们在对领导权力的行使划定法律边界的同时，也要对公民的私权利划定边界，任何不受限制的私权利也有其滥用的可能。近些年来，公民个体漠视法律的权威，滥用权利，暴力抗法的事也时有发生。所以法治思维的形成与法治方式的实施从另一个方面来看，也可以引导与纠正每个公民的个体行为，有效地遏制公民个体的私权利越过其权利的界限。正因为法律具有权力与权利涉及范围的“双向性”，法律才能在化解社会矛盾与维护社会稳定中起到积极的作用。从这一角度来看，法律在本质上也不应被认为是一种对领导干部的

---

① ［法］卢梭：《社会契约论》，何兆武译，北京：商务印书馆 1996 年版，第 8 页。

外在约束，因而应成为领导干部在社会治理实践中的一种内在自觉追求。

第二种：在现实生活中，领导干部常常会面对这样的困惑或尴尬：一个事件如果严格适用法律条文的话，个案处理似乎是正确无误的，但其产生的社会效果却与法律的价值追求背道而驰，尤其是当事件处理后，在资讯发达的当下，相继出现一系列不良的社会反应，甚至会引起舆情的激烈反馈；若一味追求个案正义而罔顾社会效果，最终可能导致制度上的牺牲，甚至导致社会道德伦理的溃退。所以一些领导干部会认为，法律是不是太过于简单死板了，在面对具体问题时领导干部要不要具体灵活处理。作为一个对社会有较大影响力和决策权的领导干部，应当如何正确认识和处理呢？

首先，法律具有普遍性与“死板”性。第一，法律是由国家制定或认可并由国家强制力保证实施的具有普遍效力的行为规范体系，具有普适性、规范性、稳定性等特征。正是由于法律所具有的这种“保守性”特点，我们才保证了某种程度的连续性、可预见性，才使得人们在安排他们的活动时依赖一些业已确立的、预先告知的法律规则，并使得人们能够避免由于缺乏对他人行为方式的预见而与他人发生冲突。所以，对于领导干部来说，在深化改革、维护稳定、化解社会矛盾中，首先要严守法律规则，并维护法律规则的稳定，否则就会破坏人们对政府的预期，理性就会变成感性、安全就会变成恐惧、有序就会变成无序。第二，法律的“时滞”性与僵化性。法律的规范性与稳定性又产生了相关的“时滞”性与僵化性，这正如一枚硬币的两面。任何一项法律都是对过去经验的总结、提升或规范化操作，而不是对未来的规定。所以法律自颁布之日起，就决定了其应对复杂社会生活的滞后性和对一些特殊事件的无奈性。无论制定者多么高明、多么专业，都不可能预见社会活动在未来的所有样态，不可能将全部社会活动完全纳入其有限的几个框框和条文中去。从另外一个方面来看，在一部法律的制定中，如果一部法律的规定极为详尽具体而且不易得到修正，那么它在某些情形下就可能成为社会进步和改革的羁绊。但如果每个人都从法律的“时滞”性与僵化性出发来对明确生效的法律规定作出否定性评价的话，获得的也许是个案正义，颠覆的却将是整个法治社会的秩序。在一个法治社会里，个案正义的失衡总是在所难免，这是人们选择法治社会的必要代价。领导干部应当力戒因为法治社会的这种必要代价而丧失对法治的信心，更不能以此为借口来攻击和否定法治。

其次，法律的特殊性与“灵活性”。法律的规范性是否意味着彻底地让特殊性远离？答案是否定的。如前所述，法律是普遍的行为规范，其规定的关系模式具有普遍性的特点，但运用法律所要解决的具体问题却具有特殊性。如果将法律当成不经过发现、解释、价值判断就可以简单套用的规范，这是形而上学的思维模式。在行政实践中，领导干部既要恪守法律的具体规定，又要灵活运用法律思维和法律方式来解决个案的法律适用问题。甚至在某些极端的情况下，尤其是一些重大、复杂、疑难情况，如果基于法的规范性规定，某种行为应当承担相应后果，但这种后果的实施可能产生巨大的负面效果，如违反社会公共秩序、经济安全等社会整体利益时，领导干部也可以突破法的规范形式，而采其社会性、行政性的特征运行。但此种方法的实施一定是基于保护更大社会利益的考量。当然，为防止领导干部的专断与恣意，个案适用的“灵活性”必须建立在严格论证的基础上，这种“灵活性”也必须受立法目的、立法精神、社会公正等抽象原则的限制，而不能取代或放弃法治的思维。如果将所谓的“灵活性”建立在轻视法律的个人随意的解释基础之上，那么，这种理解是十分错误的。只有基于对法治思维和法律方式邃密深刻的思考，法律适用才能有更高的境界与智慧。

关于法律的普遍性与特殊性的关系，总的说来，对普遍性规则的遵守是第一位的，对特殊性的考虑是第二位的，普遍性优于特殊性。即使严格适用法律产生不尽如人意的结果，也不能以需要解决问题的特殊性而排斥法律的普遍性，否则，就会破坏人们对政府行为的预期，社会就会无序。即使当我们碰到个案正义失衡的问题时，我们也要首先弄清楚问题是偶然出现的还是反复出现的。如果说一次个案正义的失衡是法治社会的无奈，但如果个案正义的失衡一再地重复发生，那一定是法治社会的悲哀，这说明我们的领导干部没能用心体察社会呼声，没有从个案的代价中迅速汲取教训，及时推动法律修订，实现良法之治。所以，对反复出现的问题，领导干部必须具备政治敏锐性，迅速地摸清情况、找准症结，通过确立新的政策措施，进一步完善制度机制获得解决。

再次，法律的"简单性"。我们常说，法学是一门科学，科学的一大特点就是反映事物的客观规律性，规律是事物内在的本质联系，本质是相对于社会的繁杂现象而言，是对现象背后原因的探寻。本质相对于现象来说，一定是"简单"的。凡是规律性的东西，都带有简单的特质。所以法律规律的探寻、法律本质的提炼，都是简单性原则在法学中的体现。追寻法律的普适性、稳定性、规律性，也就是追寻法律的简单性。"简单"不应成为法律被嘲笑的理由，它恰恰体现了法治社会在善治良政的社会里，领导干部的一种简约而又深刻的智慧。法律的重要价值之一就在于采用一种简单的方法来处理复杂的社会关系，它以严格的逻辑（归纳律、因果律等）推理为基础，将例外的情形减少到最低限度，从而尽可能地简化和稳固社会关系，以最大限度地节省因资源的有限性而产生的人与人之间的因相互猜忌，甚至争夺而彼此耗散的非必要成本。

"个别"体现的是杂多，"普遍"体现的是简单。如果一个领导干部以所有"个别"为出发点，他的思维与行动必须考虑当时的全部环境这一庞大的也无法准确预知的工程，其计划的部分或全部失败不可避免。如果对计划进行适当的修正，就面临着以那些人或那些集团的利害为主来进行权衡。最终只能由领导进行有意识的选择，判断哪些人的利益比较重要，这势必将生活在社会中的不同的公民区分出尊卑轻重。公民的自主选择就变得十分渺茫。实践证明，政府“计划”得越多，对于公民来说，个人计划就变得越困难。而领导干部的法治思维与法律方式事先即告诉人们在某种情况下，政府将采取何种行动，不考虑时间、地点和特定的人，针对的是任何人都可能遇到的普遍情况。政府可提供这方面的知识、信息，让公民个人规划自己的人生，真正实现自己为自己作主。在对社会的治理的过程中，将简单的事情操作为复杂的情形，说明一个领导干部仍在成长的过程中；如果能够将复杂的社会现象给一简单的处理，证明了领导干部执政方式的成熟。

第三种：法治方式是运用法治思维处理和解决现实社会问题的一种行为方式。然而一些领导干部往往有一种错误的想法，即依法办事需要按照严格的程序办事，手续繁琐，远不如行政命令的直接快捷和高效。

孤立地从个案上看，这种认识或许还有一些道理，但从整个社会的可持续发展来看，这种认识是十分错误的。善于运用法治思维和法治方式，就是要消除这类旧的思维模式下所形成的与法治社会要求所不相符合的办事方式。

法治方式的高效性。在人类社会历史漫长的进化过程中。最终选择了法治这种社会管理方式，恰恰反映了法治社会的高效性。这种高效性体现在法律的普遍有效性上，普遍有效性直接来源于法律的妥协性。不可否认，在制定法律时，人们总是在追求逻辑上的严谨、体系上的完整、技术上的完美。这也是法律从业者的职业伦理和学术追求，是他们的坚持。然而在实际生活中，法律的形成过程却是不同的利益集团、不同的价值观之间讨价还价的过程。真正民主的社会就是赋予不同的利益集团一种议价能力和议价机会的机制。在这样一种机制下，人们通过互相的妥协让步，在这些不同的利益和价值之间找到均衡点。每一个法律制度都是一个利益相关者经过充分博弈的均衡解，是一定时期和一定条件下社会矛盾的最优解决方案。在一定程度上法治思维是一种权衡思维，其突出特征在于对各种正当利益和的价值合理平衡，一如社会法学派的代表人物霍姆斯大法官所说："法律的生命不在于逻辑，而在于经验。"如果法律没有妥协，就很难在实践中站稳脚跟。法律的精神在于妥协，根本不在于强制，但妥协不是我们常常所理解的苟同和吞忍，而是社会共同价值目标下的一种正和博弈，它要求我们看问题、做决策，不仅要一分为二，还要一分为三，甚至一分为多，切实把握住事物的度，做到既维护秩序又尊重自由；既维稳又维权，以实现各价值追求的耦合，实现双赢甚至多赢。一个法律规则的诞生可以为我们节约无数次社会重复博弈的成本，因为它为我们提供了一种有确定性的、有预期的生活，从而让整个社会的运转有条不紊。正是在这个意义上我们可以说法治思维和法治方式是我们看问题、做决策、办事情的度量衡。不确定性是缺乏法治思维和法治方式传统体制的基本特征，它给我们工作生活的有序进行造成了巨大的困扰。固然依法办事从个案来说，有时远不如行政命令的直接、快捷和高效，但其为了解决一个问题，不能保证会不会引发新的问题；为了出台一个政策，不能保证会不会引起其他负面效应。行政命令，往往就事论事，在实践中很难正确处理社会生活中的当前和长远、局部和全局、个别和一般的关系，从短期看或许高效，但从长远看行政命令恰恰是一种低效率的社会治理方式。它不能从根本上保证一个社会的可持续稳定发展。法治方式的全部魅力恰恰体现在对社会生活的高效、有序与可持续发展的组织和安排之中。对于以推动社会发展为己任的领导干部而言，从长远看，法治方式为领导干部提供了一种高效的社会管理方式，是人类社会进行高效治理的必然选择。

法治方式的程序性。如前所述，法治方式是利益相关者无数次重复搏弈后的妥协方案的稳定化和普遍化的的一种善治方式。

问题在于如何保证不同利益集团、不同价值方式的正当妥协，这里突显的是程序正义的重要性。在这里，程序是指没有任何先验的价值、确定的真理为前提或标准，它是一种通过利益相关者的相互作用以及商谈、对话和论证的沟通过程。从理论上看，程序设计是以多重利益的博弈、价值观的多元化冲突为前提的。如果一个领导从特定的利益集团出发、从特定价值观考虑问题都有可能构成强制，从这一角度来看，程序正义是对领导权力意志的限制。一如季卫东在《法律程序的意义》一文中指出："程序的对立物是恣意，因而分化和独立才是程序的灵魂。"[①] 程序正义就是通过求同存异的办法来维护多元化格局的一种制度性框架，通过限制某种利益集团、某种价值观对公共话语空间的垄断和支配，进而导致整个社会单调化的倾向。

当前，社会矛盾进入多发期，一些领导干部不按事先规定的程序处理问题，结果引发了有关公平性的争议。一些信访人对行政行为不服，有相当比例就是因为一些领导干部在行政程序方面存在瑕疵甚至忽视程序，最终导致政府部门由主动变为被动。一些领导干部之所以忽视程序的正义性，一是中国的传统文化以及其他社会条件不利于程序观念的形成和发展。因为儒学学说的核心价值观重视的是人的主观动机的善恶而不是行为方式程序的正当性，强调的是崇高而不是普遍性。这就很难把社会的公正性与形式性、结构性结合起来考虑；二是繁琐的形式化的文牍主义审批手续所造成的流弊，与程序正义的理念完全是格格不入，这是属于行政规制不完善所造成的体制弊端。

在现代社会，领导权力的行使要受到程序规则的束缚，摆脱这些束缚的例外只能是紧急状态，即使在发生了紧急状态需要领导当机立断时，也应该事先明确紧急状态的前提条件和权限、事后追责等程序性安排来防止领导对权力滥用的危险。尤其是在制

① 季卫东：《法治秩序的建构》，北京：中国政法大学出版社 1999 年版，第 16 页。

度条件尚未完备，各种社会力量对比悬殊的社会结构中，如果一味强调实质性正义不仅不能达到预期目的，很可能为超程序的权力提供存续理由，最终造成程序系统的崩溃。

可见，提高领导干部运用法治思维和法治方式深化改革、推动发展、化解矛盾、维护稳定的能力，在推进国家治理体系和治理能力现代化中发挥重要作用，对于建设社会主义法治政府具有重要意义。

第四章 从职权文化向职责文化的转化

职权是指在某一岗位上所拥有的权力，职责是指某一工作所应承担的责任。有权必有责，权责统一是一个基本的常识，政府在获得权力的同时，也就承担了相应的责任，责任政府意味着对全体民众负责，在责任政府之下，行政主体所行使的每一份权力背后都肩负着一份责任，这就是行政责任。行政责任的实现与否在一定程度上是衡量一个国家的政府执政水平好坏的重要标准。如果责大于权，行政主体将寸步难行或“畏”行；如果权大于责，长官意志盛行或“横”行。职权文化是一种权大于责或无责的行政体系安排。在我国传统的行政文化体制下，职权文化长期处于主导地位，因为在封建社会里，皇权就是一切，至高无上，即使生杀予夺大权于一身亦无任何责任要求。同样由其分封治理国家的官员只需求得职权的大小便可确定其治理的范围，也没有任何责任上的具体要求，至于其治理的效果只能是百姓寄希望于心目中的“青天大老爷”的出现而已。所以清末重臣李鸿章曾形象地说道：世界上最容易的事便是做官，如果连官都不会做，那什么也做不了了。当前，在世界民主政治的大潮下，各国都把建立“责任政府”或“责任行政”当作政府体制改革的基本目标之一。在我国的行政体制改革中，不仅应该强调权力与责任的统一，更应该“特别强调责任”，因为建国后的很长一段时间里，在我国的行政领域里流行的仍然是职权文化。因为除传统文化影响外，在计划经济条件下，政府主宰了一切，党政不分，政企不分，国家与社会不分，一切社会活动均被淹没在党政大权的指挥中，权利与义务、权力与责任严重失衡。因此，在我国当今的行政文化建设中，特别强调责任是有一定道理的。

一、从职权文化向职责文化过渡的历史演变

（一）西方国家行政责任确立的历史发展

行政责任不是从来就有的，而是随着近代资产阶级政治思想的提出和民主政治制度的建立而逐步产生的，并随着国家政治生活的变迁而发展的。行政责任最早出现于19世纪70年代，其产生和发展大体经历了三个阶段，即资本主义以前行政无责任、资本主义行政有限责任、资本主义行政完全责任三个阶段。

1. 资本主义以前的行政无责

在资本主义社会以前的社会政治生活中，以国王为代表的统治者在经济上垄断了生产资料，在政治上集所有国家权力于一身。统治者处于支配地位，被统治者处于受支配的地位；统治者与被统治者的关系是人身依附关系，而不是平等的契约关系。依据传统的“君权神授”、“朕即国家”、“国王不能为非”等原则，在关于行政责任的问题上便出现了一整套免责的理论，如“主权无拘束论”、“绝对权力论”、“主权命令论”等，借此为统治者不承担行政责任辩护。这样，以国王为代表的统治者在统治国家的过程中是不承担任何法律上的责任的。由于封建社会中行政官吏的权力和行为只不过是国王的权力和行为的延伸，因此在国家政治关系上，国王既然永远不可能为非，不承担任何行政责任，那么行政官吏自然也就不承担任何行政责任，不能被控告。这样，在封建社会中，国王及其官吏对于自己的行政行为的后果是不承担任何行政责任的。

不过，封建社会的行政官吏对于自己的行政行为的后果不承担行政责任只是针对百姓而言，对于国王，行政官吏还是要承担

责任的。事实上，封建社会的行政官吏受到责难、惩戒的情况是很普遍的。此外，封建社会的行政官吏虽不承担行政责任，却要承担道德上的责任。因为，政府及其官员的行为如果不能符合人民及社会所要求的基本道德标准和规范，就会失去其统治的正当性的基础。不过，要在现实中实现政府及其官员的道德责任却是一件困难的事情。因为道德责任本身是一种对政府及其官员的内在的约束机制，而不是外在的强制机制。因此，政府及其官员的道德责任并不能代替行政责任。

2. 资本主义社会官员个人负责及国家负有限责任阶段

行政责任最早发端于英国政府对议会所负的政治责任。这种政治责任由英国使用的议会弹劾程序演变而来。与政府对议会政治责任制度相联系的，是以民主主义责任政治原则为指导的、发端于英国的内阁责任制的。根据英国不成文宪法的原则，国王不能为非，不承担实际的责任，因此要有专人，即政府官员对国王的行为负法律上的责任。在这种制度下，政府官员执行公务的行为如果侵害了公民的权益，要由官员个人对其行为所造成的损害承担官员个人责任，而国家并不承担任何责任。受害人依据民事侵权法或普通法的规则，向有过错的政府官员申请赔偿。造成政府官员个人行政责任先于政府行政责任的原因，主要在于在资产阶级革命初期，虽然国家政治制度已发生根本转变，但“国家主权豁免理论”的影响仍然存在。所谓“国家主权豁免理论”是指建立在“绝对主权”观念基础上的国家免责理论，其核心内容是：国家是主权者，主权的特征是对一切人无条件地发布命令，没有国家通过法律所表示的同意，不能要求国家负担赔偿责任，否则就会取消国家主权。因此当政府官员的行政行为违法时，人们认为理应由官员个人，而不是国家来承担行为后果所引发的责任。显然，由政府官员个人承担赔偿责任无疑会严重伤害政府官员从事公务活动的积极性和主动性，因为政府官员履行职责越不积极主动，他本人就越安全，他犯错误的机会就越小；而他履行职责越积极主动，他面临的风险也就越大，如此产生的后果是慑于这种责任的威胁，政府官员就不敢按公共利益的要求果断地履行职责。结果是导致政府官员不作为或少作为，而且也阻碍了社会优秀人才向政府部门的流动。从现实来看，由于政府公务活动过失所引起的损害往往比较严重，而政府官员个人大都经济能力有限，赔偿能力有限，这使得政府官员个人在承担行政责任时，往往难以真正落实，结果是受害人的权益并未得到充分保障，造成了实际上的不公平。19 世纪中叶以后，“主权无责论”的观念越来越受到社会的非议，“主权在民”、“社会契约论”、“天赋人权”等观念日益深入人心。在这种情况下，西方国家出现了“国家应负有限责任”的学说，国家无责任原则发生了动摇，一些国家开始有条件地肯定了政府的行政责任。为此，在这一时期无论是政府的行政责任还是个人的行政责任都是有限的。

3. 资本主义国家负全面行政责任阶段

19 世纪末 20 世纪初，西方资本主义国家先后过渡到垄断阶段。这时西方国家普遍强化了以政府为核心的国家机器，政府开始全面介入和广泛干预社会生活。随着国家职能的迅速扩张，政府及其官员侵犯公民合法权益的现象日益增多，人民对政府侵权及其缺乏相应的救济手段逐渐感到不满。政府对社会生活的干预及其侵权现象不可避免地引起社会各界对政府及其官员行政行为的关注。至此，建立较为完备的行政责任体系的历史条件趋于成熟。这一时期，西方国家的行政责任制度得以最终确立，其根本原则从法理上得到确认、从法律上得到确立、从制度上得到确保。具体表现在以下几个方面：第一，行政责任在西方各国普遍得到宪法和法律的完全肯定，集体责任和个体责任并存、政府责任和官员责任并存；第二，国家过错责任开始广泛适用于政府及其官员的行政行为；第三，行政责任发展成为一项概念明确、法理系统、规定细致、制度完备、程序健全的政治法律体系，并与整体国家责任相联系，成为现代民主政治体制国家制度的固定组成成分。

总之，经过100多年的发展，西方各国终于基本上否定了国家豁免说，普遍建立了国家行政责任制度，政府侵权赔偿责任均被不同程度地予以确立。人们对于政府的观念发生了前所未有的深刻变化，认为在民主政治体制下，政府并非是超然于社会之上，享有特权的某种神物，而是作为为公共利益服务、为公民服务的法人。政府具有权利能力和行为能力，是法律关系上权利义务的主体之一，当政府机关的行为侵害人民权利时，应像其他法人组织一样承担侵权赔偿责任。

（二）我国行政责任确立的历史发展

在我国封建社会时期，皇帝拥有至高无上的权力。皇帝无论在法律上还是在事实上都只享有权力而不承担任何责任。历史上职权行政文化的存在是有其一定的合理性。马克思主义原理认为，政治统治都是以执行某种社会职能为基础的，而且政治统治只有在它执行了它的这种社会职能时才能持续下去。无论是在东方还是在西方，封建社会均是以农业社会为主，在这种经济条件下，每一个专制政府都十分清楚，政府职能的中心任务是举办和维护社会公共工程——河谷灌溉，没有灌溉，就不可能有正常的农业生产。当政府无法履行以举办和维护社会公共工程为中心的社会管理职能——河谷灌溉时，其他的各项政府职能也就难以执行。政府在一定程度上可以说是一个河谷灌溉的总管。所以，在东方社会，统治阶级的阶级统治职能巧妙地隐藏在社会管理职能的背后，阶级统治以社会管理的形式出现。“在社会事务国家化的情况下，东方社会的政府职能的总体规模也显得特别庞大。原因在于，巨大的社会公共工程需要集中大量的社会资源（人力、物力、财力），而在自给自足的自然经济下，东方社会生产力水平很低，社会剩余劳动产品总量极为有限。要举办和维护社会公共工程，只有动员和集中全社会有限的剩余劳动产品。既然靠社会（村社）本身难以做成这件事，那么，强制性征集巨大的社会资源的职能就自然而然地落到了政府的肩上。”① 所以，封建社会国家的政府行政具有以下三个显著的特征，即国家至上理念（社会事务国家化）、全能政府模式（政府职能庞大）、强制行政方式（强制性征集资源）。实质上这是以国家权力作为后盾实施国家对社会和公众的全面控制，这就是比较典型的职权行政文化模式。

中华民国时期，1934 年的宪法草案曾有关于国家赔偿的规定。该草案第 26 条规定：“凡公务员违法侵害人民之自由或权利者，除依法律受惩戒外，应负刑事及民事责任。被害人民就其所受损害，并得依法律向国家请求赔偿。”该宪法草案于 1946 年获得通过，标志着中华民国正式承认国家行政责任赔偿制度。除了宪法外，当时还有一些法律规定了部分国家行政责任。如 1930 年公布的《土地法》规定，因登记等错误而使土地所有人的财产受到损害，由该地政府机关负损害赔偿责任；1933 年公布的《警械使用条例》规定，因警察人员违法使用警械造成他人伤亡的，由政府先行负责赔偿医药费或抚恤费；1934 年公布的《戒严法》和 1944 年公布的《国家总动员法》规定，政府对人民因国家实行戒严和总动员所受的损失，给予相应的赔偿或救济。

新中国成立后，我国开始了国家行政责任制度的建设。1954 年颁布的第一部宪法中已有关于国家赔偿的原则性规定：“由于国家机关工作人员侵犯公民权利而受到损失的，有取得赔偿的权利。”这是新中国首次用宪法的形式确立了国家赔偿的行政责任制度。此外，一些法律、法规中也有部分内容规定了国家侵权的行政责任。例如 1954 公布的《中华人民共和国海港管理暂行条例》中规定：“港务局如无任何法律依据，擅自下令禁止船舶离港，船舶得向港务局要求赔偿由于未离港所受之直接损失，并得保留对港务局之起诉权。”

---

① 施雪华：《政府权能理论》，浙江人民出版社 1998 年版，第 197 页。

由于“文化大革命”的原因，我国国家行政责任制度的建设一度中断。

“文化大革命”结束后，随着我国民主法制建设事业的恢复和发展，我国1982年宪法重申了国家赔偿行政责任原则。该宪法第41条规定：“由于国家机关和国家机关工作人员侵犯公民权利而受到损失的人，有依照法律规定取得赔偿的权利。”与1954年宪法相比，新宪法的规定在两个方面有所发展：一是规定了国家机关的侵权行为及赔偿责任；二是提出了制定专门法律确认国家赔偿责任的要求。继宪法之后，我国1986年颁布的《民法通则》也规定了国家侵权的法律责任：“国家机关或者国家机关工作人员在执行职务中，侵犯公民、法人的合法权益造成损害的，应当承担民事责任。”以后又陆续有《治安管理处罚条例》、《海关法》等法律法规规定的内容涉及到了国家侵权的行政责任。

我国1989年颁布的《中华人民共和国行政诉讼法》对于建立我国国家行政责任制度具有重要意义。该法专门规定了行政机关的侵权赔偿责任。对行政赔偿责任的主体、承担赔偿责任的条件、赔偿义务机关、赔偿程序、赔偿经费等问题都做了规定。《行政诉讼法》的颁布标志着我国行政责任制度的初步建立。

《行政诉讼法》颁布后，行政诉讼案件逐年增多，行政赔偿案件也随之增加，为进一步落实行政机关的行政责任，1994年我国通过了《国家赔偿法》，于1995年正式施行。《国家赔偿法》的通过和实施，标志着我国国家赔偿的行政责任制度的正式建立。

无论是从西方还是从我国的行政实践来看，行政责任作为人类社会制度都是一定社会发展阶段的产物，在现代社会中，它愈来愈成为国家政治生活的一个重要方面，行政责任的最后确立在行政活动中产生了重要的意义。

第一，行政责任能够限制行政主体滥用行政权力。19世纪末

20世纪初，西方出现了行政国家现象，建国后，长期的计划经济也曾使我国的社会生活出现了行政国家现象。这样，行政活动不再仅仅从属于政治，开始在国家政治生活中占据主导地位。政府通过法律授权，便可从事越来越多的原专属于立法机关和司法机关的立法权和司法权；同时，政府利用宪法对政府职权的抽象规定，不断扩大自身的行政自由裁量权，政府对国家经济生活及社会生活干预的权力不断扩充。在立法、行政、司法三权分立的国家权力格局中，政府的地位明显加强，政府权力、职能和活动范围明显扩展，在国家和社会生活中发挥越来越大的作用。然而，政府行政权力的扩张也造成了一些问题。在理论上，政府行使立法权与司法权，与三权分立的制度设计产生了矛盾。在实践上，政府职权的扩张，增加了政府谋取自身利益以及侵犯社会公众合法权益的可能性。因此，从制度设计上看，一方面需要强化政府的职能，充分发挥富有灵活性和机动性的行政权的作用，以满足社会发展的需要；另一方面又需要对政府的权力进行必要的限制，以维护社会公众和组织的合法权益不受侵害。解决这一矛盾的重要途径之一，就是加强行政主体的行政责任。

第二，行政责任能够提高减少政府工作失误，提高政府工作效率。20世纪以来，科学技术的发展使得人们的社会生活日益丰富和多样化，人们的需求也日益增多和复杂化。社会发展的深刻变化对国家行政管理的方式、内容和范围都提出了新的要求，使得政府权力和职能明显扩张，政府组织结构更为复杂，分工更加细致，政府公务人员的数量和种类大为增加。为提高行政效率，就要求在行政组织内部建立起职权与职责相一致的工作责任制度，使行政组织内部各个层级、各个部门以及各个公务人员都必须责任明确，从而保证行政行为的规范化，克服官僚主义，减少行政失误，提高行政工作的效率。

二、 建立职责文化的必然性

建立职责文化的必然性，缘于行政主体所拥有的公权力的内在“悖论”。

（一）行政主体所拥有公权力的内在“悖论”

公权力的“悖论”亦即公共权力内在的冲突。这种冲突体现在两个方面：一是公权力“公属”与“私掌”的分离；二是公共权力理论上的“所属主体”与实际“行使主体”的分离。

1. 公共权力“公属”与“私掌”的分离

首先，公共权力的“公属”性可从三个方面来理解：（1）从其来源上看，根据社会契约论的观点，公权力不是天然的，更不是神授的，它来源于公民自然权利的让渡。英国思想家霍布斯认为，为了摆脱自然状态，避免“人与人之间像狼一样”的状态，人们在理性的指引下共同约定，“把大家所有的权力和力量付托给某一个人或一个能够通过多数的意见把大家的意志化为一个意志的多人组成的集体”。[①] 洛克指出，为了使天赋的权利得到可靠的保护，就需要一种既凌驾于每个个体之上，又能代表每个个体意志的公共权威来裁决和调整人与人之间的利益冲突关系。这种权威就是国家。它“起源于契约和协议，以及构成社会的人们的同意”[②]。卢梭继承了洛克的自然状态理论，认为主权体现着人民的意志，是公意的运用。“政府就是在臣民与主权者之间新建立一个中间体，以便使两者得以互相适合，它负责执行法律并维持社会的以及政治的自由。”[③] 在我国，《中华人民共和国宪法》也

① ［英］霍布斯：《利维坦》，黎思复等译，北京：商务印书馆1985年版，第131页。

② ［英］洛克：《政府论》（下篇），叶启芳、瞿菊农译．北京：商务印书馆1964年版，第105页。

③ ［法］卢梭：《社会契约论》，何兆武译，北京：商务印书馆1996年版，第76页。

明确规定："中华人民共和国的一切权力属于人民。人民行使国家权力的机关是全国人民代表大会和地方各级人民代表大会。人民依照法律规定，通过各种途径和形式，管理国家事务，管理经济和文化事业，管理社会事务。"（2）在利益取向上，通过社会契约论的论证，公民是公权力的"所属主体"，公民让渡"私权利"，设立公权力的目的：一是为了更好地保护自己的"私权利"免受伤害；二是为了获得更大的福利或者幸福。它体现了公民对公权力的期待，特别是对公权力"为善"的价值期待。所以，公权力的产生及运作的目的只能是公共利益。当公共利益与集团利益、个人利益之间出现冲突时，公权力必须保证公共利益的维系和增进。任何以政府及政府人自身的特殊利益作为出发点的行为都是不合法的。（3）在其运行上，因公民是公权力合法的"所属主体"，所以公权力的运作不应是僵化、孤立地进行，这一过程需要有公民的积极参与。公开性是"公共"的应有之义，公民在公共决策上享有知情权和顾问权。只有具备了一定的公开性，社会成员在公权力运行中才能拥有广泛的参与权与话语权，才可能促进公权力运行的合法性，满足社会公共利益的多元要求。公权力的行使一定要遵循公平、公开、公正的三原则，避免一切形式的暗箱操作，公共行政应透明度的增加，有利于公民的监督与参与。

其次，与公权力的"公共"性相对应，公权力的"私掌"性也可从以下三个方面来理解。（1）从其来源上看，公民让渡出来的公权力必有其托管的主体，这就需要从社会公民中找一些人并形成固定的组织来管理国家，公权力就顺理成章地又被赋予了特定的主体——国家和政府，国家和政府及其所属的行政人员成了公权力的实际"行使主体"，这也就是说，在我们所有的国民中间，必定有一部分人要成为被管理的对象，直接接受公权力的约束，而另外一部分人虽具公民身份，但与一般公民不同，他们同时还是公共权力的操作者，而作为公权力的操作者注定要比一般的公民拥有或多或少的社会优势和某种形式的特权，甚至是某些豁免权（如在我国的全国人大代表）。而且，每一个公民私权利一旦让渡，却难以收回。如同黑格尔所说的那样，公民的权利即便具有天赋的特性，也具有不可任意主观化的政治客观性，即一旦让渡形成国家公权力，国家便具有“地上神物”“利维坦”（Levitan）的神圣性。公共权力机构一旦形成，它就会具有某种桀骜不驯的权力“野性”，公共权力的掌控者也容易产生某种自发的权力野心，即权力和权力者都有某种“不服管”的特性，具有一种难以驾驭的力量和本性。（2）在利益取向上，国家和政府作为契约方，其意志始终只能从属于社会的公共利益。但国家和政府的形成，表明了政府与社会分离的完成，政府便开始了自己独特的活动规律，有其自己独特的利益诉求，这些利益既有政府的整体意志，又有行政官员的个体意志。这些意志未必都是公共利益的化身。如果二者的利益诉求不一致时，公权力会对社会造成巨大的损害。特别是那些与公共利益相对立的私人利益，以及凌驾于公共利益之上的“长官意志”，是一种严重违背“公共人”的代理角色的，这与政府的行政目的是实现公共利益的宗旨是严重不符的。（3）在其运行上，现代公权力的运行机制是一种行政授权的机制。授权的部分原因在于表示对行政专业知识的尊重，因为公共行政管理者拥有许多社会需要依赖的专业知识和技能，这是行政系统外的其他人员所不具备的。授权机制的存在就意味着“私掌”的客观存在，这种“私掌”现象在行政学上叫做“行政自由裁量权”。特别是在现代行政事务越来越趋于多样化、复杂化的社会，随着行政管理的专业性、技术性的不断增强，行政自由裁量权有不断扩大化的趋势。

关于行政自由裁量权，在公共行政的理论与实践中，它不仅仅是一个十分棘手的问题，而且也是一个争论最激烈的问题。“许多学者根据不同的目的，运用不同的方法，采用不同的设想从事对自由裁量权的研究。有的主张拓展行政自由裁量权的范围，另有学者主张限制其范围；有的从规范的角度讨论自由裁量权，有的则从经验证明的角度讨论自由裁量权；有些学者造成自由裁量权，至少是作为一种实践的方式，然而其他学者以民主理论为基础发现自由裁量权是值得怀疑的。因此，自由裁量权被证明是一个十分丰富的讨论和争论的来源。”[①] 尽管人们对其非议颇多，但任何关于行政自由裁量权的程序化和制度化的控制都不可能是成功的。

第一，即使再完善的法制社会，其法律和制度也难以覆盖社会的所有。人类进入后工业社会以后，随着社会事务的迅速增加和社会关系的日益复杂化，现代政府公共行政也越来越趋于多样化、复杂化，行政管理的专业性、技术性不断增强，即使再完善的法律和制度也无法规定行政事务的一切细节，不可能对行政行为作出非常细致的规定，从而不可能制定出包罗万象、严谨周密的法律法规来满足公共行政活动各个方面的需要。正如洛克所言，“有许多事情非法律所规定，这些事情必须交由握有执行权的人自由裁量，由他根据公众福利和利益的要求来处理。”[②]

第二，任何一项法律和规章制度都是对过去经验的总结或提升或规范化操作，而不是对未来的规定。所以法规和制度自颁发之日起，就决定了它应对复杂社会生活的滞后性和对一些特殊事件的无奈性。无论制定者多么高明，多么专业，都不可能预见公共行政活动在未来的所有样态，不可能将全部行政活动完全纳入其有限的几个框框和条文中去。

第三，法律制度必须通过行政主体的内化才能具有效力。首先，任何法律和制度都是抽象的条文，抽象的法律和制度本身无法行使权力，它必须交给自己的代理人，由具体的行政主体来实

---

① Charles Garofalo and Dean Geuras. Common Ground, Common Future: Moral agency in Public Adminstration Professions, and Citizenship. CRC Press Taylor & Francis Group, 2006. 21

② ［英］洛克：《政府论》（下篇），叶启芳、瞿菊农译，北京：商务印书馆1964年版，第99页。

施，也就是说，法律和制度的效力是以行政主体的实际操作为前提的。其次，社会生活的易变性决定法律和制度必须被解释，因而必须赋予行政主体以解释权。也就是说，行政自由裁量权在具体实施时，行政主体是享有一定甚至是相当大的自由的。

由此可见，当代社会行政自由裁量权的广泛存在是一个不容忽视的事实。对于自由裁量权的客观存在视而不见显然是一种不负责任的规则完美主义态度，它完全忽视了行政主体在行政实践活动中所起的决定性作用。但行政自由裁量权的客观存在或曰公权力的“私掌”也可能带来一系列的问题。

一是权力的膨胀与扩张倾向。如果在主观上从人性的因素来考虑的话。罗素认为，“在人类无限的欲望中，居首位的是权力欲和荣誉欲。”① 此话虽未免有些绝对，却显示了人类对权力的极端崇拜。美国学者丹尼斯·朗在探讨“权力与人性”的问题时也说：“‘权力欲’、‘权力意志’，甚至‘贪图权力’，是人性主要组成部分的观念被广泛接受并在西方政治思想中根深蒂固。……而霍布斯确实在他引用得最多的言论中主张：‘首先，我把永无止境谋取权力的欲望，至死方休，作为一切人类的普遍倾向。’也许没有其他论断更常被引用来说明这种观点：力图取得权力是普遍和基本的人类动机。”② 在人性中对权力的欲望本质上是对权力的权利特性的欲望，即对控制权的欲望。所以，丹尼斯·朗又说：“不难得出这样的结论：每个人都在谋求对他人的控制权，即力图获得对他人行动和态度产生预期效果的能力。强迫或诱导他人为满足自己需要而从事必要的努力，肯定是保证满足甚至接近于立即得到满足的最有效的方法。”③ 从主观人性角度来看，这

---

① ［英］伯特兰．罗素：《权力论：一个新的社会分析》，靳建国译，北京：东方出版社 1988 年版，第 11 页。

② ［美］丹尼斯．朗：《权力论》，陆震纶、郑明哲译，北京：中国社会科学出版社 2001 年版，第 260—261 页。

③ ［美］丹尼斯．朗：《权力论》，陆震纶、郑明哲译，北京：中国社会科学出版社 2001 年版，第 262 页。

种权利特性膨胀与扩张的根源存在于维护人们已经获得的利益，因此，基于利益考虑与要求，贪图权力就成为人类的基本天赋，这也是马基雅维利和霍布斯的观点。

如果在客观上从社会管理的需要来考虑的话。社会对行政权力特性的扩张起到了推波助澜的作用。在社会与政府之间，政府是唯一的，而社会是多样的，来自社会的需求是多种多样的。特别地，社会常表达着它对政府的不满情绪，甚至批评政府不能满足它的需求。政府为了满足社会的多种需要，最通常的手段就是增设新的政府职能，或是将一个暂时性的、临时性的职能转化为永久性的职能。对于社会与公众而言，就意味着一个新的具有执行权、管理权与领导权的政府部门或机构出现了。所以，政府职能的增设实际上是行政权力权利特性的扩张。社会总是一个动态的发展过程，在其前进的每一步中都会对政府提出许多新的要求，而政府总是以满足社会的多种需要为借口，来扩张其权力的权利特性。结果，政府凌驾于社会之上并作为一种高高在上的力量统治、领导和管理着社会就成为一种事实。因此，行政权力的权利特性如果得不到有效的规制，它往往以社会需要管理和领导为借口来扩展自己的内容，随即带来的必然是行政权力的扩张和政府规模的膨胀。所以，一个最基本的结论就是：现代社会行政权力扩张的深刻根源存在于行政权力的权利特性中。

二是权力具有特权化的倾向，即异化的可能。亚里士多德认为，当一个人或若干人组成的一个团体由于势力增长过大，以至于凌驾整个公民团体，因而就“占据了某些形式的特权”，这往往是造成专制政治的原因。[①] 在《政府论》中洛克认为，特权是一种无法律规定、有时甚至违反法律而依照自由裁处来为公众谋福利的权力。[②] 所以，“特权不外是在没有规定的情

---

① ［古希腊］亚里士多德：《政治学》，北京：商务印书馆1983年版，第237—238页。

② ［英］洛克：《政府论》（下篇），叶启芳、瞿菊农译，北京：商务印书馆1964年版，第98—99页。

况下谋取公共福利的权力而已”①。正是基于这样的认识，洛克把特权分为正当的和不正当的两种。他说，“凡是显然为人民谋福利”的行为都是“正当的特权”②；而为了“获得或形成有别于公众福利的利益”③ 的行为就是不正当的特权。这种“不正当的特权”是指，在权力膨胀、责任缺失，权利特性扩张、义务特性收缩的情况下对权力的应用，并通过行政权力主体的“私掌”，交易自己需要的非正当利益，也就是我们常说的腐败。此时的特权就其本质而言，已然是权力的异化。所以有的学者直接将特权定义为：“特权是指个人或集团凭借经济势力、政治地位、身份等而在经济、政治、文化等领域所享有的特殊权利或权力。这些权利或权力有的为法律所规定，有的在法律规定之外，并且都是建立在对这些权利或权力的分配的不公平的基础之上的。”④

2. 公共权力理论上的“所属主体”与实际“行使主体”的分离

公权力的“悖论”表明：一方面，公权力的“所属主体”是全体公民。社会为保持良好的秩序，公民需让渡自己的私权利以形成公权力来安排和管理社会，这表明社会对公权力的需要和期待，它体现了权力与社会的统一状态。另一方面，公权力的“私掌”性表明公共权力的“行使主体”是集团或个人，这又有可能使其失去控制，而异化为危害社会的强权力量，这表明公权力对社会的背叛和侵犯，是权力与社会的对立状态。与此相对应的就是对公权力的价值判断也是双重的：一方面，公权力具有代表社会公正、维护公民权利的“善”的价值目的。这就是格劳秀斯所

---

① ［英］洛克：《政府论》（下篇），叶启芳、瞿菊农译，北京：商务印书馆 1964 年版，第 102—103 页。

② ［英］洛克：《政府论》（下篇），叶启芳、瞿菊农译，北京：商务印书馆 1964 年版，第 98 页。

③ ［英］洛克：《政府论》（下篇），叶启芳、瞿菊农译，北京：商务印书馆 1964 年版，第 101 页。

④ 李守庸、彭敦文：《特权论》，武汉：湖北人民出版社 2000 年版，第 28 页。

说的，国家是“完善的团体”；霍布斯所说的，国家是“伟大的利维坦”、“活的上帝”；斯宾诺莎所说的，“在国家中生活……更为自由”；卢梭所说的，国家是“一个道德的与集体的共同体”、“公共的大我”和“公共人格”等等。[①] 另一方面，对于公民个体而言，公权力更是一种潜在的威胁公民权利的可能的“恶”，而且由于它具有特殊的强制力，一旦它对公民权利产生威胁，将比其他形式的威胁更大。对公权力的怀疑和忧虑，必然表现为对公权力的行使主体——国家和政府的怀疑和不信任，正如罗素所说：“一方面，因为政府是必需的：没有政府只有很少一部分人有望继续生存，而且只能生活在一种可怜的贫困状态中。但是，另一方面，政府也会带来权力的不平等，并且那些拥有极多权力的人会利用这种权力来满足他们自己的欲望，而这些欲望是与一般人的欲望截然相对立的。”[②] 卡尔·波普尔也认为：“国家尽管是必要的，但却必定是一种始终存在的危险或者（如我斗胆形容的）一种罪恶。因为，如果国家要履行它的职能，那它不管怎样必定拥有比任何个别国民或公众团体更大的力量：虽然我们可以设计各种制度，以使这些权力被滥用的危险减少到最低限度，但我们绝不可能根绝这种危险。”[③] 洛克则精辟地指出：“谁认为绝对权力能够纯洁人们的气质和纠正人性的劣根性，只要读一下当代或其他任何时代的历史，就会相信适得其反。在美洲森林里横行不法的人，在王位上大概也不会好多少；当他身居王位时，或者会找出学说和宗教来为他加于他的臣民的一切行为辩解，而刀剑可以立刻使一切敢于责难他的人们保持缄默。”[④] 美国学者格尔

---

① 马啸原：《西方政治思想史纲》，北京：高等教育出版社 1997 年版，第 232、240、250、264 页。

② ［英］罗素：《权力论——一个新社会分析》，靳建国译，北京：东方出版社 1988 年版，第 164 页。

③ ［英］卡尔·波普：《猜想与反驳：科学知识的增长》，傅季重等译，上海：上海译文出版社 1986 年版，第 500 页。

④ ［英］洛克：《政府论》（下篇），叶启芳、瞿菊农译，北京：商务印书馆 1964 年版，第 56 页。

哈斯·伦斯基指出："权力有作恶的滥用的自然本性：这一原则由西方人士所信奉，最迟同文字、文明一样古老。"[①]

公共权力的"悖论"是实际存在的，解决公共权力的"悖论"又是必需的，近现代政治理论和实践的主题就是围绕如何解决公共权力的"悖论"而展开的。其中心思想是对公共权力进行控制与约束，即对由于公共权力"私掌"可能带来的"恶"进行控制与约束，以实现公共权力"善"的目的。孟德斯鸠就是基于权力"可能的恶"，才论证了三权分立的必要性。他认为："一切有权力的人都容易滥用权力，这是万古不易的一条经验。有权力的人们使用权力一直到遇有界限的地方才休止。"[②] 对公共权力的控制与约束，从道德、政治和法律的角度对公共权力加以控制与约束，即探索道德控权、政治控权与法律控权的多元控权途径是十分必要的。同时，为了保持权力的公共性，对公共权力的设置课以相应的责任规定，以建立权责统一的公共行政体系已提到了日程上来。

从法治角度而言，有什么样的权利就应该有相应的义务，行使什么样的权力就应承担相应的责任。权力无法脱离责任而单独存在，否则，这种权力就是非法的、不合理的。法治的目的之一就是要确保责任与权力的对等，并建立权力与责任统一的原则。权力与责任统一的原则正体现了对公共权力的规定与控制。一方面，对公共权力课以相应的责任规定体现了责任对权力的明示作用，即责任包含对权力的性质、行使范围的明确规定，这是责任对权力的确认和保护。如果权力没有责任规定或者越出责任规定之外，就意味着公共权力的膨胀与扩张，这种权力的扩张必然会或多或少地构成对民众权利实现的威胁。因而，责任能使权力的

---

① ［美］格尔哈斯·伦斯基：《权力与特权—社会分层理论》，关信平等译，杭州：浙江人民出版社 1988 年版，第 8 页。

② ［法］孟德斯鸠：《论法的精神》，张雁深译，北京：商务印书馆 1961 年版，第 154 页。

范围有正当的界限，从而使权力规范化、合法化。如果权力一旦越出合法的范围，相应的责任就是权力越界的必然代价。另一方面，在权力行使的每一过程中，都必须有相应责任的具体规定，也就是说任何权力都被责任所制约和控制，从而可以有效地抵制公共权力的非法扩张，通过对公共权力的这种约束与控制，以确保公共权力行使更加正当和合法。一旦权力超越了责任规定的边界，行政责任就变成一种消极意义的法律责任，从而构成对权力越界的一种惩罚。它是一种通过责任外加的权力制约，以防止权力运行失当和违法。这种责任对权力的制约，主要体现在对权力行使者行为的校正和心理的警戒上。这种权力与责任的统一原则，必然是公共行政的理论逻辑，其最基本的理念就是：任何公共权力都应当处于责任状态，任何公共权力的行使者都应当是责任的承担者，从而让任何公共权力的行使在道义上必须以责任实现“自律”，在心理上以责任实现“他律”。①

基于上述分析，我们可以得出如下结论，或可称之为现代社会由职权文化过渡为职责文化的必然性。

第一，行政责任是一种现代民主政治的基本理念。由于“主权在民”，政府只是权力的行使者，而不是所有者。当政府通过合法程序获得公民赋予的公权力后，必然也要承担相应的责任和义务。“责任是权力的孪生物，是权力的当然结果和必然补充，凡权力行使的地方，就有责任。”② 行政责任的理念不仅仅要求行政主体在整个行政活动实践中对上级负责，更要对社会公众的需要作出及时、快捷的反应，以满足公众多样化的需求。

第二，行政责任是对政府公共行政进行权力控制的一种制度安排。由于公权力的“悖论”，行政权力为“恶”的可能，必须设置一套制度用以制约行政权力。行政责任意味着要对行政权力

---

① 沈荣华、侯焕春：《论行政强制执行中的行政责任》，载《江海学刊》2000年第6期。

② ［法］法约尔：《工业管理与一般管理》，周安华等译，北京：中国社会科学出版社1998年版，第24页。

进行监督和制约，包括立法监督、司法监督、公众监督、行政监督、道德的内在监督等。

第三，行政责任不仅仅是一套体制或体系，更是一个过程。由于行政主体的“有限理性”和“理性负担”的客观存在，这就强调行政人员在整个行政过程中，对自己的一切行政行为切实负起相应的责任来，以敬畏之心谨慎从事自己的工作，尽量将自己工作的风险降低到最小，一旦出现失误，勇于担当，及时修正并提高自己的工作水平。

三、职权文化向职责文化的范式转化

有权力必有责任这是一个铁的定律。任何行政行为都必须处于责任状态，这是公共行政的基本逻辑。职权文化向职责文化的范式转化，首要的任务是我们必须清楚政府的权力范围，才能确立其责任担当的“重量”。这是一个问题的两个方面。

（一）有限行政对全能行政的合理替代

所谓全能行政，就是指有政府有能力对社会和个人行使全面权力的同时也担负着全面的责任。这种全能行政从实质上而言，是一种无限行政。事实上，在人类社会发展的任何一个时期，无论各国政府如何努力，无限政府作为行政管理的目标，其本身都是一种“乌托邦”式的设想。长期以来，我国受计划经济的中央集权型政府管理模式的影响，人们形成了“有事找政府”的观念，对全能政府有着特殊的企求和偏好。全能政府的管理模式依然影响着政府管理部门和社会各界的行动模式和思维方式。造成这一问题的根源有两个方面：

1. 公共领域和私人领域的混淆

众所周知，在公共领域和私人领域的二元结构下，西方资本主义国家的政府，直接管理的只是公民社会之外的公共领域，对公民社会的领域只行使有限的宏观协调管理权。公民社会内部则以市场契约关系来调节和管理，政府只需充当“仲裁人”的角色。传统计划经济体制下的社会主义国家实行生产资料的国有和集体所有，在实行产品经济，缺乏市场调节的情况下，资源的配置无法指望社会自己来调节和管理。所以，公民个人、社会组织以及政府自身的生产、分配、交换和消费的整个过程，都必须由政府部门加以统筹安排。公民和社会失去了独立行为的领域。这样，一方面，社会组织无法依靠自身的组织结构而独立存在，社会失去了在社会资源配置中应有的积极的参与权利，只剩下消极的接受分配的义务。另一方面，政府不得不发展出从中央到地方的一整套组织机构，以管理社会生活的几乎所有领域，因此，政府的社会管理和社会服务职能特别繁重。从而导致政府的社会管理职能和社会服务职能内涵的急剧扩张，即“全能政府”和“无限责任”的形象。

2. “政府本位”论

所谓“政府本位”实质是指，在政府与社会的关系中，社会是从属的，在政府与社会的力量对比中，表现出以政府为本位的价值取向。它奉行的是以政府为中心，以政治决策为表现形式，带动整个社会制度的变化。由于“政府本位”的影响，使得政府在很大程度上介入和干预经济生活和社会生活，直接进入市场充当竞争主体的角色，出现了市场主体和行政主体的混淆。在社会主义条件下，从理论上讲，人民当家作主，广大劳动人民既是社会的主体，又是权力的主体。政府的宗旨就是为人民服务，理应成为人民意志的执行系统，社会主义从根本上实现了国家（政府）利益与社会（公众）利益的统一，政府自身没有特殊的利益，政府的存在就是为了最大限度地实现整个社会的利益。所以，社会主义国家应该是以社会为本位的公共行政。然而，由于受传统制度的影响，加之我国社会主义建设初期没有可资借鉴的更多的经验，实施了高度集中的计划经济体制，政府遂成为社会生活的组织者和社会各个系统的指挥中心，整个社会被高度政治化，表现为政治、经济、文化一体化，即以政府为本位的国家模式的形成。

诺贝尔经济学奖获得者布坎南和科斯都认为，政府职能不能无限扩大，政府对社会的干预只能在极其严格的范围内，否则不仅会出现“政府失败”，而且还有可能出现灾难性的后果。就职权与职责的关系来看，集中表现为两种倾向：一是权力对责任的侵犯，即行政官员利用自身拥有的公权力，甚至越权，假借为了对社会和市场进行必要的调控，为个人或集团利益进行不正当的干预，意即我们常说的权钱交易、越权施政、关系用权等权力腐败现象；二是权力对责任的回避，即行政人员把本应由政府承担的责任和义务推给社会，实质上是“卸包袱”，却名之为向社会放权。一些行政官员往往把行政权力掌握在自己手里，而把责任或义务推给制度体系甚至是别人，这就是行政实践中的推诿、扯皮、“踢皮球”等现象，即我们常说的官僚主义。

在“全能政府”和“无限责任”体制下，不管是权力对责任的侵犯，还是权力对责任的回避，都是政府行政责任的缺失。现实的行政实践证明，政府管理只能是有限政府。道理很简单，政府的能力总是有限的。

行政主体的“有限理性”。最早提出“有限理性”学说的是20世纪50年代美国诺贝尔经济学奖得主赫伯特·A. 西蒙。古典决策理论假设，决策者是完全理性的，决策者在充分了解有关信息情报的情况下，是完全可以作出实现组织目标的最佳决策的。西蒙在其《管理行为》一书指出，理性的和经济的标准都无法确切地说明管理的决策过程，进而提出“有限理性”和“满意度”原则。西蒙认为：（1）人的理性介于完全理性和非理性之间。即人是有限理性的，这是因为在高度不确定和极其复杂的现实决策环境中，人的知识、想像力和计算力是有限的。态度、情感、经验和动机等因素的综合考虑是不可缺少的。（2）决策者在识别和发现问题中容易受知觉上的偏差的影响，而在对未来的状况作出判断时，直觉的运用往往多于逻辑分析方法的运用。所谓知觉上的偏差，是指由于认知能力的有限，决策者仅把问题的部分信息当作认知对象。（3）由于资源的限制和时间的有限，决策者即使充分了解和掌握有关决策环境的信息情报，也只能做到尽量了解各种备选方案的情况，而不可能做到全部了解，决策者选择的理性是相对的。（4）在风险型决策中，与经济利益的考虑相比，决策者对待风险的态度起着更为重要的作用。决策者往往厌恶风险，倾向于接受风险较小的方案，尽管风险较大的方案可能带来相对更为可观的收益。（5）决策者在决策中往往只求满意的结果，而不愿费力寻求最佳方案。导致这一现象的原因有多种：第一，决策者不注意发挥自己和别人继续进行研究的积极性，只满足于在现有的可行方案中进行选择；第二，决策者本身缺乏有关能力，在有些情况下，决策者出于个人某些因素的考虑而作出自己的选择；第三，评估所有的方案并选择其中的最佳方案，需要花费大量的时间和金钱，这可能得不偿失。西蒙指出，把决策视为定量方法和固定步骤是片面性的，主张把决策视为一种文化现象。

行政主体的“理性负担”。美国政治哲学家罗尔斯在其《政治自由主义》中认为，在日常的政治生活中，我们并不否认偏见和偏向、自我利益和群体利益以及盲目和意愿，在政治生活中也发挥着它们各自为人们所熟悉的作用。从而产生在许多事情上的分歧，但如果“假设我们的所有差异都只是源于无知和固执，或是源于权力、地位或经济利益的竞争，那是不现实的；或者更糟的是，这种假设还会引起人们之间的猜忌和敌对”[①]。不过，罗尔斯认为，这些不合理的分歧根源与合理的理性分歧有着本质的不

---

① ［美］约翰·罗尔斯：《政治自由主义》，万俊人译，南京：译林出版社 2011 年版，第 53 页。

同。通过对现代社会政治生活的分析，罗尔斯认为在日常政治生活中，如果运用我们的理性能力来判断各种偶然事件中不同理性人之间的合理分歧，常会面临六种“理性的负担”。（1）相关的经验和科学的根据可能是复杂的和冲突的，理性人很难作出衡量和评价。（2）即使我们对这些各自相关的理由达成了一致，但对各自理由在整个事件中的权重也会产生分歧，进而得出不同的判断。（3）在某种程度上，我们所有的观念（不仅仅是道德的观念和政治的观念）都存在着模糊不清，难以处理的情况，这种不确定性意味着，我们必须依赖于理性的个人可能在某些范围内作出的解释和判断，而这些理性人所作出的解释和判断相互之间常常发生分歧。（4）在某种程度上，我们评估证据和衡量道德价值与政治价值的方式，是由我们的总体经验必定总是互不相同的。因此，在现代社会及其大量职位和职业中，在其各种各样的劳动分工中，以及在其许多社会群体及其民族多样性中，公民的总体经验极为不同，以至于他们对许多重大复杂事情的判断产生歧异，至少是在某种程度上产生歧异。（5）对同一问题的不同看法经常会有不同说服力，有各种不同力量的规范性考虑，因此作出一个全面性的评估是困难的。（6）任何社会制度体系在其所允许的价值方面都有限制，而我们在各种为社会所培植起来的价值中间不得不进行选择。或者说，当我们坚持某几种价值，且必须顾及别人的要求而约束我们的每一种价值选择时，我们在安排价值选择的先后秩序和进行价值选择调整的过程中，就面临各种巨大的困难。许多艰难的决定可能没有任何明确的答案。① “理性的负担”现象说明我们不能期待任何正直的个人以其充分的理性能力（甚至是在经过自由讨论之后）总能达到相同的判断。同时也说明在这些“理性的负担”存在的情况下所作出的判断可能为真，也可

---

① ［美］约翰·罗尔斯：《政治自由主义》，万俊人译，南京：译林出版社 2011 年版，第 52—53 页。

能为假，甚至所有相互冲突的理性判断都为假。

行政主体权力来源的有限性与职能范围的有限性。政府权力来源于公民权利的让渡，但这种让渡只是部分权利的转让，仅仅是为了保障公民个人的安全和幸福，政府运用权力的所有行政活动都必须围绕这一目的而进行。公权力不能是无限的，只能是有限的，即政府的权力是有边界的。这个边界，就是人们所让渡的那部分权利的集合，未经让渡的私权利的部分仍属公民所有，如财产权等。如果超出人们所让渡的那部分权利而对个人或社会行使权力，那就是越权甚至滥用权力侵犯公民个人的私权。行政权力来源的有限性决定了其职能范围的有限性。按照传统的有限政府理论，行政职能的范围应该被严格限定在公共领域，但对于公共领域与私人领域的严格划分，却没有给出明确的界线。因为在过去的时代里，公共领域一直是作为私人领域的一部分而存在的。现代社会的实践与发展对这种合理的划分提供了条件，奠定了基础。关于公共领域和私人领域的区别，哈贝马斯认为："正如私人领域是从属于经济体系的，公共领域从属于管理体系。"[①]可见，公共管理、公共安全等领域都离不开政府的有效管理，离不开公权力的强制性，但在私人领域，个人通过各种自由的交易、联合等活动，自己管理自身的日常活动，不需要政府的任何干预。公共领域的理论同时也说明政府的行政职能范围主要是公共事务管理职能，如果没有相关机关的授权，不得行使立法或司法职能，切实把握好自己与立法机关、司法机关的边界。

行政机构的规模与行政能力的有限性。从客观上看，行政机构的规模在一定时期内是由其立法机构加以确定，并受到一国的土地、人口和财政等方面的限制，不可能无限地扩张，这就决定了在客观上其行政能力不可能是无限的，只能是有限的。同时，

① ［德］哈贝马斯：《交往行动理论》，洪佩郁等译，重庆：重庆出版社 1994 年版，第 421 页。

政府结构的合理性、政府行政程序的合理性、政府行政法制的完备性、行政财政的充足程度的限制，也证明了行政能力必是有限的。从主观上看，政府的能力由政府公务员个人的能力、政府机构的能力等因素组成，从政府公务员个人来看，无论是政府的高级官员还是政府的普通公务员，如前所述，由于都受个人知识、经验和现有科学技术水平的限制，在处理公共事务时，均表现出“有限理性”和“理性负担”，在处理公共事务时，总是表现出其能力的有限性。

行政权力与责任的有限性。为防止公权力侵犯私权力，各个国家都对公权力进行了严格的规定，超出公权力就有的范围应用必将承担相应的责任。此时，如果社会和公民再要求政府超出它的行政职权范围去承担行政责任，对政府谁来说，也是不合理的、不公平的。从行政管理学的角度来看，也不符合权责一致的原则。况且，既然政府的行政能力是有限的，也不可能承担起无限的行政责任。一个有限能力的行政主体去承担一种无限的行政责任，不仅在逻辑上讲不通，在现实中也不可能存在。

有限政府的确立，决定了政府职能必须作出相应的转变。这种转变集中体现在“限”。这里的“限”有两层含义：一是分散，防止权力过分集中；二是限制，将权力集中在有限的领域里。具体体现在以下两个方面：

第一，正确处理国家（政府）和社会的关系。建国后，政府的宗旨是为人民服务、向人民负责，应该说从根本上实现了国家利益与社会利益的统一。但由于当时特殊的国际国内环境，我国在加强社会主义国家阶级统治职能的同时，又不断强化了国家和政府进行社会动员、统一配置资源、促进社会发展、保持社会平衡的各种职能。这样一种国家模式的实施，使国家实现了对整个社会经济生活的管理，迅速有效地动员社会资源，实现了国民经济的较快增长，成功地迈出了现代化的第一步。所以，社会主义初期这一国家模式具有一定的合法性和合理性。但这一国家统治方式的直接后果是，国家统摄社会，社会国家化。政府职能无限扩大化，渗透甚至是控制到了社会生活的方方面面。至于像市场关系、宗教关系、血缘关系等等在全社会的规模上几乎不发生任何作用，由此，“行政性国家”扩展成了一种“行政性社会”。[①]其结果就是强化国家政权、强化国家对社会的管理，从而产生对国家和政权的盲目崇拜。这种模式颠倒了国家作为手段、社会作为目的的本质关系。从整体来说，政府只是一种手段，即公民是政府存在的目的，而政府是公民实现自己目的的手段。卢梭认为，公民把国家具体事务的管理权委托给政府，政府只是这些管理权力的执行者，只是公民的仆从。在这个问题上，国家不能以社会和公民缺乏文化和自治能力为理由而剥夺他们的权利。当前在实现从职权文化向职责文化的转变中，在权力结构上，必须实现“国家权力”和“社会权力”的分立。彻底改变传统计划经济时期“国家本位”的行政模式，那种认为“党向政府放权、中央向地方放权、上级向下级放权”的思路调整，并没有从本质上改变传统计划经济时期“国家本位”的权力集中模式，只是在国家和政府的范围内调整权力和分配权力，并没有实现权力向公民社会的转移。在国家政府权力和公民社会权力之间保持必要的张力与平衡，才能够真正实现“国家权力”与“社会权力”的二元分立。

在行政实践上，正确处理国家与社会的关系，必须大力发展社会中介组织。当前国内许多学者都认为，在中国社会，公民个体和政府之间缺少一个中间层，即缺少一个社会的自我管理层。这不仅仅是一个体制问题，而且还是一个观念问题。人们传统的观念是“有事当然就要找政府，政府不给我办事就不是好政府”。政府官员也是这样认为的，“我是父母官，当然什么都应该管”。结果政府职能过于宽泛，做了许多不该做、做不好的事。相比较

---

① 参见唐士其：《国家与社会的关系》，北京：北京大学出版社 1998 年版，第 195 页。

而言，西方国家的社会结构是在公民个体与政府之间存在一个相当发达的自我管理层——非政府组织，它们既沟通了政府与社会各方面的联系，也保证了政府与社会各司其职、各负其责。从政府转变职能角度看，应该有意识地培育这些社会中间层，大力发展社会中介组织，提高整个社会的组织化程度，扩大社会的自我管理，为政府转变职能提供真正的物质载体。

第二，正确区分公共领域和私人领域。从政府存在的目的和自身的作用上来讲，政府的职能只能是弥补私人领域的不足，职责是为社会提供核心的公共产品和有效的公共服务，如国防建设、公共安全、环境保护、医疗保障、教育事业等。这样就可以使我们明确哪些是政府管的、哪些是社会管的、哪些是市场管的。用西方的谚语就是说，该上帝管的交给上帝，该凯撒管的交给凯撒，各自在自己的权限范围内活动。属于上帝管的，人间再有能力的人，比如凯撒，也管不了；而属于人间凯撒来管的上帝也管不了。公权力是政府活动的势力范围，是其责任所属地。属于社会管理的一定要交付于社会，即社会是自治团体的领地，它既有公权力的一面，也有私权利的一面，而市场管的是私权利的公平交易。这样将政府彻底实现从全能政府到有限政府的过渡，进而实现诺齐克所说的“最小政府”的局面，也就是我们常说的“小政府、大社会”，政府责任也将从全面责任过渡到有限责任。

具体来讲，一是政企分离。彻底理顺政府与企业的关系，改变过去政府与企业的主仆依附关系，确立企业的自主权，使企业成为相对独立的微观经济主体。理顺政企关系的基本原则是企业下放，政企分开。首先，要把所有权和经营权相对分开，充分发挥企业的活力，切断政府与国有企业的从属关系，实现政府职能转变；其次，在两权分离的基础上明确产权关系，这是现代企业制度的基本要求，也是市场机制发挥作用的基础；第三，实行国有资产分级管理体制，防止国有资产流失。通过理顺政企关系，最终建立起政府以经济、法律、行政等综合手段规范管理市场，市场引导企业的宏观调控体制。二是理顺政府与市场的关系。在市场经济体制下，政府与市场关系的总原则是，市场机制能够解决的，就让市场去解决，政府只管市场做不了和做不好的事，让市场调节企业，充分发挥市场在国家宏观调控下对资源配置的基础性作用。政府引导市场，充分发挥政府对于市场调节不足的弥补作用，进而矫正市场的失灵。

（二）行政责任的确立

在行政文化领域中，“责任”这一范畴十分重要。弗雷德里克·莫舍认为：“在公共行政和私人部门行政的所有词汇中，责任一词是最为重要的。”① 它包括主体责任和和体系性责任。

1. 主体责任

主体责任指承担行政责任的行政主体，当前从行政主体责任来看，分为政府作为组织的主体和行政人员作为个体的主体。以现代官僚制为组织形式的公共行政体系对公共权力进行了两个层次的责任规定和设计。第一个层次的责任是指政府作为一个整体的责任。在西方国家，承担这种责任规定的往往是以政府责任内阁制形式出现的，即行政机关由代议机关产生并对代议机关负责的政权组织形式。我国《宪法》明确规定，中央人民政府——国务院对全国人民代表大会及其常委会负责并报告工作，同时国务院实行总理负责制。“负责”在这里有两层意思：一是就行政机关与权力机关的关系而言，总理代表国务院向全国人民代表大会及其常委会负责，这是指行政机关对权力机关的责任制度；二是就国务院内部关系而言，总理是国务院的负责人，全面领导国务院的工作。我国地方政府的责任具有双重规定。根据我国《宪法》和《地方组织法》规定：一方面，地方政府要向本级人大及

① ［美］库珀：《行政伦理学—实现行政责任的途径》（第四版），张秀琴译，北京：中国人民大学出版社2001年版，第62页。

其委员会负责；另一方面，地方政府必须服从上级政府，受上级政府的领导。第二个层次的责任是指行政人员的责任，即行政人员是否正确、有效地行使公共权力。根据韦伯所做的概括，现代科层制就是一个“责任中心主义的体系”。因为，现代科层制的一个重要特征就是公职的等级排列和系统分工，即每个公职人员或职位都有明确的职责。从科层制的这个特征可以看出，在行政组织结构中，人是与具体岗位联系起来的，岗位的任务也就是他的任务，岗位的功能就是他的功能，他的行为就是把岗位的任务、岗位的职能转化为他自己个人的责任。所以说，科层制的行政组织形式对于其组织中的行政人员来说，就是一个纯粹的责任体系，而且是一种单向的、定点的责任体系。[①] 美国行政学家库珀认为，“公共行政人员作为一种代理人角色，包括了复杂的责任内容，即对多种委托人负责，这些委托人包括组织的上级、政府官员、职业性协会和公民。”[②] 首先，行政人员最为直接地要对他们组织的上级负责，贯彻上级的批示或相互间业已达成一致的目标任务，也要对其下属的行为负责，“因为不希望承担决策责任而将问题逐级向上推诿，这和你没有权力作出决策时却做了或允许下属采取不当行为一样，都属于不负责的行为”[③]。其次，行政人员通过维护法律对民选官员负责，即表现为执行公共政策的责任。库珀认为，这种责任虽然没有第一种责任更为直接，但它是更为基本的责任和义务，“正如公共政策是组织任务和使命的基础一样，公共行政人员对制定政策者的义务超过了对组织上级的义务”[④]。最后，行政人员要对公民负责，洞察、理解和权衡他

---

① 参见张康之：《公共行政中的责任与信念》，人民大学复印资料《公共行政》2001 年第 5 期。

② ［美］库珀：《行政伦理学—实现行政责任的途径》（第四版），张秀琴译，北京：中国人民大学出版社 2001 年版，第 64 页。

③ ［美］库珀：《行政伦理学——实现行政责任的途径》（第四版），张秀琴译，北京：中国人民大学出版社 2001 年版，第 68 页。

④ ［美］库珀：《行政伦理学——实现行政责任的途径》（第四版），张秀琴译，北京：中国人民大学出版社 2001 年版，第 65 页。

们的要求和其他利益，虽然这是最不直接的责任，然而它却是最为根本的责任，因为公民是主权者，行政人员只是他们的委托人。无论是按照正式的就职宣誓、政治伦理法规，还是法令，最终，所有公共行政人员的行为都要以是否符合公众利益为标准来衡量其是否是负责的行为。公权力的责任规定与设计所体现的就是公共行政的责任原则。它表明责任与权力是统一的、对等的，拥有什么样的权力，就负有什么样的责任。政府及其行政人员拥有权力，因而他们同样负有相应的责任。

2. **体系性责任**

库珀认为行政责任包括客观责任和主观责任两个方面，“客观责任与从外部强加的可能事物有关，而主观责任则与那些我们认为应该对其负责的事物有关”①。对于如何保证行政责任的落实，库珀则是延续并综合了弗雷德里克和芬纳关于内部控制与外部控制的两种立场，认为公共行政中的负责既可以通过内部控制来实现，也可以通过外部控制来实现。二者并不是完全对立的。二者的争论焦点在于哪一种方法更优先，弗雷德里克主张内部控制，而芬纳则坚持外部控制。内部控制，主要由行政人员内心的一系列价值观和伦理准则构成的，他们在缺乏规则和监督情况下，被鼓励从事合乎道德规范的行为。外部控制则与公共行政中所设定的一切外部监督和规则有关，包括立法监督、预算与审计活动、舆论与媒体及公民团体的监督活动等。美国学者斯塔林认为很难界定政府的行政责任，但其基本价值在于：（1）回应性。政府对于民众要求作出的反应和措施。（2）弹性。在政府政策的形成和执行中，针对不同群体、不同地域的情景差异，政府为完成政策目标所的采取的灵活策略。（3）能力。政策的制定和执行受到恰当的、认可的目标标准的指引，政府的行为依其能力应是

---

① ［美］库珀：《行政伦理学—实现行政责任的途径》（第四版），张秀琴译，北京：中国人民大学出版社 2001 年版，第 63 页。

谨慎的。(4)正当的程序。政府的行为不应受武断的个人意志的支配，非经法律程序不得剥夺任何人的生命、自由和财产。(5)责任。政府必须对其权力所涉的相关利益者或事负责。(6)诚实。[①] 由此看来，行政责任实质上是民主行政、法治行政与诚信行政的统一，民主行政要求行政主体必须对人民负责，法治行政要求行政主体承担相应的法律责任，诚信行政要求行政主体承担相应的道德责任。为此，我们可将体系性责任分为政治责任、法律责任和道德责任三种情况。

第一种情况：政治责任。政治责任是政府官员制定的公共政策不符合民意或者在推动其实施的过程中没有尽到职责时所应受到的制裁和谴责。由此可见，政治责任是行政责任的一部分，行政主体如果需要承担政治责任，则一定承担行政责任，政治责任与法律责任不同，法律责任是由专门的机关予以评价后所作出的行为，而政治责任则不必由专门机关作出评价，对政治责任的追究有时要以多数人的意见为衡量标准，易受制于社会公众的压力，任何团体、政党、组织都可以提起政治责任的追究，而法律责任的追究机关主要是司法机关。当然比较严重的重特大事故或者对人造成重大损失的，既需要承担政治责任又要追究其法律责任，一般是先承担政治责任后承担法律责任。

第二种情况：法律责任。公权力必须在法律范围内活动，法律和制度是对行政主体行为外部行政责任控制的一道不可缺少的屏障，它们界定了行政权力实施的最大范围。行政权力的实施必须依法行政。遵守法规与制度、依法办事，是行政人员应尽的本分；否则，每个行政人员违反职权、破坏法律、任性而为，整个官僚体系将无法维持，行政的稳定性遭到破坏。行政权绝不是一种绝对自由的权力，而是一种相对自由的权力。即是一种在法律

---

① 苏成寿：《责任行政机制略论》，载《河南省政法管理干部学院学报》，1999年第3期。

和制度的原则和范围内自由选择适用法律和制度的权力；在有法律制度规定时，它受法律制度文本的限制，无法律制度规定或法律制度规定不完全时，也应受立法目的、立法精神、社会公正等抽象原则的限制。

在法律没有具体规定限制条件的情况下，行政权力应如何正当地实施，以履行其法定职能。洛克将此种现象称之为“特权”。由于现代社会发展的复杂性、多变性、不可预测性、突发性等特点，所以对任一行政主体而言，都有“特权”，关键在于其“特权”运用的正当性如何。

第一，“特权”的实施应以公共利益为目的。17 世纪英国政治哲学家洛克认为，“这种并无法律规定、有时甚至违反法律而依照自由裁处来为公众谋福利的行动的权力，就被称为特权。”[①] 所以“特权”的实施必须以实现公共利益为目的，而非有限的特殊利益作为基础，必须以社会公共利益作为行政主体一切行为的目的。

第二，切实保障人权。德沃金认为，在有德行的政治制度中，每个人都应享有被尊重和被保护的权利。人权就是“个人握在手里的政治王牌”，[②] 行政主体在行使“特权”时，首先应关注该行政行为作出之后是否会有碍或侵犯公民的人权。对人权的尊重和保护，是任何行政自由裁量权都不可“豁免”的一项行政责任。将以尊重和保护人权为基础的行政责任作为对行政行为的要求和规范，是为了达到法治理想和法治秩序的至善境界。

第三，遵循比例原则。在实施“特权”时，行政主体的行政手段或措施与行政目的之间应保持某种适当比例，否则会产生合法而不合理的结果。如在实现某项行政管理目标时，有可能对他

---

① ［英］洛克：《政府论》（下篇），叶启芳、瞿菊农译，北京：商务印书馆 1964 年版，第 99 页。

② ［美］罗纳德·德沃金：《认真对待权利》，信春鹰、吴玉章译，北京：中国大百科全书出版社 1998 年版，第 6 页。

人的权益造成某种不利影响时，应使这种不利影响限制在尽可能小的范围和限度，保持二者的适度比例。比例原则应为“特权”实施的一个重要的责任法则。在现有的条件下，从法律角度看，它也是对公民私权最大限度的保护，以防止公权力的滥用。从行政技术层面理解，行政“特权”在具体实施时，比例原则强调的是行政成本与行政效果之间合理的比例关系，它要求行政主体的行政活动，在合法的前提下，注意合理的比例和相互协调，避免出现对应上的不匹配。如果一项最不经济和效率低下的行政决策即使能增进公共利益，我们也不认为它是一项“好的”或“善的”决策。

第三种情况：道德责任。行政主体的道德责任是一个常常为人所忽略的问题。之所以特别强调行政主体的道德责任，原因有三：

第一，对“三权分立”政治制度的质疑。众所周知，“三权分立”的政治制度是从洛克，尤其是18世纪的法国法哲学家孟德斯鸠、18世纪后期美国的“联邦党人”汉密尔顿、杰伊等政治思想家和政治家们，经过反复的思考和试验所逐渐确立起来的西方民主政治的基本实践架构。西方人信奉“三权分立”有一个预设：人性本恶——一种“必要的恶”，对强大的“恶”的最好控制方法便是分而治之，以权力制约权力，即以恶制恶。到了20世纪中后期，这一理念有了新的变化，因为纵然有了“三权分立”的内部控制机制，仍发生了公权力的腐败现象。因为在某些特定的条件下，已然分离的权力之间出现了“合谋”现象，这种“合谋”对社会的破坏力更为强大，而且权力一旦出现权力“合谋”，那么权力之间的相互制约就宣告了失效。为此20世纪中后期的政治哲学家和法学家又相继提出了“以善制恶”的观点。这里的“善”，一方面指“以社会制约权力”，即依靠充分发达、“发育”良好的公民社会，来制约公共权力的腐败，建立现代政治文明；另一方面，行政人员“内心之善”的培养，即从业人员职业道德的训练。这样，让任何公权力的行使在道义上必须以责任实现

“他律”，在心理上以责任实现“自律”。[①]

第二，相比于法律，道德作用的独特性。许多专家认为，在现代社会，只要让行政人员明确并坚守社会和法律的底线就可以了，不必设置更高的道德伦理要求，其实不然，没有较高的道德伦理规范的积极引导和辅助，所谓的底线要求也很难坚守，更何况单一的法治多半只会导向政治强制，而真正的法律建构必定基于某种健全正当的伦理道德考量，才可能充分有效地发挥其规制作用。况且作为权力的实际操作者和解释者，对他们的要求仅仅满足于一般公民的守法也过于消极，而且实际上也未必可能。罗尔斯说过，即使我们只要求政治社会达成基本的“重叠共识”和“公共理性”，公民个体的“正义感”和“善”观念也仍然是两种不可或缺的政治美德资源，如果将所有公民个体的行动仅仅理解为遵纪守法的消极服从行为，那么现代社会的政治基准未免显得太低下了，那样的政治社会也显得太刚性、太冷漠。尤其是对于权力的掌控者，绝不能仅仅停留在遵纪守法的层面，必须具备某种较高的政治和道德伦理素质，因为他们还要承担公共社会的引路者和社会新生活的创新者，必须具有崇高的责任感和远大的政治理想。

第三，行政自由裁量权中的道德要求。附着现代社会复杂性、不确定性的增加，行政自由裁量权中的“自由”也随之扩大，而一个“灵活性较大的治理体系和治理方式必然会以治理者的自主性程度较高的形式体现出来。治理者的自主性程度高，他就有更多的以良心为动因的道德行为选择；反之，治理者的自主性程度较低，他的以良心为动因的道德行为选择也就很少有发生的机会”[②]。行政自由裁量权的客观存在，说明行政主体具有进行价值判断和价值决策的意志自由，因而也意味着相应的道德责任

① 沈荣华、侯焕春：《论行政强制执行中的行政责任》，载《江海学刊》2000年第6期。
② 张康之：《公共管理伦理学》，北京：中国人民大学出版社2004年版，第277页。

的承担。所以，在行政自由裁量权的行使过程中，决不能没有道德的介入。自由或自主绝不是欲望的放纵、意志的任性、“道德负担”的抛弃；相反，自由或自主的真谛在于自律和自我关注。实际上，行政自由裁量领域是一个法律作用式微，而伦理道德大行其道的重要领域，而行政人员的伦理道德状况往往成为决定行政自由裁量行为效果的关键因素。正如库珀所言：“甚至当某行为缺乏相应的法律规定指导时，行政人员仍可以求助于内心的伦理指导准则。”[①] 况且，有效而健全的权力监督责任机制对权力的限制方式并不是万能的，监督责任机制有时会使权力运行陷入公正与效率的二律背反之中，因此要较为彻底地解决公共行政权力运行中的内在冲突，也必须从公共行政权力主体的内在德性入手。

为了有效地实现行政权力主体的道德责任：

第一，公权力的实施应有正确的价值取向：行政正义。在行政活动中，行政主体经常面临的是：公平抑或效率的困惑。自从威尔逊将行政学从政治学中分离出来，效率一直是良好政府的标志，符合效率的政府就是合乎伦理的政府。“为了效率的原因，将任务进行有逻辑的组织，分解为更小的单位。工具理性是仅仅将人类理智完全地服务于工具目的。现代之前，人类理智都是被当作为将伦理与规范意识整合进工具目标考量的一种思维过程。”[②] 实际上，效率仅仅代表着行政事务处理的“快”与“慢”，而正义则代表的是行政事务处理的“善”与“恶”。如果“将人类理智降低到理性的水平，道德考虑也就微妙地但决定性地被排除了——道德错位由此而产生”[③]。其直接后果是给我们留

① ［美］库珀：《行政伦理学——实现行政责任的途径》.（第四版），张秀琴译，北京：中国人民大学出版社 2001 年版，第 148 页。

② ［美］艾赅博、百里枫：《揭开行政之恶》，白锐译，北京：中央编译出版社 2009 年版，第 44 页。

③ ［美］艾赅博、百里枫：《揭开行政之恶》，白锐译，北京：中央编译出版社 2009 年版，第 153 页。

下了一个行政技术上日趋完善但道德上日趋贫乏的专业主义——这样的专业主义更易于受到道德错位与行政之恶的影响。

第二，加强行政主体的个人道德修养。公权力的实施，虽是个人的具体行政行为，但其行为的结果却作用于他人和社会。如果一个行政行为不对他人或社会产生影响，他就不应该对发生的事情负责，任何人也不应要求该行政主体承担其相应的道德责任。虽然个人是否以某种高尚的道德规范作为自己行为的准则，这全然是个人的选择。但由于公权力的特殊性，对社会影响的广泛性，个人必须加强其道德修养，强化道德责任感，从而促使个人将道德原则内化为自身的自觉行为，而不是外在力量强制的行为，这才是道德的本真涵义。

第三，"内在检查"（inner check）。1936 年，高斯、怀特与迪莫克合著的《公共行政管理前沿》一书问世。在书中，高斯首次提出"内在检查"这一概念，即行政主体出于其对专业理念与标准的认同而产生的义务感，并通过对自我行为的伦理反思和规范性判断，来经常性地反思并督查自己的行为。高斯认为，内部检查是道德责任修炼的有效途径，这种内部检查源自行政人员的责任，与公权力密切相关，一旦作为行政主体认同了这些责任，并把它们作为行政实践活动的职业准则与理想，就形成行政主体的内部检查机制，这是行政主体履行责任的内在保障。这一观念的提出，是行政伦理从重视外在的技术结构向内在伦理结构的转变，也是向道德主体内在责任机制的一个结构性转变。

第五章 从官本文化向民本文化转化

官本位不是一个严格的科学概念而是通俗的说法，在中国传统行政文化中，官本位的说法从未有过文字记载。据说，最早出现于20世纪80年代。这种说法起源于经济学上的一个专用名词——“金本位”。金本位指的是以黄金为本位货币的一种货币制度。以黄金为单一的价值尺度去衡量其他商品的价值。由此看来，在最初提出这个名词时，官本位至少有这样一层意思：把是否为官当成一种核心的社会价值尺度去衡量个人的社会地位和价值。随着社会的发展，其含义渐丰，不仅限于此。

官本位是官的固有涵义的异化。本来，官是一个较为好听的名称——处理国家公务曰官。官者，公也。《汉书·盖宽饶传》中说：“五帝官天下，三王家天下，家以传子，官以传贤。”《说苑至公》：“博士鲍白令之对秦始皇曰：‘天下官则让贤，天下家则世断，故五帝以天下为官，三王以天下为家。’”可见，官的本义是“为公”。正因为以“公”相通，才有了尧舜禅让的佳话。韩非子在其名篇《五蠹》中就说到：“以是言之，夫古之让天下者，是去监门之养而离臣虏之劳也，故传天下而不足多也。”但是在后来，人们的这种观念就发生了转变。也就是在韩非子的那个时代，社会上就产生了重官的思想：“今之县令，一日身死，子孙累世絜驾，故人重之。”（《韩非子·五蠹》）历史发展到了今天，人们对官的概念已经发生了巨大的变化，逐渐形成了官本位的思想文化观念。

纵观历史和现实，官本位至少包括四点内涵：第一，权力至上的理念。拥有权力就可以支配一切，号令天下。权力的运行以“官”的利益和意志为最根本的出发点和落脚点，权大于法，官员意志可以凌驾于法律和行政法规之上。第二，唯上是从的理念。传统中国是一种严格层级的上下官僚体系，下级对上级唯首是瞻，上级对下级拥有绝对的权力，谁的官阶高谁就是对的，即“权力真理论”，官员也只需要对上级负责，唯命是从。第三，官员至上的价值理念。以是否为官、官职大小、官阶高低为标尺，或参照官阶级别来衡量人们社会地位和人生价值的社会心理。官员在社会中高人一等，“万般皆下品，惟有做官高”。“不管在哪个时代，人们如何划分职业，结果有何不同，但有一点所有划分都是不谋而合，那就是无一例外地把‘官’放在第一位。”[①] 1792 年，正值“康乾盛世”时期，访华的马嘎尔尼，通过观察得出一个结论：“中国人没有信仰，如果说有的话，那就是做官，做官便譬如他们的宗教。”正如，一些人评论说，“官本位抹去了一切其他职业的灵光”。第四，敬官、畏官的社会心理。在官本位制下，官员作为社会利益的代表，法律制定与实施的化身，掌握着人们的生死祸福，所以“子民”对“官吏”要感恩戴德，心怀敬畏。张居正总结说：“人们害怕那些吏，一定要贿赂那些吏，并不是指望从他们手里捞点好处，而是怕他们祸害自己。合法地祸害别人的能力，乃是官吏们的看家本领。这是一门真正的艺术，各种资源和财富正要据此分肥并重新调整。”[②]

---

① 张平治、杨景龙：《中国人的毛病》，北京：中国社会出版社 1998 年版，第 88 页。

② 吴思：《潜规则》，上海：复旦大学出版社 2009 年版，第 3 页。

一、中国官本位文化的成因与本质特征

（一）官本位文化的的成因解析

1. 政治根源

我国有2000多年的封建社会历史，官本位是随历史上的政治演变而得以固化的。秦以前的中国，政治是贵族政治，虽然设官而治的事实早已存在，但在社会中起支配作用的主要是拥有封地、享受世禄的封建贵族。西周分封制实际上就是分权制，多权力中心治理，“有的行夏政，有的行商政，有的行鲁政等，每个地方的政治都不一样”（学者吴稼祥语）。到了春秋时期，多个权力中心做大，藐视周室，尊臣卑主，名实分离，纲常崩溃，天下大乱。用司马迁的话说，即“周室卑微，五霸既殁，令不行于天下，是以诸侯力政，强侵弱，众暴寡，兵革不休，士民罢敝”（《史记·秦始皇本纪》）。战国时期，诸侯混战，各国为了争霸，竞相拉拢人才，培育了官僚阶层，政治权力开始逐步向官僚手中转移。尽管当时诸子百家争鸣，各执一端，但对追求一统的政治治理，几乎成为各家学派的共识。

法家代表人物慎到认为“两”和“杂”是混乱之源，“两则争，杂则相伤害”，“两贵不相事，两贱不相使”。解决的办法是定于一君，国不可一日无君。“臣两位而国不乱者。君在也。恃君而不乱矣。失君必乱。子有两位者家必乱。子两位而家不乱者。父在也。恃父而不乱矣。”因此，“多贤不可以多君，无贤不可以无君”（《慎子》）。另一法家代表人物管仲则说，“主尊臣卑，上威下敬，令行人服，理之至也。使天下两天子，天下不可理也：一国而两君，一国不可理也；一家而两父，一家不可理也。夫令，不高不行，不抟不听。”（《管子·霸言》）他也认为，家无两父，国无两君，权力不集中，多元而分散，家国都不可治理。

曾子问孔子："丧有二孤，庙有二主，礼与?"孔子说："天无二日，土无二王，家无二主，尊无二上。"（《礼记·曾子问》）孔子用自然比拟人类，认为"民无二王"才符合规律。孟子去拜见梁襄王，"（襄王）卒然问曰：'天下恶乎定?'吾对曰：'定于一。'"（《孟子》）意即梁襄王问孟子，天下要怎么样才能安定?孟子的答案是"定于一"。儒家另一代表荀子在《荀子·致士》中强调："君者，国之隆也。父者，家之隆也。隆一而治，二而乱。自古及今，未有二隆争重而能长久者。"如果"天下不一，诸侯俗反，则天王非其人也"（《荀子·王制》），即天下不统一，诸侯想造反，那是因为天子不是理想的人选，而不是说不应该统一。

杂合各家思想的《吕氏春秋》则言："乱莫大于无天子"，所以"王者执一，而为万物正。军必有将，所以一之也；国必有君，所以一之也；天下必有天子，所以一之也；天子必执一，所以抟之也。一则治，两则乱。今御骊马者，使四人人操一策，则不可以出于门闾者，不一也"。总之，"一则治，异则乱，一则安，异则危"。

诸子所说的"一"怎么理解呢?在《四书集注》中，朱熹说，"列国纷争，天下当何所定，孟子对以必合于一，然后定也。""合于一"意即"统一"。南怀瑾认为，"孟子所讲天下'定于一'的道理，便可认为是中国历史哲学的不二法门，必须有'天下统一'或'天下一统'，才有长久的安定。"（《孟子旁通》）金克木则理解为"帝王"，认为"这个'一'，当然是帝王"。

综合以上诸子的思想，二元或多元的政治体制在操作上必致混乱，要想国家长治久安，必须集权于一君，权力不可分割。否则就会政令不畅、政局混乱，故"权者，君之所独制也"（《商君书·修权》）；"权势者，人主之所独守也"（《韩非子·主道》）。

这可以视为当时社会的一种共识，一种政治理想，也是历史发展的潮流。故许倬云先生说，“在孟子时代，大家已经有一个认识，天下必须定于‘一’，至于谁是那个‘一’，则正是列国争夺的主要目标。”① 秦国最后统一全国，无非是这一历史潮流淘洗出来的结果，如果没有秦国，也一定会有另一个诸侯国出现。而秦始皇就是诸子所设想的那个理想的、集天下权力于一身、一言九鼎的“一”，他非常适合“并有天下，别黑白而定一尊”（《史记·秦始皇本纪》）。

秦灭六国统一中国后，对于新的政体设计，秦始皇认为，“天下共苦战斗不休，以有侯王。赖宗庙，天下初定，又复立国，是树兵也，而求其宁息，岂不难哉！”（《史记·秦始皇本纪》）意思是说，过去封国置王，权力分割，诸侯混战，百姓遭殃，现天下初定，又要将权力分割出去，想求得天下安宁岂不是一件难事？为此，秦始皇采纳李斯的建议，废分封而集权于中央，罢领主食邑而设郡县，即所谓的“废封建，设郡县”，“天下皆为郡县，子弟无尺土之封”，将分散在贵族手里的权力收归君主手里，建立中央集权的专制统治。子孙功臣赏赐金帛而不分封土地，各级政府则由职业化的官僚掌握。官为邦本，民为官役；土地国有，官吏行政，一切由国家统一均配。从此官僚阶层规模得以迅速扩大，并获得了对整个社会的支配权，官僚政治遂告形成。所以英国汉学家密迪乐说：“在中国有过且仅有一次伟大的政治革命，即约2000年前（中央）集权制的政府形式取代封建制。”② 这个评价十分到位。易中天对秦朝的统一亦有正面评价：“秦虽二世而亡，汉却继承了秦的事业并获得成功。这说明集权和统一是当时历史的要求，秦与汉则不过充当了历史要求的执行者。”③

---

① 许倬云：《大国崛起的问题》，载《南方都市报》2011年7月20日。

② 转引自裴宜理：《永恒的造反？——中国式抗议中的延续性与断裂性》，载《共识网》2010年8月3日。

③ 易中天：《帝国的终结》，上海：复旦大学出版社2007年版，第11页。

长期以来，许多学者尤其是西方的一些学者将“水患”与“外敌入侵”与中国的专制官僚政治联系起来。[①] 首先是“水患”问题，他们以为大型水利工程对中国经济具有决定性的重要意义。而解除水患，兴修水利，需集中大规模的人力、物力和财力，于是便产生专制国家，以及相应的治水专家——官僚。如研究中国问题的专家魏特夫认为：“黄河与扬子江……自古即促成河道工程官僚政治……支配中国的自然力，是大河巨川，所以，随着农业的发达，河道工程官吏的势力不能不增加起来。名声啧啧的禹，其最大功绩，即在于调制河流，整顿山川。”[②] 然而真正的事实是中国“大一统”是在大禹之后很久的秦朝才开始的，秦代专制的官僚政治，与水并无“渊源”。与此恰恰相反的是，战国时的诸侯割据，所修筑的水利工程，除秦国以外，几乎无不以邻为壑，比如修筑不利于他国的堤坝，在灾年禁止谷米的流通。公元前332年，赵国在与齐、魏作战时，竟然使黄河决堤以浸淹对方，而受苦受难的只能是贫苦无告的民众。此时，人们更加期盼强有力的集权人物出现，形成全国大一统的格局。

关于“外敌入侵”问题。尤其是北方游牧民族的侵扰，急需中央集权的专制政治统治。如秦灭六国后，派蒙恬发兵30万人，北击胡人，筑长城以抵御，以及其他的对外战争，没有一个高度的中央集权的官僚政治是不可能获胜的。以上观点，也如水利工程的论证一样，将因果关系颠倒，正是因为有了高度集权的中央政府，才可能修建庞大的工程，才可能组织庞大的兵力抵御外敌入侵，而不是相反。另一方面，专制官僚的统一到了每一王朝的后期差不多都有水患与外敌入侵，这又将如何解释？

还有一种说法，认为农耕社会对权威的服从是官本位思想滋生繁衍的一个重要基础。这种观点认为，农业生产本身对经验的

---

① 参见王亚南：《中国官僚政治研究》，北京：商务印书馆2010年版，第40页。

② 转引自钱亦石：《中国政治史讲话》，上海：上海书店出版社2013年版，第98页。

重视和依赖，使熟谙农耕规律的长者自然成为权威，尊老敬上成为全社会自觉自然的伦理选择。农业社会的特点就在于，“由千百个彼此雷同、极端分散而又少有商品交换关系的村落和城镇组成的社会，需要产生高高在上、君临一切的集权政体和统治思想，这便是所谓的‘东方专制主义’”①。可以说，自给自足的农业自然经济，为官本位提供了滋生、成长的温床，官本位也恰恰适应农业文明的要求，通过社会意识与政治架构的相互渗透，从观念上层建筑和政治上层建筑两个方面为农业自然经济的发展提供了保障和支持。这种观点难以解释秦朝以前的中国社会为什么没有形成官本位文化，也难以解释在这个世界上，为什么同是农耕社会的其他国家没有形成官本位文化。显然，这样的理论想像不具有普遍性。

总之，水患也好，外敌入侵也好，农耕社会对权威的服从也好，他们在某种程度上也许对中国专制官僚政治的形成具有促进作用，但绝不是官僚政治形成的根本原因。

中国集权官僚专制统治的形成，其一大缺点就是培植了根深蒂固的官本位思想。因为君主专制就是典型的垄断政治，政治权力掌握着对社会价值资源的控制、支配和占有能力，由此获得极大的包括白色、灰色和黑色的权力收益，诱惑着人们进入政治权力集团，拥有一官半职，尽可能多地分享权力利润，并以此作为判断人生价值的标准。人们对政治权力的趋依关系不断加强，官本位也愈加牢固。所以说，权力的高度集中，进而形成的官僚专制统治尤其是君主专制，是官本位思想滋生的政治根源。

科举制作为封建官僚的一大发明，又为官僚阶层源源不断地输送忠实维护封建秩序的候选人，它从出现伊始就成为支撑和维护官本位的载体。读书与其说是实践儒家伦理常说的“修齐治

---

① 冯天瑜、周积明：《中国古文化的奥秘》，武汉：湖北人民出版社 1986 年版，第 64 页。

平”，勿宁说是“以学干禄”，貌似社会公平竞争的科举制，实则是读书人背诵政治统治者圈定的具有固定格式的八股文，以此捞取各种社会与政治显性与隐性的福利待遇，规划自己的政治人生。科举制进一步将天下士人的聪明才智都吸引到读书做官一条道上去，所谓“学者非必为仕，而仕者必如学”（《荀子·大略》），使得“学而优则仕”制度化，从而强化了官本位的政治行政体制。

此后直至清朝灭亡的2000多年的漫长岁月中，除个别情况外，中国社会的政治形态再未发生什么明显的变化，官僚政治则在此期间不断对政治、经济、文化等社会各层面进行整合，使之符合自身的需要，从而不断巩固其存续的基础。近代以来，以官本位为显著特征的传统行政文化虽经辛亥革命、五四运动、新民主主义革命和社会主义革命等一系列政治运动的冲击，仍然附着于现代行政文化当中。激烈的反传统主义和全盘西化不仅不能催生符合当时中国需要的新型行政文化，而且打乱了传统行政文化创造性转换的进程。共和制度的建立，虽然实现了政治的发展，即由传统政治过渡到现代政治。但是，建立现代政治制度，并不意味着建成了现代行政文化。新中国成立后的很长一段时间里，国家虽然实现了两次社会转型，但过多的政治运动和变换不定的政策，以及“左”的意识形态等阻碍了行政文化的建设，也没有很好地实现行政文化转型，在社会主义民主政治文化的背后，活跃的仍然是官本位行政文化。只是到了“文革”结束后，随着经济体制改革、政治体制改革的深化，建设符合现代理念的行政文化已成为不可阻遏的历史发展趋势。但建设现代新型政治文化的道路依然曲折。由于几千年沉积的官本位文化和思想观念已深深扎根于中华大地和人们的头脑中，挥之不去，一遇适宜的温度、土壤和环境，它就会死灰复燃。

2. 思想根源

官本位的思想理论根源是儒家道统（孔孟之道）。儒家学说对专制官僚统治的维护，主要体现在三个方面，这三个方面缺一不可。“（1）天道观念；（2）大一统观念；（3）纲常教义。”①

儒家道统的本体论是天命论。如孔子认为，天是主宰一切的。“天何言哉！四时行焉，百物生焉，天何言哉！”（《论语·阳货》），而且人对天是不能违反的，否则“获罪于天，无所祷也”（《论语·八佾》）。所以，孔子提出“畏天命”、“知命”。对于官僚统治来说，君主帝王欲保持统治的正当性，由于其本身没有血统基础，就必须托付于天，“奉天承运”。正所谓“天生民而树之君，以利之也”（《左传·文公》），所谓“天佑下民，作之君，作之师，惟其克相上帝，宠绥四方”（《书经·秦誓》），所谓“天子为民父母，以为天下王”（《书经·洪范》）。这说明“天”不能自行表达其意志，必由天子或帝王以代之来“替天行道”。但“替天行道”之事非天子一人所为，需大小官吏在一种政治组织下帮他同理，这便是官僚的政治体系。主张罢黜百家、独尊儒术的董仲舒认为：“一岁之中有四时，一时之中有三长（按指上文之‘有孟有仲有季’），天之节也。人生于天而体天之节，故亦有大小厚薄之变，人之气也。先天因人之气，而分其变以为四选。是故三公之位，圣王之选也；三卿之位，君子之选也；三大夫之位，善人之选也；三士之位，正直之选也。分人之变以为四选，选立三臣，如天之分岁之变以为四时，时有三节也。天以四时之选与十二节相和而成岁，王以四位之选与十二臣相砥砺而致极。”（《春秋繁露·官制象天》），所以每一个王朝的开国君臣，都会以“天予不取，反受其殃”，“予弗顺天，厥罪惟钧”来向臣民宣称的，与欧洲“君权神授”理论相比，这天人相通的玄学，显然表现得很低级，更牵强附会，但其本质要求是极其相似的：为没有血统基础的官僚政治秩序提供可资的依据。

关于“大一统”观念。中国的大一统思想由来已久。孔子心

① 王亚南：《中国官僚政治研究》，北京：商务印书馆2010年版，第65页。

中的理想帝王就应握有一统天下的权威，所谓“礼乐征伐自天子出”。《汉书·王吉传》中称：“《春秋》所以大一统者，六合同风，九州共贯也。”“大”，重视、尊重；“一统”，指天下诸侯皆统系于周天子。对于那种破坏大一统，各霸一方、各自为政的乱臣贼子，孔子不惜口诛笔伐。正式提出“大一统”的是《公羊传·隐公元年》：“何言乎王正月，大一统也。”唐人颜师古说：“一统者，万物之统皆归于一也。……此言诸侯皆系统天子，不得自专也。”疏曰：“王者受命，制正月以统天下，令万物无不一一奉之以为始，故言大一统也。”大一统思想兴于战国，顾颉刚说：“战国七雄的疆域开辟得大了，故有一统观念；交通便了，种族杂糅得多了，故无种族观念，因此，九州之说得以成立，而秦始皇亦得成统一这功。”[①] 所以，李斯明确提出：“灭诸侯，成帝业，为天下一统。”大一统的原始意义正是消灭对手，由帝王一人统治天下。专制的官僚统治，却正好需要这种“天无二日，民无二王”的学说来支持其中央集权的政治独占局面。照理说，“天下为私”的专制者，既然强制别人接受自己的统治，那他为何不允许他人“各自为治”？或者如何劝说他人不“各自为治”？“天命”论和“春秋大一统主义”就成了最高统治者反复宣传的不二法宝。一如董仲舒所言“春秋大一统者，天地之常经，古今之通谊”。所以在中国人的政治辞典中，常见的是“一统江山”，始终没有出现“分治”、“联治”这一类名词。

最后是儒家的纲常教义。孔子的政治观是“克己复礼”。他所要复的“礼”就是《周礼》，亦称《周官》，是西周初年的典章制度，基本内容是官的级别、职能、待遇即贵族官僚特权。表面上看，儒家思想宣扬的是“仁、义、礼、智、信”，但其核心总纲是“君君、臣臣、父父、子子”，且“君为臣纲，父为子纲，夫为妻纲”，不可偏废，否则就是大逆不道。也就是说，儒家道

① 刘俐娜：《顾颉刚学术思想评传》，北京：北京图书馆出版社1999年版，第92页。

统的核心——三纲五常，旨在维护官僚等级特权，成为塑造官本位体制的根本意识形态。在这三纲中，初看起来，只有君臣的关系是有关政治的，而父子、夫妇关系则是有关家族的。但中国纲常教义的真正精神，却正好在于它们之间的政治联系。因为长期以来，中国一直是一个实行血缘宗法政治制度和家国一体社会结构的国家。中国古代的社会制度虽然发生过种种变迁，但以血缘关系为纽带、以父家长为中心的血缘宗法制度，却根深蒂固地保留并延续下来。血缘宗法制度立宗子、别嫡庶、定继统、正尊卑、分贵贱、序世系、敬祖宗，其实质就是确立和巩固父家长制，强调父家长在家庭中至高的权威和尊卑上下的等级秩序。同时，“家国同构”是中国古代社会独特的社会结构，由家庭而家族，由家族而宗族，由宗族而扩展到整个社会，国是家的放大和扩充，家与国彼此相通无碍，孝与忠二者相得益彰。正所谓家国一体，即国家家族化，家族政治化。“身修而家齐，家齐而国治，国治而天下平。”在家中，父一言九鼎，是权威的象征；在国中，君是大家长，掌握着对天下人生杀予夺的权力。君权与父权互为彰显，地位与权力互为强化。由此，对地位和权力的崇拜和追逐，成为宗法制度所派生的社会心理之一。所谓纲常教义的政治目的，绝不是将全国的人都变成一家人，而是使全国的人都变成被支配的人，正像“父为子纲”、“夫为妻纲”的家庭一样，所谓“居家理，故治可移于君”，所谓“移孝作忠”，最终目的是为了加强“君为臣纲”的统治作用。从这个意义上我们也许可以说，儒家的纲常教义与血缘宗法制度相伴随，与忠孝一体的伦理政治传统相伴随，为中国的官本位思想打上了不同于其他国家的独特的烙印。

天道观念、大一统思想、纲常教义三位一体，构成了官本位的思想基础，它是中国封建社会统治之所需，而非中国人对孔子学说之偏爱。正如王亚南所说，“所谓‘二千年无思想，非无思想也，以孔子的思想为思想；二千年无是非，非无是非也，以孔子的是非为是非。'（李卓吾语）归根结底，不是中国人对于孔子学说特别有好感，而是中国的社会统治，特别需要孔子学说。"①

3. **经济根源**

经济基础决定上层建筑，任何政治现象、思想理论、观念意识、价值取向乃至生活方式的产生、发展、变化都可以从经济上找到原因。作为封建专制官僚制度的伴生物——"官本位"概莫能外。如前所述，秦统一中国后，"废封建，设郡县"，"天下皆为郡县，子弟无尺土之封"，子孙功臣赏赐金帛而不分封土地，土地国有，官吏行政。正是有了这一规定，在随后我国延续了几千年的土地制度中，任何贵族就没有"食土子民"的权能。国家政治经济大权高度集中于皇帝一身，"朕即国家"；其命令成为"制"与"诏"。而分受其治权的大小官僚，只能命受上赏。然后每一级均接受上一级的恩赐，形成了现代官本位的复杂的官僚体制。没有土地的财产权，各级官员就失去了独立人格的基础。按照西方启蒙学者洛克的理论，财产权给公民提供了一种分配政治权力的途径，同时也是抵抗政治权力的工具，具备了一定的财产与财产权，可以使其独立于权力而生存。财产权的确立与否，不仅反映了一种个人私权，而且也反映了一定社会条件下复杂的社会和政治关系。没有土地的财产权，各级官员也只能靠官本位获得对整个社会的支配权，官僚政治遂告形成。所以，官本位的官僚统治是由中国封建社会独特的经济制度造成的。

另外，就官员个人来说，在官本位意识盛行的封建时代，整个社会以官为中心，官职的大小不仅成为衡量一个人功名成就、身份地位的主要标志，同时也是其获得物质财富的快捷方式。在中国，一个不容忽视的现象是官员的待遇和级别紧密相联，收入、住房、出行的待遇要由级别大小来区分，形成普遍的官僚特权。王亚南先生曾指出，"中国人传统地把做官看得很重要，我

① 王亚南：《中国官僚政治研究》，北京：商务印书馆2010年版，第74页。

们有理由说是由于儒家的伦理政治学说教了我们一套修齐治平的大道理，我们还有理由说是由于实行科举制而鼓励我们‘以学干禄’热衷于仕途，但更基本的理由，却是长期的官僚政治，给予了做官的人，准备做官的人，乃至从官场退出的人，以种种社会经济的实利，或种种虽无明文确定，但却十分实在的特权。”① 更有甚者，一些官员的收入绝不仅仅来自正当的国家俸禄，甚至不主要来自俸禄，而是大量地来自俸禄之外的灰色甚至是黑色收入。官职越大，额外收入的数量越大，来源越广泛，方式越隐秘。无怪乎，人们总习惯于把“当官”与“发财”两词并用。

（二）中国官本位文化的本质特征

1. 对公共政治权力的垄断

政治权力主要是国家的权力，政府的权力，以组织形式出现的机构和制度的权力，或以国家、政府、组织的代表面目出现的个人政治权力。在本质上表现为特定的力量制约关系，在形式上呈现为特定的公共权力。官本位的主显特征，就是把原本属于公共行政的权力攫取为君主或官员所有，并将其运用到君主或官员活动的一切领域。

就君主来看，高度统一的君主集权专制制度的建立，使帝王垄断了国家所有的决策权、审批权、立法权、司法权、监督权。举国皆臣民，皇权天下尊，帝王的政治权力覆盖了整个社会。正所谓“六合之内，皇帝之土，人迹所至，无不臣者”，或曰“普天之下，莫非王土；率土之滨，莫非王臣”（《诗经·小雅·谷风之什·北山》）。君主为何能集权于一身？“天子受命于天”（《春秋繁露·顺命》），故以皇权为代表的权力制度是专属的，是天然的、是合理的，是不容质疑的。任何对国家权力的质疑都是不敬。换句话说，权力的存在先于任何个人的存在而存在了，它是

① 王亚南：《中国官僚政治研究》，北京：商务印书馆 2010 年版，第 111 页。

一种先天对象化的存在。任何臣民均需听命于天子，学会本分地顺天命，勿生非分之念，否则天理不容。

皇权天赐观决定了权力公共空间的先天性缺失，束缚了人们对公共权力制约的奢望，使得国家权力的私有化成为一种普遍的政治现象。因而传统行政文化体系内没有公民和公共权力的理念，只有臣民的存在和皇权官僚化、本位化之后的政治专制。臣民对权力的政治心态应当只有绝对的服从，否则即为“乱臣贼子”，这是天理，也是国法。尽管在传统社会中时有反叛的发生，但其不是一种权力制约理念下的政治过程，而是更多地表现为一种无可奈何的求生选择，而不是对权力正当性追求的理性选择。总之，官本位文化体制下的中国，帝王不仅集权，而且专制，不仅专制，而且独裁。这一制度基本上历代继承，弥久不去。

就官僚阶层来看，自秦以后，地方行政长官皆由中央任命，以此类推，层层控制，皇帝集最高权力于一身，“天下事无大小，皆决于上”。这就是说，所有层级的政府和官僚手里的政治权力，不是以契约方式来源于下层民众的让与，而是君主或上层官僚以“合法”制度的方式给予。官僚在韦伯的眼里就是“被任命者”，由于他的权力来自于君主，所以他对君主只有感恩、服从和依附，君主对官僚统治具有绝对的权威，这样天下就自然而然地成为君主的“家天下”。既然君主的权力是由“天命”授予而合法，其所给予臣僚的权力当然也就是合法的。各级官僚的权力不赋予不得拥有，赋予之后仍可随时收回，不得继承，不得永久占有。表面看来，各级官僚在权力行使过程中是一种对权力的分享，其实质是在“替天行道”，为天子专权服务。以君为师、以吏为师渐成政治社会化的标准，从而形成了官本位的权力认知观念，并日渐成为普遍认同的政治意识和社会意识。官本位意识的存在及其在全社会范围内的潜移默化，使政治社会化的过程日益专制化，这是皇权社会化的必然结果。皇权社会化是政治权力在全社会范围内各个层面上，全面个体化、集团化的过程，其实质是政治权力的个体化、私有化，历朝皇帝无不把自己所治王朝视为本家族私产。政治权力的个体化过程产生更多的相对独立而又形色各异的“小皇帝”、“土皇帝”，从而在全国范围内，滋生强烈的官本位意识，并跃出政治过程而渐成为一种社会常态和社会心理。

官本位现象的社会化存在，使权力的公共性被“个体化”的官僚意识取代，进而形成全社会的权力崇拜。在此背景下，任何对权力的质疑都会成为异类，皇权至上的等级特权使得国家权力的公共性淹没在浩荡的皇恩之中。这使得本已分散的小农经济社会难以形成公共行为的凝聚力，社会成员不得不转而依靠以王权为中心的官僚系统，这种权力选择的不断内化的恶性循环，在长期的政治演进过程中，深深地影响着民众的政治心态，并深刻地内化到国人的政治心理结构中，久而久之成为一种“生活常识”。受传统政治文化这一主要特征的影响，在数千年的政治传统中，我们很难看到民众对社会秩序、公共权力的理性追问，再加上宗法族群观念与政治生活的融合，行人伦、天理所产生的等级化、官本位，取代了公民意识的养成和民主观念的积累，这对传统社会的政治现代化和权力制约实践产生了极大的阻滞作用，君权至上、以官为本、以吏为师使社会失去了对政治权力合法性的正确判断，社会化的权力制约难以运行。

由于中国封建社会集权制是一种垂直的、单线的权力结构，这就使得权力仅仅接受来自某一个特定方向的约束。每一个较低的层级都必须无条件地成为上一个层级的支撑物，并接受上一层级权力的规约。这样，一般官僚只须对上级和君主负责，而无须向民众负责，民众从而也就失去了对官僚监督的权利。由此看来，在封建社会，对权力的制约就只能靠另外的同类权力来制约（当然，也包含道德和伦理制约）。同时，由于权力的公共性被沦为私人化（或为皇权或为官僚），为此，权力的根本性质与权力执掌者的利益又紧密切结合在一起，使权力直接表现为为权力执掌者的利益服务，从而使得权力资本化。这种权力资本化的特征，一旦失去有效监控，必然会导致极端的滥用，造成难以估量的社会危害。在人类历史遭遇到的所有的异化现象中，权力异化是危害最大、为祸最烈的一种异化。权力异化几乎成为人类的一种宿命，尤其是在官本位文化的社会里更是如此。

2. 对官僚政体的依附性、包容性、贯彻性[①]

官本位文化是作为中国古代官僚政治体制的衍生物而产生的。专制集权的官僚政体一旦不复存在，作为官僚政治文化表象的官本位也就会失去了其赖以生发的社会土壤。简单地说，官本位文化与中国古代官僚政体的关系就是“毛”与“皮”的关系，皮之不存，毛将焉附？中国自秦朝至清朝，其间经历2000多年，除少数特例外，中国的政治形态基本上没有发生大的变更，专制集权的官僚政体一以贯之，官本位文化也随之臻于完善，历久不衰。虽然在此之前，设官而治的事实早已存在，但实行的却是贵族政治，远没有达到行政技术要求较高的官僚政体的程度。只是到了东周后期，随着各个诸侯国间的长期混战，封建贵族的政治支配权，才逐渐转移到封建官僚手中。秦统一中国后，吸取西周分封诸侯而最终导致天下混乱的教训，采取中央集权的方式开创了专制统治的官僚政治局面。后来继起的其他各朝代虽在取士用官的具体制度上有所不同，但无一不是在官僚政体下养成的。因此，王亚南在总结中国古代官僚政治的表象时，形象地概括说：“（中国）二千年的历史，一方面表现为同一形式的不同王朝的更迭，同时又表现为各王朝专制君主通过他们的文武官吏对农民实行剥削榨取的支配权力的转移。”此种结果，就只能是“王朝的不绝‘再生产’，再配合以官僚统治的不绝‘再生产’”，以致“同式政治形态的重复”。[②]

① 王亚南：《中国官僚政治研究》，北京：商务印书馆2010年版，第29页。
② 王亚南：《中国官僚政治研究》，北京：商务印书馆2010年版，第31页。

所谓包容性，是指“中国官僚政治所包摄范围的广阔”，举凡各种社会文化现象，如宗法组织、社会风俗、教育思想，以及宗教、法律、艺术等，都同官僚政治发生了异常密切而协调的关系，这些社会要素，几乎“完全变成政治工具”，“甚至变为官僚制度内部的一种机能、一种配合物”。比如学术领域，是最不应该有官本位的。比如评教授要有成果，按照正常理解，应当是文章质量。但现实中我们却看到刊物分等级，有国家级、省部级，甚至出现地厅级，学术也开始官本位化。这种囊括万物的官僚政治当然也就有了顽强的生命力，甚至一个人死后的评价也与其生前的官爵有关。在传统封建社会，一个人生前最重要的荣誉就是被朝廷封爵。每一个朝代都有一套荣誉制度，官做到什么级别，就享有什么样的荣誉。死了以后有“谥号”，实际就是死后的一种荣誉。“生无爵，死无谥”，几乎是整个传统中国的定例。只有位高权重的少数官员才能受谥，普通人即使再富有、再有学识，通常也没有资格受谥。在唐、宋、元三朝，只有正三品以上官员方有谥号，明代要二品以上官员才有资格获得谥号，清代则更加严格，通常只有一品以上大员才有资格受谥。

所谓贯彻性，是指官僚政治“逐渐把它自己造成为一种思想生活上的天罗地网，使全体生息在这种政治局面下的官吏和人民、支配者与被支配者，都不知不觉地把这种政治形态看为最自然、最合理的政治形态”①，所谓“布衣可以为卿相”，卿相亦可以变为布衣的事例，尽管有故事流传，但从未有人思考为什么不可以将官吏与平民间的社会等级鸿沟移去。官本位的优越感与大众的低贱感，由于“愚民”政策的实施，被认为是“从古如斯”，命中注定。一如孔子所言，“民可使由之，不可使知之。”（《论语·泰伯篇》）“愚民”政策遂成了统治者政治理想实现的补充物。一般人民，特别是农民受不到应有的教育，或者受到的教育

① 王亚南：《中国官僚政治研究》，北京：商务印书馆2010年版，第34页。

是一套早已编制好的有利于统治者的教育，对老百姓来说，他们的政治期待就只能是乞求“贤人政治”、“真命天子”或“青天大老爷”。现实生活中，除了严刑的法律从“硬”的方面使人们恐惧外，纲常教化又从“软”的方面使人们成为了“顺民”，“中国人主体未达到人格状态，最易于培植专制主义，只有主人与奴隶的关系；长期以来，宗教，道德，法律联在一起制造‘恐惧’，人或是生活在恐惧中，或是用恐惧来统治人。以‘恐惧’为主要范畴的专制主义，禁闭了人的意志与思维”（黑格尔语）。孟德斯鸿在《论法的精神》中对中国断定：“从各方面看，中国都是一个专制的国家，它的原则是恐怖。”[①] 在中国传统社会里，“中国政治自来就不许让人民具有任何等基本权利观念，所以，任何基本权利被剥夺、被蹂躏，他们很少在法的范围内去考虑是非，至多只在伦理的范围去分别善恶；事实上，即使是在伦理认识内，他们也并不能把善恶辩得明白，因为读书有权利做官，做官有权利发财，做官、发财都由命定这一类想法，是不许他们有彻底的道德评判的”[②]，所以“中国人的思想活动乃至他们的整个人生观，都拘囚锢蔽在官僚政治所设定的樊笼中”。[③]

正是这三大特点，使得官僚政治的价值观念——官本位，深深嵌入了民族的文化和心理之中，渗透到了中国政治生活的每一个角落，中国的行政体制，行政行为模式都有意无意地受到这种思想的影响。

3. 严格的以等级特权为核心的官僚体制

官本位作为一种思想意识和价值取向，是通过具体的体制设置和制度安排来实现和保障的，这就是以等级特权为核心的官僚体制。任何社会的治理都需要等级，没有等级的社会就会产生混

① ［法］孟德斯鸠：《论法的精神》（上册），张雁深译，北京：商务印书馆 1961 年版，第 129 页。

② 王亚南：《中国官僚政治研究》，北京：商务印书馆 2010 年版，第 36 页。

③ 王亚南：《中国官僚政治研究》，北京：商务印书馆 2010 年版，第 29 页。

乱的无政府主义局面，现代政治的理性就是合理的科层化结构。但中国整个传统社会都被纳入到官本位等级体系之中，而整个社会的等级体系都建立在权力本位之上。这套体系从西周春秋就开始形成，一直延续到清代。西周时就有“天有十日，人有十等”的说法，当时社会的等级划分为“王臣公，公臣大夫，大夫臣士，士臣皂，皂臣舆，舆臣隶，隶臣僚，僚臣仆，仆臣台”（《左传·昭公七年》）。春秋时把官位分为“公、侯、伯、子、男、卿、大夫、士”八个等级；魏晋时期改爵位为品，实行“官分九品”的九品中正制；隋唐时代，官僚机构空前膨胀，于是将每品又分为正、从两个等级，正从两个等级又分为上、下两阶，官僚体制更加严格。这种官僚等级制度一直持续到明清时期，在金字塔型的权力结构中，皇帝居于最顶端，下面依次是各等级的官员，上尊下卑，界限分明，不容僭越，形成一个庞大而稳定的官僚结构体制。任何进入官方体制内的人都会被分成三六九等，所有这些等级最终都可以用官秩等级来折算。如果只是把官员进行如此划分也算正常，关键是也用此划定社会各个阶层人员的等级地位。比如商人，单有钱是不够的，社会地位不高也是不行的，所以有了“红顶商人”。商人一旦进入正式的社会等级体系，其社会地位不再以其富裕程度来计算，而是按照其官方给予的官爵等级来认定。

等级森严的意义在于等级与特权联系在一起。不同等级的官员享受不同的特权，在官本位文化条件下，特权实质上体现为官僚的等级权力。在传统社会里，除衣食住行外，等级特权还分布在社会各个重要领域，正如《管子·立政》所说：“度爵而制服，量禄而用财，饮食有量，衣服有制，宫室有度，六畜、人徒有数，舟车、陈器有禁，修生则有轩冕、服位、谷禄、田宅之分，死则有棺椁、绞衾、圹垄之度”。从生前的吃穿住行，到死后棺椁葬仪的规格，不同等级都有周详的规定。《礼记·王制》中记载西周的庙祭制度，有“天子七庙”、“诸侯五庙”、“大夫三庙”、“士一庙”、“庶人祭祀于寝”的等级上的区别。其中影响深远的就是“官荫”，指父亲或爷爷当官的，子孙也可以享受官员的庇荫。不同朝代有不同规定，比如明代，父亲是正一品，儿子可以做从五品的官员，这是非常典型的特权制度。更有甚者，官员犯法，可用官职抵销。“王子犯法与庶民同罪”，只是源于商鞅改革的一个“美丽传说”，从未在传统中国真正实现过。相反，中国古代有“官当”和“八议”，所谓“八议制度”，是指法律规定凡属“亲、故、贤、能、功、贵、勤、宾”等八类官员一旦犯罪，普通的司法机关不得对他们进行审判，而须由皇帝裁决，并按照犯人的身份功绩对刑罚进行减免。“官当制度”就是以官职折抵刑罚。历史证明，在中国传统社会，等级与特权之间保持着严格的正比例关系，等级越高，特权越大，最下层的人民自然也就没有任何权利可言了。以等级特权为核心的官僚体制设置维护了官员的特权，使官本位获得了现实的体制和制度的支撑。于是，小官的眼睛盯着大官，尖了脑袋、弯了脊梁、卑躬屈膝地往上爬；老百姓恨官、畏官又羡慕官，也免不了常常做些“朝为田舍郎，暮登天子堂”的黄粱美梦。官本位思想借着等级制度而获得了强有力的保障。

二、官本位意识存在的现实危害性

官本位文化在我国流传了几千年，“中国社会的长期停滞问题……自始就与专制官僚政治形态保有极其密切的联系”[①]。当然我们不能绝对说它完全没有进步，只是它在整个世界政治经济生活中的发展速度过于缓慢而已。由于传统文化的影响，官本位文化对当前中国社会的发展进步也造成了严重的阻碍。

---

① 王亚南：《中国官僚政治研究》，北京：商务印书馆2010年版，第136页。

（一）官本位在思想文化方面的危害

官本位文化把当官看作是人生的最高价值和理想追求，把是否当官、官位高低作为判断一个人价值大小、地位高低的最终标准，其实质就是一种官职崇拜的社会群体心理。在官本位的社会机制下，出现了一切向官看，以官员的是非为是非、以官场的标准为标准的种种乱象。官本位的价值理念，已经成为我们社会的集体无意识，成为我们的文化下意识。它像是一块巨大的磁石，深刻地影响着人们的世界观、价值观和人生观。这种官本位的文化与现代文明背道而驰。人类社会已进入信息时代，民主法治、平等正义、公平竞争、和谐相处、共同发展等理念的传播，已成为不可阻挡的世界潮流。官贵民贱、官尊民卑的思想观念，鄙视劳动、鄙视工农的贵族意识，官至上、权力至上、权大于法的特权思想，帝王将相充斥舞台、英雄创造历史的官本位文化，所有这一切都是封建糟粕，与现代文明格格不入。官本位导致封建迷信盛行。用人上的不正之风和吏治腐败使干部的任用、晋升、去留具有极大的偶然性、不确定性，使官场上相信宿命和封建迷信的人日益增多。有的机关、国企看风水、设神坛，有些省部级、厅局级官员也在烧香拜佛、抽签、算命、打卦，算自己的官运如何。

官本位妨碍我国科技创新能力和综合国力的提高。首先，由于庞大的官僚队伍消耗了大部分财政资金，致使我国的教育、科技投入长期低于世界平均水平，使我国与发达国家的差距日益拉大。其次，由于收入分配、生活待遇、物质享受、名利地位均向官员倾斜，使科技、教育、卫生、文化等各个领域的优秀人才都往官场挤，而无心搞科研、搞发明创造，使一些本来可以成为科学大师的人才夭折。再次，官本位把党政官员当作最重要的人才，科技、管理等其他方面的人才是无足轻重的配角。这种体制不利于优秀人才施展才华，不利于各类人才脱颖而出。官贵民贱、官尊民卑的观念和体制，必然使科技人才受冷落、造成人才浪费，难以充分发挥作用，进而导致大量人才流失。目前，我国已成为世界上数量最大、损失最多的人才流失国。

（二）官本位在经济社会方面的危害

政府的主要职能是通过宏观调控，并通过加强社会管理，为政治经济社会的发展提供良好的环境和政策支持。然而，官本位导致政府职能错位，破坏市场规则。地方政府作为行为主体，通过利用制度环境赋予它的行为空间来选择最有利于自身利益的策略和行为，直接从事经济活动，并运用自身的行政权力干预市场经济，极大地制约了经济社会的发展进程。这样在经济领域，经常出现的现象是以官领商，官商不分，政府既当“裁判员”又当“运动员”。政府该管的事没有管好，不该管的事又乱插手。官本位也不利于资本的原始积累。商而优则仕。商人宁肯把钱投向仕途买官做，也不肯扩大生产规模。大多数商人抱着见好就收的心态，一旦有机会就跳出商界而转向政界。此外，贪官污吏肆意挥霍不义之财，也阻碍了资本的原始积累。官本位体制下是党政一把手说了算，随意决策屡见不鲜，决策失误造成巨大浪费，造成公共财产的大量流失。从国家、集体流向掌权者和私营企业，从国内流向国外。

官本位按权分配导致贫富悬殊、两极分化。政府行政人员利用手中的特权“寻租”，进行权钱交易；富人利用收买权力，获得巨额的非法财富，引发社会的“仇富”和“仇官”现象，使社会潜伏着严重的社会危机。正如前面所说，“中国人没有信仰，如果说有的话，那就是做官，做官便譬如他们的宗教。……事实上，中国只有统治者和被统治者……所有的富人几乎都是权力所有者。也就是说，中国人的财富积累主要是靠权力来豪夺。”一个国家在一定时间内的社会财富是一个常量，一部分人的暴富必然导致另一部分人的赤贫。一般认为，“橄榄形”（中产阶级占多数）的社会最理想、最稳定，“马鞍形”社会则不公平、不稳定。

官民财富的严重不平等，必然产生官民矛盾和对立情绪。

（三）官本位在政治方面的危害

在官本位文化主宰的社会中，普通民众在国家行政生活中是没有话语权的，更不可能有任何形式的参与权，国家机器的运转全靠享有特权的官僚阶层维持。为了更好地统治人民，官僚阶层可谓不择手段，运用政治的、道德的、经济的、军事的、文化的，甚至于宗教的力量来愚弄、蒙蔽和欺压人民。官本位的发展也必然会形成既得利益集团。所谓“利益集团”，实质上就是权力做媒、利益媾和。奥尔森在《国家的兴衰》一书中指出，任何一个国家，只要有足够长时间的政治稳定，就会出现特殊利益集团，而且它们会变得越来越明白、成熟、有技巧。况且我国是一个有着2000多年官本位文化传统的国家，再加上我国的经济体制改革是在政治体制改革滞后、缺乏广大人民群众和不同利益集团有效监督与制约的情况下进行的，所以，在官本位体制下，这种改革必然最大限度地体现官僚阶层的利益、意志和价值取向，改革成果必然更多地惠及官僚阶层，这就促使我国形成了既得利益集团。利益集团的存在，使得有利于社会整体和长远利益的改革举措出不了台或延宕出台，或者使已经实施的改革措施发生变异，成为维护其既得利益的工具。既得利益者侵蚀公共权力，阻断国家与人民的联系，使党和政府的政策有时实际只代表某个或某几个阶层的利益，造成民众与国家政权处于对立状态，严重侵蚀执政党的执政基础。由于既得利益集团把持公共政策的制定和执行过程，将弱势群体排斥在国家的政策和公共参与之外，使得人数庞大的后者只能被动接受加之于自身的不利影响，日益对既得利益集团形成一种依附关系，这种依附关系实际是封建社会人身依附关系的回归，有碍历史的进步。

官本位文化加剧政治腐败，加大变质危险。在未对公共权力进行有效制约的前提下搞市场经济，必然使官本位体制成为滋生贪污腐败的温床，使公共权力蜕变为官员谋取私利、危害社会和公众利益的工具，异化了公共权力的来源和本质。官本位对公共权力的异化和扩张，不仅改变了公共权力的属性和宗旨，而且导致非程序的权力运作方式泛滥，破坏了制度运行的规范性。古人云："用一君子，则君子皆至；用一小人，则小人竞进。"（《资治通鉴》）由于吏治腐败、卖官鬻爵，催生了官场的逆淘汰现象即劣胜优汰：一些被老百姓痛恨的官员一边贪污受贿、违法犯罪，一边被提拔重用；而一些受群众拥护的、清正廉洁、坚持原则、心系群众、不跟贪官同流合污的人却在官场上站不住脚，被淘汰出局。而制度本身的正义和制度运行的规范是影响民众制度认同的关键因素。如果任官本位意识长期扭曲公权力运作，那么它必将会引发人们对权力本质的质疑，使权力的合法性丧失基础，进而削弱和动摇民众制度认同的信心。

官本位文化使官德失范，败坏社会公德和社会风气。官员是国家栋梁、社会精英，官员队伍是社会主流，官员的行为对平民百姓具有导向和示范作用。近 30 年来，我国出现道德滑坡现象，根源在于有些党政官员的消极作用和负面影响。当前，一种炫耀性腐败已日益引起人们的关注，这种炫耀性腐败主要体现在讲排场、摆阔气、奢侈浪费等方面。这种炫耀性腐败已超越了权钱交易式的物质上满足，还可能表现为面子上的风光以彰显自己的身份和地位。炫耀性腐败导致公共资源的巨大浪费，损害党和政府的形象，削弱公众对政府的信任，助长官员以及整个社会的奢靡之风。

三、清除官本位意识，超越儒学民本位

在中国的传统文化中，与"官本位"相对应的"民本位"也是一个不容忽视的现象。除了在中国的集权政治体制中共存外，二者还同时发挥着应有的作用。因此对儒学民本位有一个正确的

认识，并厘清其实质内容十分重要。

（一）儒学民本位及其实质

1. 儒学民本位

无论是从历史溯源还是从政治哲学的角度讲，我国“民本位”的思想观念都源远流长。这说明古代的思想家对于民众在国家政治、经济、文化生活中的重要性有深刻的认识，只有民众才是国家的根本，民众是国家施政的唯一基础，充分肯定了民众在政治、经济和文化生活中的地位。正所谓得民心者得天下，失民心者失天下，“桀纣之失天下也，失其民也；失其民者，失其心也。得天下有道：得其民，斯得天下矣；得其民有道：得其心，斯得民矣；得其心有道：所欲与之聚之，所恶勿施，尔也”（《孟子·离娄上》）。执政者必须爱民、养民、安民、富民，取信于民，才能安邦治国。“民为邦本，本固邦宁。”（《尚书·五子之歌》）这大概就是民本思想的最早概括和核心内容。中国古代民本思想有积极影响的主要有以下几种：（1）君民舟水说：“夫君者，舟也；庶人者，水也；水则载舟，水则覆舟。”（《荀子·王制》）（2）君以民为本说：“君依于国，国依于民。”（《资治通鉴·唐太宗》）（3）民贵君轻说：“民为贵，社稷次之，君为轻。”（《孟子·离娄上》）尽管这些命题和论断未从根本上摆脱君主统治的束缚，但民本思想已成为古代中国历史上形成的一种治理国家的理念和长期以来奉行的治理国家的准则。在对待君民、政民的关系上，民本思想主张民贵君轻，君为民而设，民重于天。从另一个视角分析，它在一定程度上有助于缓和社会冲突，解决社会矛盾，客观上对暴政产生了一定的抑制作用。因此，民本思想的价值和意义是不可忽视的。

2. 民本位背后的君本位

自从秦朝大一统之后，中国实施了2000年之久的中央高度集权的君主专制制度，它所展现的是“君本位”的君主专制政体，其特征有三：第一，家与国统一于君。如前所述，“普天之下，莫非王土；率土之滨，莫非王臣”（《诗经·小雅·谷风之什·北山》）。“君为臣纲”，“屈民而伸君”（《董仲舒·春秋繁露·玉杯》）。“无父无君，是禽兽也。”（《孟子·滕文公下》）把尊君视为人之为人的本质要素，一旦违反就失去了做人的资格。第二，国家的政治权力属君主独有，居于各种社会权力之巅。“权者，君之所独制也，……权制独断于君则威”（《商君书·修权》）。也就是说，君主必须掌握独一无二、至尊无上的权势才能治理国家。第三，王权支配国家和社会的一切。“无小大皆决于上”（《史记·秦始皇本纪》），或者是天下的“尺土一民”皆“自上制之”（《文献通考·封建》），甚至于董仲舒在其“三纲五常”中首推：“君要臣死，臣不得不死”。这种“乾纲独断”的专制权力对于传统社会形态的塑造具有决定一切的支配性作用。所谓官僚政治体系中的官僚充其量只是“君本位”的“副产物或补充物”[①] 在“权力—依附”型的社会政治结构和社会形态中，官僚仅仅是专制君主的统治工具而已，起着代君理民的作用，所以在君主专制的官僚统治下，社会是不可能被明确地冠以“官本位”之名的。

官本位无其名确有其实。官本位的实质关键在于其“治权”的获得。如前所述，中国历史上的官僚政治体系是一种中央高度集权的君主专制制度，这种君主专制皇权统治不可能仅靠皇帝一人来行使和实施，所谓“天下不能一人而治”，而必须“设官以治之”（《明夷待访录·置相》）。虽然官僚只是从专制君主那里分享了“治权”，但他却可以“充分运用或分有皇帝的绝对支配权”，从而使得他们一跃成为“社会的支配阶级”，形成其自有的“特殊利益”。“官本位”是“君本位”思想的延伸和扩展。也就

① 王亚南：《中国官僚政治研究》，北京：商务印书馆2010年版，第10页。

是说，君王之治国理念皆通过等级不同的官僚而实施，官僚在其所辖范围内，可动员或利用社会上的各种资源，来进行对国家的治理和社会的管理，甚至于产生各种违法的现象。因为，“在此种情势下，官僚或官吏就不是对国家或人民负责，而只是对国王负责。国王的语言，变为他们的法律，国王的好恶，决定了他们的命运（官运和生命）、结局，他们只要把对国王的关系弄好了，或者就下级官吏而论，只要把他们对上级官吏的关系弄好了，他们就可以为所欲为地不顾国家、人民的利益，而一味图所以自利了”①。有时甚至是“一人得道，鸡犬升天”，换言之，“官僚的权力和利益的行使与实现及其所享有的受法律保护乃至荫及亲属的各种特权是建立在官僚政治的体制之上的”②。

3. 儒学“民本位”的实质

（1）“民本位”并不否认“君本位”。恰恰相反，民本思想是在肯定君主主权的前提下，为了君主政权的稳定而应对人民实行更多的仁政。正如金耀基先生所说，“中国之政治，自秦汉以降，虽是一个君主专制的局面，但总因有浓厚的民本思想之影响，遂使君主专制的政治弊害得以减轻和纾解。”③ 它所解决的根本不是谁是公权力的主体问题，这是一个质的判断；而是君权运用的适当性问题，这是一个量的判断。量的多少只不过说明君主统治的温和程度而已。所以它只是在一定程度上缓解阶级矛盾和民众疾苦的润滑剂。民本思想是一种手段，维护封建王朝的长治久安才是其根本目的。儒家的思想家们虽然先后提出了种种的“亲民”和“民为贵”的思想，但更多的史料证实：儒家在政治领域的主导性立场是维护君主权威、关注君主利益的“君本位”，根本不是所谓的关注民众生活、百姓福祉的“民本位”思想，这

① 王亚南：《中国官僚政治研究》，北京：商务印书馆 2010 年版，第 10 页。

② 林存光：《观念与体制背反的历史生存悖论—“官本位”的政治文化解读》，载《学术前沿》2012 年第 10 期（下）。

③ 金耀基：《中国民本思想史》，北京：法律出版社 2008 年版，第 8 页。

具体表现在它不仅将民本位从属于君本位，而且在二者出现冲突时不惜否定民本位来维护君本位的统治。（2）“民本位”只是一种对待民生的态度，不是一种政治制度。传统所谓的“民本位”，主要是期望统治者能够以民为贵，尊重民意，如孟子的“民为贵，社稷次之，君为轻”（《孟子·离娄上》）；能够实行仁政，重民生，惜民力，以保障人民的基本物质生活需要，如：“使民养生丧死无憾也。养生丧死无憾，王道之始也。”（《孟子·梁惠王上》）这种“民本”只是一种观念主张，而不是一种政治制度上的设计。如果将真正的民主政治理解为“民有”、“民治”、“民享”的话，那么民本思想中至多有些被动的“民享”成分。如果一个社会没有“民有”和“民治”，那么“民享”就完全成为一句空话。正如孙中山所言，“不能治焉不能享，所谓民有总是假的。”[①] 毫无疑问，中国传统政治制度的设计是君为主体，民为客体；君养民，君教民，民被养，民被教；君为“仁政”、“王道”的制定者、实施者和利益的主要获得者，民所拥有的只能是被动地等待统治者的恩赐；君有权力而无责任，民只有义务、责任，而无权利和权力。（3）“民本位”是道德上的“应然”性，是道德诉求在政治上的投影。他们认为，尊重并爱护民众，是有德之政的主要体现，是对君主的觉悟之要求，至于君主是否有德，则取决于他的个人良知和素质，与人民的选择和监督无关。这样，“民本位”的实现，只是一种“应然”性的寄托，它寄托于“明君英主”的出现，而有德之明君英主可遇而不可求。所以“民本”这一道德憧憬必然落空。真正的民主政治所要解决的首要问题不是君民的道德关系，而是首先从制度上确立权力的归属与实施以及监督、制衡所形成的政治关系。官本位的主显特征，就是把原本属于全体公民的权力颠倒为属于个人所有，并将其运用到个人的一切活动领域，这样的制度设计需要质询的是它的合理性

---

① 孙中山：《孙中山选集》，北京：人民出版社 1981 年版，第 494 页。

与合法性的问题，根本不是一个道德上的“应然”性问题。

（二）“双本位”在历史共存中的悖论与其存在的客观基础

如上所述，中国历代的实际政治统治，是通过“官本位”运行的“君本位”，而其行政文化的思想内涵却是“民本位”。正如李存山所指出的：“儒家的民本思想与君主制结合在一起，但又以民为社会、国家的价值主体，这里有矛盾。”[①] 甚至在同一部儒家典籍里，同一个儒家代表人物那里，也往往是两者兼而有之。例如，董仲舒一方面主张“屈民而伸君”（《春秋繁露·玉杯》），坚持“君为臣纲”，要臣民绝对服从于君主；另一方面又说：“天之生民，非为王也；而天立王，以为民也。”（《春秋繁露·尧舜不擅移汤武不专杀》）在儒家人物的言论中，这样的悖论随处可见。对于这样的悖论，徐复观先生一语中的，“民本主义”的最重要的特征和价值就在于“认定民是政治的主体”，而实际的政治现实却是“君又是主体”，“这种二重的主体性”实构成一种“无可调和的对立”，而“对立程度表现的大小，即形成历史上的治乱兴衰”[②]。

“双本位”悖论产生的客观原因主要是：民本思想与君本思想在历史上处于共生共存的状态，二者都是从同一个主体生发出来的，即封建专制的君主政体。从经济上看，在封建社会里，中国农业社会的显著特征是自我封闭、对土地强烈的依赖，它表现为个人对包括小到家庭、大到国家等共同体的依赖。依赖性的产生说明了独立性和自主性的缺失，根据依赖程度的不同形成了不同的等级，即无权者对有权者的依附，权小者对权大者的依附，这种权力崇拜心理和人身依附意识，就是我们所描述的最典型“官本位”现象。从政治上看，一方面，统治者的每一个阶层都

① 李存山：《儒家的民本与民主》，载《博览群书》2006 年第 12 期。
② 徐复观：《中国思想史论集续篇》，上海：上海书店出版社 2004 年版，第 308 页。

需要其所辖内的民众安居乐业，从事社会必需的生产和再生产，确保庞大帝国人力、物力和财力的供给。另一方面，社会又需要有一个“大一统”的很有威权的官僚体制去统合。那么威权从何处来？君主的权力是由“天”命授予的，官僚的权力由君主所授。既然王权由“天”命授受，是合法的，其所给臣僚的权力当然也是合法的。因此，权力的分配就成了由上而下的给予，而不是西方所谓的由下而上的让渡与契约伦理。这种垂直的、单线的权力结构的一个重要特征就是权力仅仅接受来自某一个特定方向的约束或监督，而无须向下端负责。越是上层，权力越大，君主至高无上，君权独运。结果，中国封建社会就无法避免这样一种结构性的悖论：一方面，权力的高度集中，使得国家的统治与管理职能处于浑沌的统一状态之中，在这一高度集中的权力结构中，君权至上加上相应的官僚机构使得金字塔型的机械性体制有效地运作；另一方面，这种机制又容易造成君权独断，君主随心所欲，导致专制暴政。同时，地方官僚的权力滥用与监控的缺位，又容易造成难以估量的社会危害，甚至是危及国泰民安。于是“民本论”便应运而生，期冀对君权和官僚都有所限制。换句话说，儒家思想并不反对君主制，只是他们反对坏君和暴君，希望能出现以民为本的有德行的明君主和好的官僚。这样，民本思想和君本思想便成为古代政治治国思想之两翼，浑然一体。明智的统治者努力寻求两者的平衡，使得封建统治得以相对平稳巩固。

（三）走出“双本位”悖论：观念与体制的双重超越

如上所述，官本位的行政文化是作为中国古代官僚政治体制的衍生物而产生的。那么，按照逻辑推论，专制集权的官僚政体一旦不复存在，作为官僚政治文化表象的官本位也就失去了其赖以生存的社会土壤，进而退出历史的舞台。事实证明，事情并非那么简单。从社会历史发展的现实来看，无论是晚清以来无数的启蒙思想家和仁人志士致力于君主立宪或民主共和等各种体制的尝试，还是革命成功后中华人民共和国的成立，就开宗明义地宣布一切权力归人民所有，抑或是我们党和国家在新时期确立的“立党为公，执政为民”的治国理政新理念。照理讲，经过这么多年的变革，民主法治越进步，官本位的体制和文化应该越来越淡化，甚至早就寿终正寝了，可事与愿违，“官本位”好像没有淡化，不但没有淡化，这些年来反而还向社会各个领域蔓延，仍然顽强地生活在当下这个社会。

“官本位”离不开官僚制，在一定程度上“官本位”可以说是一种由官僚通过政府权力或制度全面支配国家和社会秩序的一种社会体制。为此，许多学者都将对“官本位”的清理变成了对官僚制的抨击，如权力膨胀、腐败滋生等。事实上，“官僚制具有处理大规模工业社会复杂的行政管理任务的独特能力。官僚制不可或缺”[①]。以至于美国学者查尔斯·T. 葛德塞尔专门著书立说《为官僚制正名——一场公共行政的辩论》，并辟专章论证对官僚制的误解。在君主专制的政体中，“官本位”还有一个十分重要的特征，公共权力的运行以“官”的利益和意志为最根本的出发点和落脚点，实施严格的上下层级制度，下级对上级唯首是瞻，上级对下级拥有绝对的权力。正是这“绝对化的身份，绝对化的权力”成为了中国传统社会停滞不前的“总根源”，更是我们对中国历史作正确理解的“一大关键”。[②] 这样，如果我们如余英时先生所说，“将君权与官僚制度区别开来”，“从权力结构方面着眼”，那么对于我们更好地理解社会历史的错综复杂状况大有裨益。

---

① ［英］戴维·毕瑟姆：《官僚制》（第二版），韩志明、张毅译，长春：吉林人民出版社2005年版，第1页。

② 参见徐复观：《两汉思想史》（第一卷），上海：华东师范大学出版社2001年版，第92页。

具体说来，严格规范官僚制的权力与运行，建立服务型政府，彻底实行观念与体制的双重超越。究竟是“官本位”还是“民本位”、究竟是“权力本位”还是“权利本位”，如果我们从官僚制政府的职能历史演进角度来看，官僚制政府从统治型向管理型再向服务型的转变，是一个历史的趋势，相应地行政模式也就要由“统治行政”向“管理行政”再向“服务行政”转变。服务型政府就是为人民服务的政府，在服务型政府中，服务是一种基本理念和价值追求，政府将定位于服务者的角色上，把为社会、为公民服务作为政府存在、运行和发展的基本宗旨。它将彻底抛弃旧的“治民”观念或“为民作主”观念，而确立“为民服务”和“人民作主”观念。从观念上看，这是一种巨大的飞跃和超越。

1. 要对政府官员和公民进行一次彻底的官民关系的应然性教育

就政府和官员来说，要让他们认识到政府的公共性定位，政府是为公民所立、公民所有，因而也应该为公民所享、公民所治的政府；“权为民所赋、权为民所用”，政府以及他们所掌握的权力是来自于公民的委托，公民才是真正的权力所有者。公民之所以要把这种本属于他们的权利委托给政府及其官员，就是要让政府或公务员为他们提供他们自己无法实现的某些公共产品和公共服务。所以，为公民服务是政府或公务员的天职和义不容辞的责任。就公民来说，要对他们进行公民意识教育，使他们认识到自己才是国家和社会的真正主人，是公共权力的真正所有者，因而公共权力的行使或者说公共管理活动应该是公民意志的反映；而政府和官员只是代行公民委托的权力而为公民服务的服务者，因而公民有权要求政府按照自己的意愿而不是政府自身的意愿或少数利益集团的意愿办事，并有权要求政府为自己提供各种符合公共利益的服务。而当政府和官员不能有效地实现这些目标时，他们有权重新选择新的政府和政府官员。通过这种教育，让公民知道什么是政府的权力与责任，什么是个人的权利与义务，什么是政府和公民之间应该的关系定位等。张康之教授就提出，从管理型的社会治理模式走向服务型的政府是历史上的一场伟大的革命性变革，而这场社会治理模式的新的伟大变革也需要一场伟大的启蒙运动与之相伴。当然，他所说的启蒙内容是对人“伦理精神”的启蒙。[①] 而就中国目前的现状而言，这种启蒙还应该是政府与公民间关系的启蒙。在世界已经进入21世纪的今天，在中国进行这样的启蒙难免有点悲哀，但要想使这种悲哀不再持续下去，就必须尽早补上这门启蒙教育课程，让官员和公民自己都能真正理解政府与公民之间的关系，以及公民在一个国家的政治和社会生活中的角色定位。

2. 要探索制度上的安排以抑制官本位的滋生

必须加强制度建设，对现行制度进行改进、完善，及时堵塞制度运行中的漏洞，消除官本位文化产生的制度性根源，从根本上预防和消除官本位意识。

一是人事制度上的安排。李景鹏曾指出，“仅仅从教育上入手，宣传为人民服务，是无法解决问题的。必须从制度上解决问题，从根本上把官员的产生置于全体公民的制约之下，……通过完善的选举制度，才能根本改变官员只对领导负责而不对公民负责的顽症，从而抽掉官本位的社会基础，为树立公民本位开辟道路。”[②] 李向国更明确地提出，“要真正把决定行政人员‘官运’的权力交给人民群众，行政人员的上下、去留、升降，要由人民群众的意愿来决定。”[③] 所以，现有人事制度的改革已刻不容缓。切实通过深化改革把行政人员的“官运”交给人民群众，建立一套制度和机制，确保充分发扬民主，认真走群众路线，不断扩大

---

① 参见张康之：《公共管理：社会治理中的一场革命》，载《北京行政学院学报》2004年第3期。

② 李景鹏：《从管制型政府向服务型政府的转变》，载《新视野》2004年第5期。

③ 李向国：《实践“三个代表”要求与破除与破除“官本位”意识》，载《理论前沿》2001年第16期。

群众的知情权、参与权、选择权、监督权，使人民的权利落到实处。

二是要重新界定政府职能的范围，收缩公共权力的作用领域。如前所述，形成官本位意识最根本的原因就是行政权力对所有社会资源所拥有的绝对支配权，从而在官员和公民心目中产生了一种行政权力无所不能的假象。所以，要想根除官本位意识就必须打破这种假象，重新界定政府职能的范围，从管制型政府对社会所有资源的绝对控制中收缩出来，把属于社会的权力放给社会，属于市场的权力放给市场，属于公民的权力放给公民，这样行政权力的作用范围就会大大缩小，行政权力无所不能的假象就会被打破。这对官本位意识来说，无异于釜底抽薪。

三是确立新的公共事务治理网络。行政权力对社会公共资源的绝对支配地位形成的前提，就是政府是唯一的公共管理主体，因而政府也是唯一的公共权力的执掌者。但新公共管理和治理理论都已经向我们昭示，政府并非唯一的公共管理主体，其他社会力量、自愿性社团、公民个体，甚至企业在一定的制度安排下都可以成为公共事务的治理主体，从而形成一个新的由众多治理主体参与的公共事务治理网络，政府只是这张网络中的一个结点。通过其他社会力量对公共事务治理的参与，一方面可以破除社会对行政权力的盲目崇拜，另一方面也可以训练公众的参政技巧和能力。随着群众参与意识的增强和参政机会的增多，官本位意识也就逐渐失去了市场，公仆意识将得以复归。①

四是强化责任意识。官本位意识形成的一个重要原因就是官员在享有一定权力的同时却没有相应的责任追究机制。所以，公众和官员只看到官员手中的权力，却没有看到由这些权力而带来的责任。正如著名经济学家吴敬琏先生所言："……掌握着国家权力的党政官员必须是可问责的。人民群众对公务人员监督权和

---

① 参见薛安泰：《中国当代官本官问题探微》，载《学习论坛》2001 年第 8 期。

罢免权的行使，要通过可操作的法定程序切实得到保证。”① 实际上，在责任与权力的关系中，责任是基础，权力是实现责任的工具，责任才是第一位的。但这些基本的常识在我们一些官员的思想中长久以来却被忽视了，或者虽然他们表面上也强调官员的责任意识，但由于没有切实可行的责任追究机制，使得这种强调只能是留在纸面上或口头上，而无法真正落实。在这种只需享有权力带来的好处，而不必为此承担责任的情况下，权力自然就成了人人心向往之的好东西，在这种情况下，官本位意识的形成必不可免。要改变这种状况就必须完善我们的责任追究机制，形成有权必有责、有责必尽责、违责必追究等一系列机制，迫使官员慎用手中的权力，同时，也使公民有了监督行政权力的依据。通过这些制度上的安排，促使公务员正确认识自己在国家和社会生活中的定位。

3. 要有意识地降低公务员这一职业在社会职业群体中的地位和吸引力

在中国官本位意识的影响下，公务员这一职业对社会有着无可阻挡的吸引力，从每年一次针对应届毕业生的公务员招考中，我们就可以印证这一点。这其中有一些部门，报录比例竟然达到几千多比一，难道真的有那么多热心公共事业的人吗？当然，这其中也存在就业压力大的因素，但更重要的还是官本位意识在作祟，是隐藏在“官”背后的强大的公共权力的诱惑在作祟。所以，要改变官本位意识，降低人们对公共权力的推崇，就必须降低公务员这一职业在整个社会职业群体中的地位。所谓高薪养廉的说法，完全是行政官员的一个认知误区。理论和现实都已经向我们证实了人的欲望的无止境性，你给了他高资待遇，他的消费档次也会随之提高，他的欲求也就随之而更大。现在某些地方所

① 吴敬琏：《建设一个公开、透明和可问责的服务型政府》，载《领导决策信息》2003年7月第25期。

进行的工资改革、公车改革，虽然愿望是好的，但实际产生的结果却是变相的公务员加薪，或者说是公务员牟利行为的公开化和合法化，这无疑与我们正在呼吁的消除官本位意识的目标背道而驰的。试想，在我们还处于发展中国家阶段，在我们还有那么多的城市下岗职工靠最低生活保障金维持生活的时候，在我们还有那么多的贫困地区连基本的温饱问题都没有解决的时候，我们的公共服务人员却在享受着由国家财政支撑的各种福利的同时，还要领取高于企业同等工作人员的平均工资水平，而且这还仅仅是工资，还不包括由公共权力所带来的各种隐性的、灰色的影响和收入，这就给本就炙手可热的公共职位增添了一道金灿灿的光芒，这肯定会加剧公务员这种职业对社会和公众的吸引力，也加剧了本就没有泯灭的官本位意识。但如果我们从工资和其他待遇上有意识地降低公务员这个职业阶层的吸引力，这在理论上也是成立的，公务员作为公共管理者本来就不应该以追求个人利益为个人价值的实现方式，而应该以公共利益的最大化为自己的最高价值追求。虽然马克思所赞赏的巴黎公社规定的公社委员的工资不能高于工人工资的平均数有些不太现实，但将公务员的工资定位于与企业相当人员的平均工资水平上应该是合理的。通过这些做法有意识地降低公务员职业的吸引力，当社会、公众和公务员本身都能以一种平常的心态来看待公务员这个职业的时候，我们的官本位意识才有可能逐渐消除。

所以建设真正的服务型政府就是要建设一个以公民为本位的公共服务模式，即公民意志在公共管理中居于基础性乃至决定性的地位，他们有权最终来决定政府应该提供哪些服务，以及怎样提供这些服务。这将是一个从体制上彻底完成的对“双本位”悖论的真正的超越。

第六章　从保密文化向透明文化的转化

在传统行政文化观念中，保密文化对行政行为影响很深，“民可使由之，不可使知之”（《论语·泰伯》）的观念至今普遍存在。人类已经从工业社会进入信息社会，对信息资源与政府信息公开的关注已经成为必然的事情。透明行政文化或透明政府已成为现代民主政治的一种基本理念，也是一个对公共行政文化进行民主控制的一种制度安排。著名的政治学家西蒙认为，公开和参与是构成现代民主的两大要素。公开是参与的前提，没有政府的信息公开或民众的知情权，就不可能有真正的大众参与，因此，政府信息公开是现代代议民主的基石之一。作为一种制度安排，透明政府要求国家机关的绝大部分活动的信息都要向全体公民开放，供全体公民使用。但涉及个人隐私、商业秘密及国家安全等法之规定不能公开的除外，否则政府必须承担相应的法律责任。在公共行政活动中，以最大限度的政务公开取代不必要的政务保密，既是建设民主法治国家和服务型政府的需要，也是民主开展政务、经务、社务工作的应然方式，更是一切合法组织和个人对政府工作实施有效监督的先决条件。而适时更新人们的保密观念，合理推行透明文化则是新行政文化形成的标志。

一、 现代社会建立透明政府的必要性

透明行政受到普遍重视的时间并不是很长。二战后，“知情权”作为公民的基本权利得到了当代世界法律的普遍认可，并且

被载入有关国际宣言或条约中。同时，随着信息技术的迅速发展，信息作为一种资源的价值得到深度挖掘，人们对信息的获取越来越重视，透明政府便成为各国行政制度建设的重要组成部分，也成为行政改革的重要目标之一。在这样的环境下，如果一个政府还想继续推行“暗箱行政”，不但有点不合时宜，在技术上会遇到障碍，而且还会大大提高行政成本，降低行政效率。所以政府实行行政公开，透明行政不仅是一种明智的选择，更是一种社会发展的大趋势所致。

（一）传统官僚行政体制文化下的保密政府

一般而言，所有组织都倾向于信息保密，都竭力防范有价值信息的泄漏，官僚制度尤其如此。传统官僚行政体制文化下的信息保密的做法，是将行政信息完全封闭在自身结构及其运作流程中，并日渐发展为一个不被外界所知道的“迷宫”。长久以来，西方的许多理论家对政府信息保密都给予了批判。美国宪法第一修正案的设计师詹姆斯·麦迪逊认为：“政府如果不能为公众提供充分的信息，或者公众缺乏畅通的信息渠道，那么所谓的面向公众的政府，也就沦为一场滑稽剧或悲剧或悲喜剧的序幕。”[①] 1765 年，年轻的亚当斯在《波士顿报》上发表的未署名的文章描述了有知识的公民是反对英国统治的最有效的手段。亚当斯宣称：“无论何时，只要知识和理性在人民中盛行，独裁的政府和各种压迫就会按比例减少和消失。”同时，他还宣称新闻是公众接触政府信息的一种基本工具。[②] 功利主义者边沁基于“由最广泛的公共性来矫正的个人利益”观念设计了他心目中的宪政制

---

① 转引自［美］斯蒂格利茨：《自由、知情权和公共话语—透明化在公共生活中的作用》，宋华琳译，《环球法律评论》2002 年秋季号，第 265 页。

② John Adams, Adissertation on the Cannon and Feudal Law, in PaPers Of John Adams ed. Robert J. Taylor, et al. Vol. 1 (Belknap Press of Harvard University, 1997), pp. 108.

度，将公共性作为遏制暴政的首要控制手段。[①] 密尔在他的名著《论自由》中，指出无论在任何条件下公众的监督都是有益的，它是甄别是非善恶的最好途径。在密尔的《代议制政府》一书中，他进一步陈述了“公开和讨论的自由”的观点，并强调了公众普遍参与的价值。1998 年诺贝尔经济学奖得主阿马蒂亚·森有力地证明了，饥荒不可能在一个言论自由的国度出现。因为并非食物总体上的缺乏导致了饥荒，更主要的原因在于贫穷地区的穷人缺少获得食物的途径。而言论自由可以将这些问题曝光，问题一旦曝光，舆论和公众都无法再容忍政府对这些问题无动于衷。

总的说来，保密政府带来的主要问题如下：

1. 政府信息保密与决策

决策以信息为基础，一定量的信息是保证决策正确的前提。由于政府信息的保密，公民知情权的缺乏，使得公共决策过程必然会限制在一个狭小的圈子范围内，特别是那些有重大社会影响的公共决策，那些本来可以提供深刻洞见的人却被排除在讨论范围之外，这样的决策质量因此也就很难得以保证；而一旦政府决策失误，由于害怕承担责任，政府官员转而寻求自我保护，信息就更不敢公开，决策圈子变得更小，决策质量也就每况愈下。此时就需要更多的错误来掩饰已有的错误，要求更多的保密来为信息保密所产生的黑幕保密。于是政府信息保密与决策失误就形成了一个恶性循环。只有信息透明了，公民了解了信息，公民才能参与到国家的治理中来。公民参与一方面可以反映民众的要求和多元化的利益，另一方面也可以集中公民的智慧，使国家的决策更加科学化、民主化，只有这样国家才能更好地代表人民群众的利益。

保守信息秘密的理由之一，就是政府官员宣称他们害怕信息公开之后为别有用心的人利用，来煽动不明真相的群众；或者为

---

① 转引自［美］斯蒂格利茨：《自由、知情权和公共话语—透明化在公共生活中的作用》，宋华琳译，《环球法律评论》2002 年秋季号。

特定利益集团实现其自身利益服务。但这正是民主面临的两难选择，信息公开和公众辩论机制确实有它的不足，不过我们确实找不到更好的替代。同时我们都认为应该让选民而不仅仅是决策者作出决策，那么，我们为什么不向公民公开更多的信息，以便他们更好地对决策质量进行评估呢？政府信息公开有助于公共利益的实现，公共选择理论的分析表明，保守信息秘密很有可能是为了满足政府官员以及相关特定利益集团的隐秘目的和诉求，在下面我们将做进一步的分析。保守信息秘密可以使得在某些情况下，政府免于因犯相应的错误或过失而被提起诉讼。韦伯在谈到官僚的封闭信息倾向时说："官僚制行政通常倾向于排斥公开性，说可能隐蔽其知识与行动，以逃避批判。"① 如果政府某项政策没有能够达到预期效果，政府官员往往会说要不是这项政策，情况会变得更糟。我们都知道人性是易于堕落的，政府官员往往宣称自己一定会尽职尽责，他们给出的理由似乎十分充分，就是公众能够对行为作出最好的评判，对过失加以猛烈的抨击。但是我们不应该忽视这样一个恶性循环：在信息公开程度很低的情况下，公众评判政府官员行为好坏优劣的主要依据就是相应的行为结果。在此情况下，如果行为结果好，不管官员履行职责与否，公众都会赞誉官员尽职尽责；而当坏结果出现时，不管结果与政府官员的作为和不作为是否有关联，官员都会受到公众的抨击与责难。公开更多的信息，可以使得公众对政府行为的价值进行更好的评判。

2. **政府信息保密与腐败**

任何监督都需要一定的信息条件，政府机构如果拒绝信息分享，这在牺牲公众和社会知情权的同时，无异于人为制造了一个抵制外来各种监督的"防火墙"。历史的经验表明，保密多的政

---

① ［德］韦伯：《支配社会学》，康乐、简惠美译，南宁：广西师范大学出版社 2010 年版，第 71 页。

府行政腐败也多。一切欺诈行为的基础都来自信息不对称，无论是不法分子的欺诈，还是政府官员的贪污和滥用职权，都源于双方的信息不对称，事实证明占据信息优势就会成为强势的一方。信息保密无异于为权力滥用和权力腐败培植了最有利的土壤。因此，政府信息保密也就是保护了那些进行保密和愿意保密的人们的利益。它为特殊利益集团培育了肥沃土壤，增加了管理租金，加大了社会、公众与政府之间的交易成本，使得民主过程中的公众参与大打折扣；同时使得媒体与舆论也无法对政府滥用职权形成的有效的监督制衡机制。

在传统体制下，政府机关可以通过行政权力直接谋取利益，而且不需要从垄断的信息中进行寻租或者商业化运作。随着依法行政原则的推进和逐步规范的政府行政权力，依靠权力寻租的成本和风险会越来越大，而依靠信息寻租的诱因会慢慢加强。在现实生活中，这种趋势早已出现，保密使得政府可以通过对特定领域知识的排他性占有，来扩张自己的实际权力，甚至政府机关之间的信息封锁和信息垄断都已经早已存在。因此，建设透明政府，已成为一个刻不容缓的战略问题。当前我国正在进行改革的关键时期，国家和社会现代化的建设步伐正在加快。同时现代化还意味着政府所管理的活动日益增多，我国不断地进行机构改革就是例证。更由于我国目前实际上政府主导的现代化，且又是中央相对集权的国家，因而其腐败的现象较为严重。在我们的生活中，很多腐败事件往往是因为暗箱操作而来。重大的公共工程、国家预算、公共资金的使用状况、税收流向等基本信息隐而不告，给社会带来了极大的职务犯罪、营私舞弊的风险。现代信息经济学强调信息一旦公布于众，并变成公共产品，就无法再将其私有化。政府信息的公开可以极大地减少权力滥用或寻租的可能性，透明度的提高是“善治”的核心要义。

3. 政府信息保密与愚民政策的恶性循环。

政府信息保密或垄断文化所造成的直接后果是公众对公共问

题的“无知”和“愚昧”，而这恰好成为否定公众参与能力，并将之拒斥于公共决策过程之外的理由。这种逻辑的通常表述是，既然公众对此事无知、愚昧，信息公开很可能导致不必要的冲突和矛盾，还是让他们不知道某些信息的好，最后又成为继续和加强信息保密，强化愚民政策的理由。所以公众能否知道一件事情的权利也就完全取决于政府行政人员的裁断，公众的知情权任由政府当权者的随意裁量，而社会公共事务的处理也只能让他们来为公众作出安排。所以在专制制度下，公民的无知、愚昧、落后和奴性，原本是专制制度的直接社会后果，恰恰成为专制者或专制集团继续维系和强化专制制度的冠冕堂皇的理由。这种观念反映在现代社会里就是：由于公民素质太低，比如愚昧、落后和无知等，缺乏民主观念和民主意识，所以还不宜推行民主。这些观点恰好忘记了，正是专制制度及其愚民政策造成了公众的无知和愚昧，正是因为没有接受过正规的、良好的民主训练，人民才会缺乏民主观念和民主意识；这种观点也没有看到，民主实践本身就是教育人民的最好学堂，开放和自由的制度就是培育公民人格的最肥沃的土壤。所以，政府信息保密与现代社会民主发展的大趋势是背道而驰的。

（二）建立现代透明政府的理论基础

1. 政治学理论基础：人民主权论

人民主权是指国家或政府的最高权力来源于和最终归属于人民，即国家或政府的最高权力的“民有”，并且这种来源是政府或国家权力的合法化前提或依据。洛克是人民主权论的集大成者，其学说被现代宪法和宪政所践行。洛克分别用自然状态说、天赋人权论和社会契约论来论证政府的权力来自人民并最终为人民所有。卢梭在继承并发展了洛克的思想之后，系统的提出了人民主权理论。他认为：“主权不可转让，不可分割，主权者是一个集体的生命，只能是人民，即主权在民。”① 从社会契约论中提出的人民主权理论：第一是承认主权归属的主体只能是全体国民，国家的一切权力来源于人民的授予；第二是承认政府是代表人民行使主权的机关。所以政府本身只有义务，并不拥有权力，它只和民众形成的一种信托关系。所以当政府行使自己的权力时，它只是受托行使，因此人民能对国家权力的行使进行有效地监督和控制，国家权力依照人民意思行使，接受人民的监督。正如1776 年美国的《独立宣言》中所提到的：“如有任何政府损害这些目的（保障生命，获得自由及追求幸福），人民就有权利改变或废除它……”这是人民主权说在资产阶级具有法律效力的文件中的第一次体现。根据荷兰学者对截至于 20 世纪 70 年代以前生效的宪法的调查，其中的 118 部宪法提到了人民主权的原则，占调查对象总数的 83. 1% 。最近有学者对世界上的 124 部成文宪法文本进行了粗略的翻阅，得出了一个结论：“无论是资本主义国家的宪法还是社会主义国家的宪法，哪怕是仍然保留君主（国王）的国家，几乎无疑不强调人民的权力与权利”。问题在于当人民行使其主权的权利时，或当人民有效地监督和控制行政权力时，其前提必须是人民先确切的知道政府的行为，这样才可以正确地行使其权力。这就要求政府作为受托者对其行政实施的信息进行全面的（法律允许范围内）公开。所以，人民主权理论是透明政府建设的一个最基本的理论基础。

在我国，透明政府也是实现社会主义宪政的重要一环。我国宪法明确规定，中华人民共和国的一切权力属于人民。人民行使国家权力的机关是全国人民代表大会和地方各级人民代表大会。全国人民代表大会和地方各级人民代表大会都由民主选举产生，对人民负责，受人民监督。而透明的信息正体现了主权在民，同时也体现了保障公民权利和制约国家权力的宪政原则。所以，政

---

① ［法］卢梭：《社会契约论》，何兆武译，北京：商务印刷馆 2003 年版，第 22 页。

府应该更好地维护人民的权利，增进人民的福利，让人民有一定的途径了解政府各机关是否适当、完整地执行了授权的目的。

2. 法哲学理论基础：知情权理论

广义的知情权是指知悉、获取信息的自由与权利。狭义的知情权是指："公民、法人及其他组织，根据法律要求向政府机关或者法律、法规授权的行政主体要求公开某些信息的权利，同时拥有不受妨碍的公开信息的自由。"① 这里所指的知情权是狭义的知情权。作为一种权利从理论上看应有三种形态：应有权利、法定权利和现实权利。"要认真看待权利，就应关心应有权利；注重法定权利；着眼于现实权利，使权利内化为实现人的价值与尊严的普遍性力量。"② 作为一种权利的知情权也必定具备这些形态。应有权利是应当合道德性的权利，必须符合一定的价值原则。这些原则是：（1）普遍性原则，指的是与所有社会成员有一种普遍性联系，不能使某些主体所追求的权利以牺牲另一些主体的相同的权利为前提；（2）合理原则，是指既不超越社会生活条件也不会驾于其他人之上的合理需要；（3）正义原则，指的是符合人类需求的具有进步性的社会共同利益。知情权对上述价值原则的要求是符合的。就普遍性原则来说，知情权是全体社会成员的需要，不是个别社会成员的特殊要求。即便某些公民一生也不会产生获取政府信息的需求，却不能排除他随时随地要求获取政府信息的可能性，这是他作为一个公民应有的权利，而且他获取信息具有不可竞争性，不会因为他的获得而减少了他人对同样信息的知情权。就合理性原则来看，在现代社会，科技的进步使得信息的取得、传播简单易行，现代通讯技术、传统媒体、互联网技术、电视传媒等方式使得公民完全有能力接收并传播信息，且

---

① 刘杰：《知情权与信息公开》，北京：清华大学出版社 2005 年版，第 68 页。

② 程燎原、王人博：《权利及其救济》，济南：山东人民出版社 1998 年第 2 版，第 314 页。

成本低廉。知情权需求是符合现有的社会生活条件的。就正义性原则来看，专制社会那种“民可使由之，不可使知之”的观念已成为过去，建立透明、阳光的政府是全人类共同追求的目标，知情权毋庸质疑是正义的。

知情权因其普遍性、合理性及正义性的价值需要上升为法定权利，以获得明确而稳定的保障。1776 年，瑞典颁布了《出版自由法》，它是已知的最早在法律中规定知情权的国家。20 世纪中期以后，世界各国纷纷在法律上建立了知情权的保障制度，如美国的《信息自由法》、《阳光下的政府法》、《隐私权法》；日本的《信息公开法》；韩国的《信息公开法》等。现实权利是权利的最终归宿，作为应有权利的知情权，如果没有上升为法定权利，缺乏法律的保障，权利的实现将会大打折扣。

现实权利得不到落实使所有论证甚至是法律上的条文都成为现实中的乌托邦。知情权是公民应当具有的基本权利，在现实生活中，在公民与政府的相互关系中，政府作为社会中最大的信息资源拥有者，而公民无论是主动得知还是被动得知这些信息，都会利用其知悉和掌握的政府信息对自己的行为作出判断与选择。尤其在现代这样一个信息社会里，只有公民的知情权得到充分落实，才能让公民摆脱愚味、迷信和盲从的状态，成为一个有文化、有思想的现代公民。同时知情权也是公民行使其政治、经济、文化权利的基础。只有具有了知情权，公民才能够真正去监督政府的行政行为，才能够真正去评判政府的绩效。公民监督政府的重要条件是知情权，它为政府的信息公开设定了责任。如果没有知情权的保障，要想让民主主义得到真正的实现是不可能的。因为公民如果不能获得正确的信息就不可能作出准确的判断。因此，知情权既可以提高公共行政的民主性，也能提高行政行为的合理性；既能保护公民和社会组织的合法权益也能维护公共利益；既能促进行政行为的规范化，也能提高行政行为的合理性。知情权是一个国家消除谣言，维护社会稳定的良药，是维护人民群众最根本利益的需要，是整个社会持续健康发展的需要。

3. **经济学理论基础：信息不对称**

“信息不对称”的概念最先是产生于微观经济学的领域，它是指决策所依赖的信息在相对应的组织或个体之间呈现不均匀、不对称的分布状态，即一方占有信息的数量和质量优于另一方。[①]在市场交易中，由于信息的不对称总是会产生两种情况。一种是占有信息优势的一方因为利益的追求，会获取比劣势方更多的方案选择，甚至会作出一些有违道德的事情；与此相反，占有信息劣势的一方因对部分信息的无知，在交易中不得不承担了一定的风险而获利甚微甚至亏损，进而出现逆向选择的行为。比如，在二手市场中，因为卖方掌握了二手商品的全部信息而处于有利位置，买方在不知情的情况下只能选择压低价格进行交易，因此卖方就为了利益的最大化只能提供质量更差的商品，所以二手市场一般没有好商品。这样的情况在社会政治领域也是一样的，政府与公众之间也存在着信息的不对称现象。本来，公众已通过赋税等方式支付了政府信息收集所耗费的成本，故政府信息理应属于为公众所共享，然而在许多情况下，政府官员掌握的信息是即时性的最为重要的核心信息，如果政府官员将这些信息秘而不宣并钳制言论自由，那么公众实际上就无计可施。众所周知，在今天这个社会里，质量更高、更及时的信息可以使我们能更好、更有效率的配置资源，进而调节社会和经济的运行。随着信息产业的不断发展，越来越多的员工从事着信息的收集、加工整理和发布的工作，这也印证了信息在经济生活中的重要性。但是具有讽刺意味的是，其中许多员工从事的工作，竟是设法收集发布那些政府部门本应公开却秘而不宣的有用信息。企业也许有理由主张对自己的某些信息予以保密，因为信息公开以后有可能被竞争对手

---

① 王少辉：《迈向阳光政府—我国政府信息公开制度研究》，武汉：武汉大学出版社2010年版，第11页。

利用。但是，政府部门从公众身上采集的经济和生活信息，有什么理由不向公众公开呢？政府对信息的垄断不利于市场资源的配置，也阻滞了市场的活力。不可否认的是政府作为掌握大量信息资源的优势方，也有部分行政人员为了自身的利益追求，徇私舞弊而有意垄断政府信息，从而使得公众处于劣势而无法获得相关信息，导致利益受损。如果掌握了大量信息的政府不能合理有效开发的话，其最后结果只能导致公众对政府失去信任。而信任是现代社会治理的标志，是先进行政文化的发展方向。这样看来，政府信息不对称问题不是一个简单的是否保密的问题，而是一个关系到民主事业的进程和成败的关键问题。

总之，民主政府的权力来源于人民，应该对人民负责，在实践中，政府的各项制度及信息应该保持透明。尽管存在一些例外，但这些例外应该尽可能地把政府的秘密保持在最小的限度之内。实践证明，透明政府在经济和社会的发展变化中处于至关重要的地位，过分狭窄的信息基础和不透明的决策是不良治理的一个显著特征。透明公开的信息是良好治理的必备要件，并可以加强政府的责任。所以当代政府治理理论均把透明作为良好治理的基本要素之一，如研究治埋问题的专家罗茨（R. Rhdoes）认为，作为善治的治理，它指的是强调效率、法治、责任的公共服务体系。[①] 而一个法治的、负责任的、有效的政府必定是公民能够参与决策、政府能够公开其除了法之规定为例外信息的政府。国内学者俞可平在研究治理时，将“善治”的标准归为六个要素：合法性、透明性、责任性、法治性、回应性和有效性。他认为透明性指的是政治信息的公开性，每一个公民都有权获得与自己的利益相关的政府政策的信息，包括立法活动、政策制定、法律条款、政策实施、行政预算、公共开支以及其他有关的政治

① 俞可平：《治理与善治》，北京：社会科学文献出版社 2000 年版，第 3—11 页。

信息。[①]

不管是寻求“第三条道路”[②] 的政治家，还是追求“善治”的学者、国际组织，纵观他们对有关治理内涵的解释，其中有一条便是政府应该是透明的，信息应该是公开的。由此可见，透明政府是现代民主政治的一种基本理念，又是一个对公共行政进行民主控制的制度安排。作为民主政治时代的一种基本理念，它要求政府必须回应社会和民众的要求并采取行动加以满足；作为一种制度安排，它是指政府掌握的个人与公共信息向社会公开，公民有权接触并使用这些信息，但涉及个人隐私、商业秘密及国家安全等法之规定不能公开的除外，否则政府必须承担相应法律责任。在这样一种制度安排中，透明政府要求国家机关的绝大部分活动，从立法、执法、提供资讯、社会服务等诸多方面的信息都将向全体公民开放，供全体公民使用，而不必问公民需要这些信息有何用途。只要公民有这方面的需求，政府机关就有义务提供，而公民也有权利获取、使用；与此同时，政府机关也有义务在规定的时间、地点将这些信息公布于众，以供公众索取。

二、 现代透明政府的基本原则

一个国家的现代化，不仅需要现代的科技和经济，而且需要现代的政府和政党。从某种意义上说建设现代政府和政党的任务

---

① 俞可平：《治理与善治》，北京：社会科学文献出版社 2000 年版，第 3—11 页。

② 曾任英国首相的工党领导托尼·布莱尔（Tony Blair）受到英国社会学家安东尼·纪登斯（Anthony Giddens）影响，他在竞选期间以“第三条道路”作为竞选口号，结果使工党在野 18 年后，终于在 1997 年赢得了大选，重新上台，故他被视为体现“第三条道路”理念的表率者。第三条道路主要内容为：在社会民主主义的基础上，肯定自由市场的价值，强调解除管制、地方分权（非核心化）和低税赋等政策。美国总统比尔·克林顿、英国首相托尼·布莱尔、德国总理格哈特·施罗德以及西班牙总理萨帕特罗等人的政策就体现了“第三种道路”的核心理念。一般认为，第三条道路不是一种意识形态，因为其不涉及到政治运动。试图将第三条道路政治化的努力被称为激进中间派（radical centrism）。

更为艰巨。现代政府的要件和基准，就是透明、法治、回应、责任、服务和公信。近年来，服务政府、责任政府、法治政府的理念得到一定的关注，这是重大进步。但问题是，服务政府、责任政府、法治政府的构建离不开透明政府和回应政府。实际上，透明是法治的前提，回应是责任的基础。在联合国对于“善治”界定的框架中，参与、法治、透明、回应责任等都是基本要件。而所有这一切，都要以有效的信息为前提。所谓人民群众的知情权、参与权、表达权、监督权，首先是知情权，没有必要的信息获得就无从参与、表达和监督。因此建设信息公开的透明政府至关重要。

（一）现代透明政府的基本内容

对透明政府的基本内容要求是一个不断演进的过程，它涉及政府与社会、政府与个人关系的不断调整。尽管每个国家的调整广度与深度不尽相同，但有一点是公认的，那就是政府必须信息公开。

1. 从政府的角度看，政府信息必须公开

所谓的透明政府，从广义上说，它的基本含义是指国家的立法、行政、司法活动应该依据法律的规定和程序，在一定的范围内对公众和社会开放。狭义的透明政府是指政府的信息公开，即政府制定或决定的文件、资料、信息情报等政府决策结果的公开。因此，透明政府的内涵至少包括以下几个方面：（1）政府组织要透明，政府组织程序和权力构架必须公开。也就是说，作为享有知情权的纳税人应当知道政府是如何组织的，政府由哪些部门组成，各部门的职责是什么。它包括政府机关的设置体系、政府工作人员的职责范围等等。从权力来源角度看，人民代表大会之所以是我国法定的权力机关，是基于全体公民的选举与授权。作为人民代表大会权力来源的全体公民，应该享有对政府事务的知情权和参与权。（2）政府决策要透明。这里要解决的问题是公

众有权知道政府为什么要这样做，政策、法规为什么要这样制定。也就是说，作为享有知情权的纳税人应当知道政府是如何决策的、作出了哪些决策、这些决策对他们纳税投资的管理与回报有何影响等等。它主要包括决策过程的公开和决策结果的公开。（3）政府管理要透明。政府管理体系的透明即政府执行的公开。这里要解决的是政府如何做的问题。行政机关是国家权力的执行机关，依照宪法和法律的规定行使国家行政权。政府执行的公开是指行政机关在实施具体的行政行为时，应当向纳税人和公众公开，既要让当事人了解，也要让其他纳税人或有关的组织了解，为纳税人和有关的组织评价行政机关的具体行政行为的合法性与合理性提供机会。就政府与企业的关系来看，市场经济使政府的管理行为更多地采取市场的手段，所以市场主体必然要求政府管理符合公开的规则。因为，政府在经济领域的每一个决定，都可能导致某一企业，乃至某一行业的兴衰成败，不公平的产业政策也将极大地损害企业经营者的积极性和政府的可信度。如果政府行为有失公正，同时企业无法获得来自行政部门或司法机关的救助，政府的管理就会重新回到“暗箱操作”状态。政府执行的公开可以分为执行过程的公开和执行结果的公开。（4）政府行政行为要透明。改变传统的行政行为方式，实现政务公开，依法把各项公共政策、法规、规章、条例等涉及公民的公共信息，通过大众传媒传播，让公民都享有知情权和参与权。增加政府行政行为的透明度，还要把握好公开和保密的关系，科学合理地界定公开和保密的界限，把应该公开的信息全部公开，以增加政府行政行为的透明度。增加政府行政行为的透明度既可以提高国民的政治参与意识、激发政治参与热情、促进政治民主化的发展，又可以有效地监督、制约、规范政府行为，确保政府行为的合法性和合理性。

2. 从公民的角度看，政府的信息公开与公民的知情权紧密相联

没有政府信息的公开，知情权就会落空。根据美国学者 Michael·Gentot 的观点，公民的知情权应包括以下几个方面：[①]（1）有得到信息的权利（righ to be informed）。公共部门有义务提供客观、可靠、清楚的信息，有义务确保信息的透明、公开。这些信息包括行政机关拥有的每一种类型的文件，当然在法律有明确规定的地方可以有所保留。（2）有理解信息的权利（right to undesratnd）。公共部门提供的信息必须是完整的、清楚的，不能提供给公民支离破碎的信息。提供的渠道包括宣传册、电视、广告、互联网等方式，通过这些渠道保证每一个公民都具有平等地接触信息的机会。（3）有听取的权利（right to be heard）。当公民决定介入某一政策制定时，公民应有机会参与公共询问并让行政机关知道他们的观点。为了帮助公民实现这一权利，行政机关应采取所有能够采取的措施，让公民要么直接听取要么通过公民授权的组织在决策过程中代替公民听取行政机关的观点。（4）有批评的权利（right to criticize）。这项权利是民主制下实现选民控制被选代表的基石。当公民们需要一个能更好地被了解的行政机构时，公民可以求助于这个权利以确保行政机构重新考虑他们的地位。我国的宪法第41条也规定，中华人民共和国公民对于任何国家机关和国家工作人员，有提出批评和建议的权利。宪法之所以赋予公民这种权利，不仅仅是因为政府权力需要民众监督，只有人民起来监督政府，政府才不会懈怠、不会滥权。更重要的是，政府权力本来就是民众赋予的，“批评政府”是公民的天赋人权，宪法只不过是确认了这种权利，以完善自己的合法性而已。如果没有对这种权利的确认，宪法本身不具备合法性。必须注意的是：由于公民个人不可能掌握与政府对等的信息，因此，公民对政府的批评可以是错误的、不当的。对此，政府只能“有则改之，无则加勉”，不能因批评不当而加罪于民。民法上的名誉权

---

① Michael·Gentot：Openness in Publice Administration，International Review of Administrative Scienees（SAGE，London，Thousand Oaks and New Delhi），Vol. 61（1995），pp. 5－10.

是保护公民、法人在民事活动中的民事权益，政府的公共管理活动并不在此保护之列。因此政府没有名誉权，只能通过服务于民获得某种信誉和荣誉。因此，对政府也不存在“诽谤”之说。

一种观点认为，公民对公共事务的讨论，特别是对其中不确定性事项和部分决策错误事项的讨论，会弱化公共机构的权威，构成对民主制度的最严重侵害，这与专制政体文化贯常使用的论述相类似。与此恰恰相反，如果政府诚实地对待公民，那么公民对政府和公共机构的信赖将会增加而不是减少。我们都知道“人非圣贤，孰能无过”（《左传·宣公二年》），人性的不可靠成为我们制度设计的基础，这也是我们需要有监督制衡机制的原因。假定所有机构都是可以信赖的，或对政府行为应有完全的信赖，这显然与现实相背离，只有那些情愿被愚弄的人才会这样想。承认政府机构会犯错误，并在致力于民主过程中的公开讨论，这不仅反映了政府机构对自己的信心，也增大了人们对政府机构的信任程度。民主时代的一个观点，就是政府要对其行动负责。责任最重要的要点在于，任何正当的理由和不正当的理由、说谎话之辩解和受批评之辩解的过程都得要发生在阳光之下，这样可以增加采取一些行动纠正不公的可能性。[①] 从世界范围来看，一个民主国家为了实现并维护公民和社会组织的权利，必须收集值得信赖的信息，提供沟通和传播服务，建立信息中心和相关部门，以使更多的公民可以接触行政机构。

（二）建立透明政府的原则

透明性政府已成为21世纪民主国家建设的一个发展方向，作为一种全球性的发展趋势，建设一个透明性的政府应建立一些基本原则。

---

① K. G. Robertson：Secrecy and Open Government：Why Government Want to Know，Macmillian Press LTD，1999，p. 59.

1. **权利原则**

公众有获得政府信息的权利，而不仅仅只是将信息公开当作政府机关的一种办事制度。如果信息公开仅仅只是一种办事制度，就意味着政府信息可以公开，也可以不公开，随意性比较大，实施中缺乏保障与制约，而权利原则的实施使整个制度的设计更加具有可操作性。

2. **公开原则**

在长期的行政管理实践中，人们对于政府机关所拥有或控制的信息，似乎已经形成了一种思维定势或习惯，好像不公开是原则，公开反倒是例外或者是一种恩赐。因此，这严重地制约了政务公开的步伐。由于政府信息公开实践中的一个最大难题在于合理地确定公开与不公开的范围，为避免传统思维方式的影响，避免国家机关工作人员以各种借口扩大不公开的范围，架空政府信息公开制度，有必要将公开作为原则确立下来，使公众与国家机关工作人员对政府信息公开制度确立新的认识，改变思维方式与工作方式。

一种观点认为，政府信息公开有时候会带来不堪设想的后果。美国大法官霍姆斯的“拥挤剧院中的纵火”引起的恐慌就是例证。当剧院着火的时候，如果公开剧院失火的信息可能会造成“集体恐慌”，造成踩踏事故等问题。其实这是对霍姆斯论断的误解。难道一直都对民众隐藏着火事实，直到民众都看见火苗烧到自己身边的时候才告诉他们剧院五分钟以前就已经起火，之所以没有告诉民众是害怕他们恐慌？如果以一种恰当的方式公开信息不仅可以降低“集体恐慌”的影响，而且可以免于信息延误造成的更大危害。事实上，霍姆斯的这个论断并没有否认信息需要公开这个问题，而是论述了信息如何公开的问题。关于“拥挤剧院中的纵火”，我们可以这样设想：如果有人知道剧院着火，没有人会认为不应告知大家有序撤退的方式；火灾结束后，也没有人会反对对其进行全面深入的调查，以确证火灾的成因、伤亡的确切人数和经济损失，以及亡羊补牢，在未来如何避免类似灾害的发生，如剧院结构以及设计方面（灯光指示的出口标识，火灾时候如何撤离剧场）等。因为我们知道不论剧院的设计构造多么完美，还是存在火灾的可能，观众对其信息的充分知悉是其进入剧场所必需的，或许由于种种原因他们暂且不需要。事实上，没有理论或实证研究表明更加充分、更为及时的信息公开和讨论对政府行政行为一定有什么不利的影响。实际上，由于信息早晚要被公开，当下试图将信息密闭起来的程序，会使得公民对政府的行政行为由信任变为猜忌，极大地增加了行政行为实施的难度，因此稳定的信息流将使得社会的政治和经济有可能变得更加稳定。在信息持续公开的情况下，人们不需要再对某一个时段给予特别关注，也可以减少事后对资源配置的重新调整。相反，政府的保密观念不仅与民主价值背道而驰，同时又进一步加剧了彼此的不信任。对于充分信息公开和讨论会导致社会政治、经济不稳定的论断，充其量只不过对信息公开的时机与方式有影响，并不能作为将公共讨论无限期拖延的借口。对信息问题而言，有人害怕信息公开会给民众带来不安定。这里还有一个问题就是，我们难道不应对民主过程有足够的信心，相信公民能够辨识那些不和谐的声音，并对社会的政治和经济有基本正义的判断和评价吗？在寻求民主公开和社会政治稳定和经济增长之间，会存在实际的平衡。两者之间如果发生冲突，民主过程的公开价值一定应置于重要的地位。

3. 利益平衡原则

信息公开应秉承公共利益至上的原则。在考虑是否公开时，应以如果不公开是否会对公共利益造成伤害为根本指导原则。公民在行使自由和权利的时候，不得损害国家、社会的利益和其他公民的合法的自由和权利。政府在履行其行政职责的时候，收集了大量的个人隐私信息，如收入状况、健康资料、私人电话号码等，这些均不属于政府信息公开的范围，当然有关国家安全的机密或绝密信息等更是如此。也就是说，公众在行使知情权的过程中，随时随地都会与其他权利和利益发生一定限度的冲突，利益平衡的原则是为了保证更有效地行使知情权。当然，利益平衡原则的解释或适用无论如何都不得以剥夺公民的正当知情权为前提。

4. **不收费原则**

在控制信息方面，政府具有很强的激励。信息是一种有用的资源，政府可以借助自己的信息优势寻取租金，即寻租行为。这是一种由信息控制权而产生的权利寻租行为。随着信息社会的来临与信息经济价值的日渐凸显，政府部门借手中垄断的信息寻租的现象已经非常普遍。如果放任政府机关借信息牟利，或者变相抬高获得信息的成本，会增加公众获得信息的成本，所以，政府机关不得借信息谋取利益，不能根据信息本身的价值收费。当然为了减轻政府机关的负担，也为了杜绝各种不合理的申请行为，还必须由申请人承担检索、复制与寄送信息等必要的成本费用。

5. **自由使用原则**

即申请人获得政府信息后可以用市场化的方式对信息进行再加工或其他形式的商业开发。对于这种再开发行为，政府机关不得禁止或者进行任何形式的限制，也不得主张政府信息的版权保护或类似保护。各国的实践证明，信息化与信息产业的发展，必须借助于市场机制的力量，仅仅依靠政府机制不可能最有效地促进信息的自由流动。通过市场机制，不但可以保证信息来源的多样性和各种信息之间的有效整合，还可以通过竞争提升信息服务的水平和质量，满足不同层次的信息需求。

三、 我国透明政府的建立

政府公开制度起源于200多年前瑞典制定的《信息自由法》，

但对当代各国政府公开制度影响最大的却莫过于美国的政府公开制度。在美国《信息自由法》的影响下，自 20 世纪 70 年代以来，各国纷纷制定了有关的法律并使政府公开制度成为当代各国公法领域中最有创造性的一项制度。政府的透明化已成为衡量现代文明政府的基石。越来越多的事实表明，许多政府在人们中的信任度呈现一种下降的趋势，其中，一个重要的原因是政府信息不公开、政府的透明度不够。我国的行政实践也证明，政府机关及其工作人员的腐败、官僚主义、低效率、执法不严以及其他不正之风等等，往往可以从政府信息不公开与不对称中找到原因。

（一）我国政府信息公开的实施

2008 年 5 月 1 日起开始实施的《政府信息公开条例》是我国历史上第一部关于政府信息公开的全国性法规，在我国政府信息公开的历史中，具有里程碑式的纪念意义。随着《政府信息公开条例》的颁布与实施以及行政体制改革的逐步深入，政府信息公开已经成为各级行政机关的一项基本制度安排，政府信息公开逐步迈入了规范化、科学化、法制化的阶段，在推进依法行政、促进民主决策、树立良好形象等方面的作用逐步显现。

《政府信息公开条例》的颁布与实施，说明我国政府信息公开的组织管理体系逐步完善与健全。从总体上来看，我国已经初步形成了政府信息公开机制。从信息公开的渠道来看，不断丰富化。除传统媒体（报纸、杂志、广播、电视）外，新兴（网络、政府网站、手机短信等）公开形式也发挥起了重要的作用。从内容上来看也日益丰富，目前在围绕政府职责、行政过程和围绕公众普遍关心、涉及公民切身利益问题的内容日益凸出。古人云："民之有口，胡可壅也。"（《国语·邵公谏厉王弭谤》）其要义在于如何搞好上下沟通，信息公开，公众参与，从而形成合力。实践证明，政府信息是否公开，公众是否知情，能不能真正参与政府管理，已成为构建和谐社会的重要因素。

（二）我国政府信息公开存在的问题

《政府信息公开条例》实施以来，通过不断的实践，毫无疑问的是对我国政府信息公开作出了很大贡献，但从总体上来看，我国政府信息公开距真正的民主化进程还有很大的距离。具体而言，由于种种原因，我们的观念还是没有彻底改变，很多政府机关都不能适应这一新的条例所体现的原则和本质，依然处于传统的管理模式和管理思维，开展工作就像应付差事一样公开一些无关紧要的信息。

1. 从传统文化上看，公民维护自身知情权的民主意识不强

一个国家特殊的历史环境，必然会影响到一个国家人民的思想认识，上到政府，下到人民。我国是一个长期专制统治的国家，封建思想的灌输给我们当代人留下了保守国家秘密的思想认识。人们总会认为政府信息就是不能泄露的，而不会用“公开”这个词去形容，“泄露”这个词本身代表的意思就足以证明人们的传统思想。政府内部之间传播信息之后才会把一些微不足道的信息公开。公开是透明的一个必要条件，但公开并不意味着就一定透明。很多被公开的都是无用信息，真正重要的信息则往往语焉不详或难以获得。虽然这种传统思维并不代表所有人的认识，但是由于我国受教育程度普遍不高，人们的认识有限，所以这种愚民思想仍然阻碍着政府信息的公开。我国的公民有很大一部分根本不知道什么是知情权，根本不知道自己拥有这样的权利。无论是保密观念还是受教育程度都不同程度的影响着公民维护自身知情权的民主意识。

2. 从实施主体上看，政府机关工作人员公开意识薄弱

首先。实施政府信息公开的相关工作人员官本思想根深蒂固，对政府信息公开存在观念上的误解。自古就有一个说法，对于老百姓而言只要让他们按照统治者的意志去做事，不能让他们

知道为什么要这样做。这样的观念形成了一种官本思想，在行政人员的思想里根深蒂固。特别是对于领导阶层的行政官员，一直认为掌控相当数量的公共资源就是他们为官的真谛，可以显现自身能力和自身权威的真理一样。殊不知这样将政府信息的大量资源置于不公开的长期状态，严重阻碍了政府信息公开工作的实施。长期以来，行政人员形成的习惯，使得他们以一种本能的反应去抵触新兴法规的要求，总是以一种潜规则去对付政府信息的相关工作。因此，官员的思想意识上对政府信息的误解必然造成国家资源的严重浪费，导致政府信息公开就是一个“表面工程”。其次，政府机关工作人员对上级发布下来的文件形成一种懒政思维习惯。一般情况下，上级发下来的文件到了下一级部门本来就比起原件少了很多，等领导签字后发布命令让干事自己决定是否公开。这时候，官员的懒政思维就萌发了，既然让自己把握公开与否，认为多一事不如少一事，经常性选择不公开。行政人员对政府信息公开制度的理解如此不到位、如此不负责任，严重影响了政府信息公开的实施效果。最后，部分行政人员对政府信息公开制度的了解不到位。关于政府信息公开的意义、程序等具体内容他们没有进行深入的了解学习，因此根本就不知道有关政府信息公开的目录、指南、年度报告等具体撰写的方法和标准，更有工作人员以其他借口直接性推卸自己的分内工作。这样不专业、不负责任的行为有待进一步解决。

3. 从客观效果上看，政府网站建设不完善

第一，发布的信息没有实用价值。政府网站基本上仅仅是发布一些简单的通知、文件，实用的信息根本看不到，不实用的信息倒是可以看到。文件的实质价值埋藏很深，无法从表面发布的信息解读到，而且缺乏时效性，导致需求者得不到实用的信息，影响到其正常需要，社会发展也同样受阻。一般情况下，群众还是去官方网站寻求所需要的信息，但是求而无果，就只能去网上搜索，有时候政府的网站都不如百度、腾讯等网站的信息实用。

第二，所提供的服务不好用，大多数政府网站都设置了政务公开、在线回答、政府信息公开等这样相关的栏目，但是提供这样的服务让公众真正用起来却不是那么得心应手，令人满意。比如一些相关网站都设置的在线回答专栏，存在着在线回复时间太长、不回复、回复结果无质量等问题。这样一些情况严重背离了所设置这些服务的初衷，阻碍了政府网站信息公开的质量，影响了政府信息公开的目的。第三，政府网站法律法规不完善，网上投诉举报渠道尚未健全，网络监督机制有待完善。当前的政府网站信息公开本身没有相关的法规，为其规定具体的惩罚和监督，所以对政府机关而言，发布不发布信息、发布信息正确与否，几乎是没有任何强制约束力的监督，只是依靠政府工作人员自身道德的一种操作而已。同时我国政府网站信息资源管理漏洞百出，存在的法律问题引人深思。主要包括政府网站提供的内容和内容管制、知识产权、隐私权、电子交易、消费者权益保护等。比如“人肉搜索”的盛行就严重损害了不少人的隐私权，就需对政府网站建设的更加合法，来保障公民的隐私权不被泄露。

4. 从法规本身来看，《政府信息公开条例》本身存在的不足

一是《政府信息公开条例》的“例外”事项。政府信息公开在世界各国都有一个共同的指导思想就是以“公开为原则，不公开为例外”，在我国的实践过程中，规定公开的好操作，但是规定的不予公开的事项就难以操作。我国《政府信息公开条例》规定了行政机关在公开政府信息的过程中，必须遵循这样的前提，即不得危及国家安全、经济安全、公共安全和社会稳定，从中可以看到只要涉及到这些方面的信息就应当视情况而保密，不予以公开。但对上述概念的范围都没有作出具体的规定，都是采用了一个笼统的界定，这样的话，范围就可以大也可以小。而且认定这些概念的范围大小、公开与不公开的权力都是由政府一方来确定的，这就证明政府一方拥有一种可以随意使用的自由裁量权。而这是一种没有约束力的权力使用，一些明明是可以公开的信息都可以被认定为是涉及保密事项的而不予以公开。政府信息公开中对例外事项规定的范围或特点或判断标准不够细化，在实施过程中影响了《政府信息公开条例》的具体操作。二是《政府信息公开条例》所规定的保密内容难以界定。《政府信息公开条例》在规定了诸多应该公开的内容的同时也公开了不予公开的事项，行政机关在公开政府信息前，必须经过一定的审查才能确定是否公开，参照的依据就是《中华人民共和国保守国家秘密法》和其他法律法规。如果行政机关不能确定某些信息是否可以公开时，就必须依照法律、法规和国家的有关规定上报有关主管部门或者同级保密工作的部门来确定。在实践中，按照《政府信息公开条例》的规定到底哪方面是涉及国家秘密，哪方面是涉及商业秘密，哪方面是涉及个人隐私，仅仅看字面描述也比较模糊笼统，对其界定更没有达成共识的标准，唯一的标准就是所指定的《保密法》。此法是1989年制定的，其中的众多规定随着时代的发展已经不能适应新时代的要求，其中保密时间较长，保密范围很大，对我国建立现代开放透明的政府不相适应。2010年4月29日修订通过的新《保密法》才使这种现象有所改观。三是《政府信息公开条例》申请主体具有有限性。依据《政府信息公开条例》的规定，政府信息公开的申请主体为相关的、具体的利益主体，包括公民、法人和其他组织。2008年4月29日，国务院办公厅曾发布《关于施行中华人民共和国政府信息公开条例若干问题的意见》，其中就涉及到行政机关对申请人作出的一些限制，“如果申请人申请的内容与本人生产、生活、科研等特殊需要无关，可以不予提供”。这些对政府信息公开主体的的权利限制，完全背离了《政府信息公开条例》的意愿和宗旨。这样的限制在遇到公共利益方面就是给申请人另外附加了条件，阻碍很多社会团体、学术研究者、热心人士对公共利益需要的申请严重背离了信息公开的本质要求。比如当我们遇到一些重大的公共危机，一位公民想要知道公共危机事件的发展情况、防治措施等情况的时候，却无法获得信息的公开，只能等待政府的主动公开，公民个人无法依申请公开。诸如这样的限定还有许多，尤其是针对大多数民众在面对一些涉及人数较多的公共利益面前，部分民众就会产生一些“搭便车”的心理，完全没有主动要求公开事关公众利益的心态，这样的状况只会更加损害公共的利益。

5. **监督机制不完善**

政府信息公开监督制度，即政府机构的内部监督制度和外部监督制度。《政府信息公开条例》的第三条已经对政府信息公开的监督保障作出了具体的规定。在具体的实践过程中，从国务院到各级地方政府都成立了政府信息公开工作领导小组，进行具体的指导、协调和监督工作。《政府信息公开条例》的规定所体现的其实就是行政机关的内部监督，即政府信息公开工作机关自上而下的指导、检查工作，然后再配合自下而上的反馈汇报工作。其实这就是一种平行监管的模式。这样的模式在信息公开工作中由于行政机关既是信息的掌控者和发布者，同时又是信息的监督者，这样等于集监督权和执行权于一体。行政机关的工作人员本身具有裁量权，这种权力又不受司法的干扰，所以这两种角色集于一身的行政机关，对于公众的救济的呼声只能是不公不正了。《政府信息公开条例》的第 30 条规定：“行政机关实施政府信息的情况要受到政府信息公开的工作主管部门、检察机关的监督检查。”第 33 条规定；“公众认为行政机关不按照法律规定去履行政府信息公开义务的，可以通过向上级行政机关、政府信息公开工作主管部门或者监察机关进行举报。”这些机关要根据公众的举报进行调查处理，同时公众就侵犯其合法权益的行为（行政机关公开政府信息的工作当中），可以采取申请行政复议或者提起行政诉讼来维权。根据这些规定结合我国的实践就拿这种外部监督来看，检察机关没有被明确指出来是哪一个部门可以干涉行政机关关于政府信息公开的界定，我们将其看作司法机关来讲的话，即使公众向法院提起诉讼，法院的监督权也只是关于合法性审查，由于《政府信息公开条例》本身规定就不够完善和细化，使得法院根本无法对其作出界定。因为不论案件的大小和意义，法院受理与否和案件结果大都直接涉及信息公开与不公开的条款。同时，法院的特殊程序和诉讼费用让老百姓有想法也不敢去尝试。最后还有广大人民群众，法人等社会组织的监督，但是，一是公众对政府信息公开的了解甚少，且知情权意识本身就很薄弱，从官到民都受传统思想影响，总是抱有得过且过、多一事不如少一事的想法；二是就没有相关的监督机构可以独立出来为公众做主，更没有坚强的法律后盾。所以无论从外部监督还是内部监督都不能给予我国政府信息公开理想的监督效果，需要进一步的完善和足够的引起足够的重视。

（三）建设透明政府进行信息公开困境的原因

1. 历史原因

一是中国历来受高度集中的政治权力的影响。在世界上，中国是封建统治最长的一个国家，其中央集权专制的君主制度是封建社会唯一的政治形式。在相当长的一段时间里，中国的社会结构和政治思想以一种稳定的状态运行，虽然有不同的朝代更替，但是统治阶级只是依靠高度封闭的专制来行使国家的权力，因此中国政治、文化发展严重受阻。从官员立场看，开始时大臣的权力日益减弱，皇帝的权力不断加强，到了清朝，基本上大臣已经没有了任何参政议政的权利观念了，完全是皇帝一个人说了算。纵观中国的历史，在惯行的高压统治下，从臣到民都形成了一种传统观念，习惯了依附和顺从，基本丧失了参政议政的主动性。所以从新中国成立以来，政府对于信息公开的管理依然带有保密主义倾向和传统政治文化的色彩，在很大程度上造成了到如今政府信息公开的公民知情权意识不高和官员官本位思想的现状。二是缺乏法制思维。我国的法律在长期封建专制的历史长河中，只是作为一种统治、压迫、管制人民的工具，而不是作为服务于人民的工具。因此在社会的发展过程中，这种思维一直影响着我国依法治国战略的有效实施。国家机关在信息的公开当中，由于受到传统思维的影响不具有主动公开的意识，也没有约束性。公民总是像过去的臣民一样被动的接受信息有如施舍一样。一旦遇到权力违规时，一般习惯不是诉求与法律的规范，而是以高层权力为依托，这样就形成了一种所谓权力制约的悖论。面对当前政府信息公开当中的种种困境，法制力量的不给力，其实践的效果大打折扣也是必然的，有效解决的办法之一就是依靠政治和法治的大环境。

2. 制度原因

政府信息公开的制度原因主要是指相关配套制度不完善，表现在政府信息公开的监督与保障方面的不足。一是政府信息公开救济制度不完善。全国上下在行政复议、行政诉讼上的焦点基本上都是关于信息公开与不公开条款、信息公开范围等。其中败诉都有一个共同的特点是《政府信息公开条例》对政府信息公开范围的规定缺乏可操作性标准，这成为法院不予受理的正当理由。因此《政府信息公开条例》对公开内容、公开程序、公开范围、公开主体的规定不够细致是造成救济制度无法操作的一个原因，最高人民法院缺乏对《政府信息公开条例》实施的司法解释，以及相关的救济机关缺乏相应的监督也是造成这一现象的重要原因。总之，救济制度不完善的主要原因是由于有效的行政救济和司法救济在保障政府信息公开的工作当中，有许多法律尚未涉及的空白地带。二是政府信息公开工作的保障制度。为切实保证政府信息公开的相关工作落实到实处，《政府信息公开条例》规定了若干监督保障的制度，比如政府信息公开年度报告制度、考核评议制度、监督检查制度等等，这些制度在信息公开的过程中已经发挥了不少的监督保障作用。但是，政府信息公开的年度报告从制度的设计上没有问题，在具体操作过程中对报告中规定的各项内容的落实中，内容笼统、避重就轻、不全面的问题依然很突出。归根结底是由于政府信息公开工作在具体工作落实方面还是不够细致。政府信息公开的监督检查制度在制度的设计上就存在很大的漏洞，这是监督不够的本质原因。由于监督的主体和被监督的对象应该处于不同性质的利益追求体，保持足够的距离是内部监督的本质要求。我国政府信息公开的监督主体和被监督主体本身就具有工作上的联系和相同方向的性能和目的，就导致其成为一个共同的利益体。而由于没有相关的配套制度来保证检察机关行使监督权的独立性，因此其同样具有不独立性。这样的话，其独立性不强就影响了监督的效果。监督机制的设计考虑不周全，有悖于权力运行的原则，必然导致多头管理、权责不明确。所以要健全政府信息公开的监督保障制度，提高监督的力度，就要从根源出发，抓内部监督机制不健全的原因。

3. **立法原因**

一是政府信息公开与相关法律法规的关系失衡是造成政府信息公开尴尬局面的原因。为什么会失衡呢？在我国《保密法》属于国家法律，《政府信息公开条例》属于行政法规，后者的法律效力层次明显低于前者，所以在遇到一些申请政府信息公开的案例当中，只能被告知譬如涉及“国家秘密”而不予以公开。这足以证明《政府信息公开条例》没有与相关的法律如《保密法》、《档案法》等进行有效的衔接和协调，使得政府信息公开工作遇到障碍。二是由于时代的发展，科学技术的突飞猛进，制定法律的速度无法跟进。制定法律的速度远远赶不上时代的发展，使得政府相关部门钻法律的空子，造成了不少尴尬的局面。所以，政府信息公开的相关配套法律制度的过时是引起政府信息公开困境的一个很重要的原因。

4. **个人原因**

一是不排除一些人为了自己或小集团的利益而“保密”、而拒绝公开。这些人所说的“秘密”，其实已经不是事关国家安全和国家利益的秘密，而只是事关自己私利或小集团利益与安全的秘密。他们这样做时，已经把国家秘密偷换成了个人或小集团的私密。这种情况，既存在于一些不合理、不科学、不人性、不合法的定密工作中，也存在于一些拖延不办、百般推诿的解密工作中，更大量发生在现实的党政工作中。当我们普通百姓要求一些政府机关公布相关事项时，一些党政工作人员常常置政务公开的要求于不顾，以“保密”做挡箭牌，把本应公开的事项定为不同等级的国家秘密，把本应解密的事项不予以解密，从而侵害了公民合理合法的知情权。二是一些人存在着怕担责任的“私心”。在保密工作中，因没有定密、定密过低、不当解密等造成泄密而受纪律和法律追究的案例很多，但因过度保密或不及时解密而受到批评或纪律处分的则很少，更不用说因此受到法律制裁了。任何不恰当的保密，在上级领导和部门过问下，一般都会通过及时解密而得到补救，当事人很少因此会受到指责。相反，如果因为没有定密而使某些应保密的事项被公开，或者因不恰当解密使某些还不应该公开的事项被过早公开，当事人一般都要承担相应的责任，其提升晋级就可能受到影响，有时还会受到纪律处分甚至法律制裁。在这种情况下，保密工作存在“宁左勿右”的现象就不足为怪了。“宁左勿右”甚至已经成为保证保密工作不出差错的“潜规则”。这样的潜规则，使保密工作中定密和解密两个环节至今难以适应政务公开的要求，使特定关系人和公众难以获得本应知悉的各种政务信息。因此，在当前的市场经济条件下，要做好保密工作，无论是定密、保密，还是解密，都需要克服私心杂念，都不能把保密工作作为实现自己私利和小集团利益的工具和手段，而必须以国家利益和国家安全作为保密工作的出发点和根本目的。

（四）构建公开透明的服务型政府

在现代社会，特别是在与农业社会和工业社会不同的信息社会，信息逐渐成为一种比物质更有意义的资源。政府就是这种资源的最强大的控制者，而且这种资源均与公民的权利相关。因此，政府信息公开，建设透明政府成为信息时代民主社会的标志之一。同时由于政府在国家中的地位决定了其拥有信息的权威性，如果政府不承担起信息情报的公开义务，普通公民显然是无法真正享有与充分利用这本由全体公民创造并提供，且属于全民与全社会所有的信息资源。况且一个人从出生到死亡都要与行政机关打交道，如果公民连最基本的信息都难以获取，现代化的社会治理从根本上就无从谈起。

1. 推进政府信息公开是构建公开透明服务型政府应有的题中之义

当代中国政府体制改革的目标之一就是要建设行为规范、运转协调、公正透明、廉洁高效的行政管理体制，推进政府信息公开则是构建公开透明服务型政府的一个关键环节和应有的题中之义。(1) 如前所述，政府信息公开体现了“主权在民”的思想。从表面上看，政府信息公开只是将政府机构设置、组织、职能、办事指南等信息向社会公开，体现的是一种政府办事方式的改变。然而，从本质上看，它体现了“主权在民”的思想，既然政府是由人民授权而产生的，人民自然也就有权利了解政府方方面面的情况，自觉地接受人民的评判和监督。政府按照法律法规的要求，公开一切可以公开的信息，将一切摊在阳光下，接受人民的监督，是实现人民当家作主的基本要求。(2) 政府信息公开有利于推进政府决策的科学化与民主化。据不完全统计，我国80%以上的信息主要掌握在政府手中，而且国家的大部分资源也由政府使用，没有向社会和公民开放，政府部门之间共享信息和资源也比较困难。这种状况造成了政府与民众之间、上下级政府之间、政府部门之间对信息的掌握出现了严重不对称的现象，许多信息在流转过程中出现了失真、变异和扭曲，由此而作出的各种决策其科学性、有效性可想而知。政府信息公开一方面改变了人民群众在掌握信息方面的弱势地位；另一方面还可以通过人民群众的积极参与，帮助政府纠正不符合实际的决策，提高政府决策的质量，从而真正实现政府决策的科学化与民主化之目标。（3）政府信息公开有利于公民通过法定的渠道对政府部门及其工作人员进行监督，防止权力滥用。政府信息公开增加了政府部门及其工作人员依法行政的透明度，方便了公民通过各种法定的渠道对政府部门及其工作人员进行监督，可以最大限度地避免各类“暗箱操作”现象，防止权力滥用。（4）政府信息公开有助于塑造亲民的行政文化。一般来说，政府官员向民众负责，并接受民众的监督，这是没有疑义的。但对于政府机构的实际动作及其运作的效率如何，人们关注得较少，如果政府机关为了“保密”又不主动透露，这不仅造成了公民对之进行监督缺乏行之有效的方式和标准，而且造成了政府事务神秘化、政府官员特权化等现象。因此，公开政府一切可以公开的信息，让普通民众明了政府在实际生活中是如何运作的，还“人民的政府”之本来面目。这是把构建公开透明服务型政府的目标落到实处的有效途径之一。

2. 以政府信息公开为契机，大力推进公开透明服务型政府的建设力度

建设公开透明服务型政府，不仅要求我们在理念上有一个大的突破，更要求我们在体制与机制建设上有一个大的变革，而政府信息公开则为此提供了一个良好的契机。（1）从理念上正确把握“以公开为原则，不公开为特例”的精神。首先要求我们在有关政府信息公开的法律法规方面，要尽量减少有关条款的模糊性和弹性，增强法律法规的刚性；同时充分发挥作为最高权力机构的人民代表大会的作用，建立相应的信息披露、发布、审查与监督制度，并在条件允许的情况下，将政府信息公开的范围进一步扩大，以便公民更好地监督政府及其工作人员。其次，无论是“以保密为原则”，还是“以公开为原则”，都不应成为政府信息公开工作的最终和最高原则。在谈到总体国家安全观时，习近平同志指出，要“以人民安全为宗旨”，要“坚持以民为本、以人为本，坚持国家安全一切为了人民、一切依靠人民”。有了这一原则，我们就比较容易理解和处理保密与公民知情权的关系，这就是以保障公民知情权为原则，在保密与公民知情之间取得平衡，也就是在保密与公开之间取得平衡。保密与公开的关系，根本上说就是国家与公民的关系。要处理好保密与公开的关系，本质上就是要处理好国家与公民的关系，真正把公民作为当代国家的核心和当代国家活动的根本目的。（2）从体制上构建一个以公开、合作、协商与伙伴关系为特征的扁平化的公共治理体系。结合政府职能转变和机构改革进程，以政府信息公开为契机，发挥政府、市场、社会、中介组织与公民等多元主体参与政府公共服务和社会管理的作用，加大电子政府的建设力度，切实推进政府上网工作的建设，通过对垂直型的政府治理结构的扁平化改造，推动政府与民众之间、上下级政府之间、政府部门之间有效沟通、协商和合作，推动政府机构对公民的各种需求及时地作出有效回应，以真正树立“人民政府为人民”的形象。（3）从机制上引入新做法，改变政府独家垄断信息并自行决断重大事项的状况。以政府信息公开为契机，大力推进政府办事流程的公开化、透明化进程，推进政府决策过程与执行过程的科学化、民主化进程，对与人民群众利益密切相关的重大事项，引入评估、咨询、公示、听证、纠错、责任追究等机制，完善重大决策的规则和程序，通过多种渠道和形式广泛地集中民智，扩大人民群众的参与度。在机制创新上为建设公开透明服务型政府奠定基础。

3. 以加强政府能力建设为依归，营造和谐的政民关系

政府存在的意义在于为社会大众提供和分配包括安全、秩序、教育、公共卫生、社会福利、平等、自由等在内的各种价值。政府信息公开，从根本上说是为了提高政府服务人民大众、分配各种价值的能力，这既是新形势下加强政府能力建设的必然要求，也是在政府与民众之间营造一种和谐的政民关系的必然要求，更是执政党“执政为民”的内在本质的充分体现。政府敢于公开一切可以公开的信息，自觉地接受人民群众的监督，这本身就是一种执政能力非常强的体现，也是“执政为民”的根本宗旨在新形势下的生动写照，它从一个侧面反映了时代的进步。政府可以公开一切可以公开的信息，努力建设透明服务型政府，可有效地改变以往那种“高高在上”的官僚作风，真正体现人民的政府始终为人民服务的宗旨。可以使政府与民众之间建立一种相互信任、有效合作、良性互动的关系，使其执政能力不断得到加强。公民也可在积极参与社会公共事务的治理过程中，使其自身利益不断得到满足，参与能力不断得到提高，形成政府与公民之间建立高水平的信任与共识的良性互动局面，进而营造一种和谐的政民关系。

第七章　行政文化的核心价值观：行政正义

行政正义是行政文化的核心价值观。这一命题得以证成，直接来源于相互联系的两个方面：一是公共行政具有鲜明的政治性；二是正义是政治文化的核心价值观。换句话说，如果我们能够直接证成正义是政治文化的核心价值，那么行政正义是行政文化的核心价值观在逻辑上就不证自明。

一、公共行政的政治性

（一）公共行政的产生具有政治性

从公共行政的产生来看，政治和行政的产生是有“血缘”关系的。众所周知，公共行政是基于政治与行政二分法而独立出来的，换句话说，它是在政治学的大厦中诞生，在政治学的后院里被抚养长大的，但从公共行政独立出来的那一刻起，公共行政都没能抹去其政治色彩，正如公共行政的创始人威尔逊在肯定公共行政的独立性的同时又承认“它与政治学指挥所派生的经久不败的原理以及政治进步所具有的永恒真理是直接相关联的”[①]。所以，公共行政具有鲜明的政治性。政治学作为公共行政学的母学科对其性质有着深远的影响。

公共行政价值生成的宪政基础决定了公共行政应契合民主宪政的价值理念，体现政治性。宪政是近代民主政治发展的产物，

① ［美］伍德罗·威尔逊：《行政学研究》（中译本），载《国外政治学》1988 年第 1 期。

是基于依据人民的意志制定的宪法及在宪法框架下制定的法律法规所确定的相应的制度安排和制度实施，确立公共权力的组织形式、权力架构、职责范围和运行机制，并依据这样的源于根本法的规制实施公共权力的良性运行。宪政价值理念是宪政的内在规定，其中，人民主权和民主政治理念是宪政的基本价值理念，限制和制约公共权力和法治理念是宪政的核心价值理念。宪政的实施要求必须要建构一套体现正义原则的制度体系，这种正义原则就是公众期待并普遍认可的人权、民主与和平等等。同时还必须把公共权力纳入宪法和法律的严格控制之下，限制和制约公共权力尤其是政府权力构成了宪政的基本精神，也是宪政的核心。作为一种专门为公共领域服务的公共行政是以创造和维护正常的公共生产和生活所必需的条件为目的的，人民的主权实现是政府及其管理活动合法性的唯一来源和运作的前提。

（二）公共行政的运行具有政治性

公共行政官僚机构是政治系统运行的基本工具。这种观点超越了不同的政治系统在政治意识形态、政治文化和政治风格等方面的差异，已经成为人们的一种共识，很少会有例外。称职的官僚机构在发达政治系统中的重要性是不存在什么争议的，如果没有一个以这种或者那种形式存在的“现代”政府官僚机构，那么一个政治系统就不可能培育出一套高水平的内部规则、权力分配方式或者人员选拔办法。[①]

公共行政在其实际运作中也日益凸显出其政治意义。学者们一致认为国家政治中涉及的组织数量已经显著地增加了，其中有许多使得行政决策变得错综复杂的因素，其动机并不是直接的经济上的考虑，而是与意识形态上的信念等因素相关。威廉·F. 韦斯特引

① 参见［美］费勒尔·海迪：《比较公共行政》（第六版），刘俊生译，北京：中国人民大学出版社 2006 年版，第 482—487 页。

用 Hugh Heclo 和 Daniel Mccool“影子政府”（“Subgoverments”，指对正式政府或组织施加相当影响的非正式团体或机构）的概念来描述美国行政管理政治环境的变化，“政策实施过程中不断加强的竞争性、不稳定性和不确定性使得有关群体去寻求参与机会和追求行政行为的正当性”。[①] 其结果不仅是公共行政的政治环境变得更加多元化了，也使得公共行政在实际运行中的政治性日益增强。

二、 正义是政治文化的核心价值观

在《正义论》的开篇，罗尔斯申言：“正义是社会制度的第一美德，如同真理之为思想的第一美德。一种理论，无论多么雄辩和精致，若不真实，就必须加以拒绝或者修正；同样，法律和制度，无论多么行之有效和治之有序，只要它们不正义，就必须加以改革或者废除。”[②] 博登海默也曾说：“任何法理学专业论著都不应当回避或忽视那些与在人际关系中实现正义有关的重要问题，尽管任何企图用客观的标准处理这个问题的做法都会遇到困难。我们认为，法律的功能乃在于促进这些人类价值的实现，因此，如果法律理论和法律哲学忽视这些人类价值，那么它们肯定是贫乏的、枯燥无味的。”[③] 作为建构社会基本秩序和规范社会公共行为的制度体系，正义不仅仅是一个社会秩序的基础，更是一个社会制度和法律所应追求和可能达到的最高价值目标。

奥特弗利德·赫费认为，正义“在政治的应用意义上，第一层次的正义涉及的是某一部门的单个行为，即一个公告、一个法令或一份法庭判决。在公共行为不仅偶然和出于幸运，而且在一

① ［美］威廉·F. 韦斯特：《控制官僚》，张定淮、白锐译，重庆：重庆出版社 2001 年版，第 16 页。

② ［美］约翰·罗尔斯：《正义论》，何怀宏等译，北京：中国社会科学出版社 1988 年版，第 1 页。

③ ［美］E. 博登海默：《法理学—法哲学及其方法》，邓正来、姬敬武译，北京：华夏出版社 1987 年版，第 11—12 页。

般情况下，并且本质上是正义的地方，可以在第二层次的政治的正义性意义上，总体地把政治部门和机构，乃至整个法和国家看作是正义的"①。显然正义在其实质上是一个国家法和政治的正义性的体现。正义是规定政治关系、政治制度和政治行为的总的道德要求，正义是政治生活的首要价值，是社会和个人政治行为所必须遵循的基本准则。正义将超越并影响权利、自由、平等、民主、安全、秩序、效率等具体的政治价值，下面我们将分别论证为什么不是政治文化的核心价值?

（一）政治文化的核心价值是自由、民主、平等或效率吗?

1. 功利主义的政治哲学

（1）功利主义政治哲学的主要内容。功利主义产生于 18 世纪末 19 世纪初，其中心内容和根本基础就是功利。他们坚持以"最大多数人的最大幸福"为第一和根本的原则，认为衡量最好的政体和政治体制的标志，是以能否获得最大福利和保证利益的和谐。幸福就是人类行为的唯一目的，而促进幸福，便是用以判断人类一切行为的标准。如果社会主要体制的安排获得了社会全体成员总满足的最大净差额，那么这个社会就是一个井井有条的社会，因而也是正义的社会。与当时的古典经济学一样，功利主义者所谓最大的善，指的就是最大的收入，而并没有考虑分配的公不公平。根据功利主义的标准，使社会中个人功利最大化的社会分配就是公正的分配。从一定意义上讲，坚持大多数人的最大幸福的原则是社会长期繁荣和稳定的根本保证。但功利主义的一个困境就是对人的基本权利的忽视，这是一种唯目的论的伦理价值观。这也正是美国哲学家罗尔斯寻找新的正义理论的动因。

---

① ［德］奥特弗利德·赫费：《政治的正义性—法和国家的批判哲学之基础》，庞学铨、李张林译，上海：上海世纪出版集团 2005 年版，第 35—36 页。

（2）对功利主义政治哲学的反思抑或对“效率第一”的批判。自从工业革命以来，功利主义一直居于上风，效率乃是一个社会运转良好的标志。实际上，效率仅仅代表的是社会经济发展“快”与“慢”的速度考量，而社会正义则代表的是社会综合发展“善”与“恶”的伦理考量。首先，效率增长更多的是对科学技术的依赖和资源的无穷利用，而资源的有限和技术理性的根本缺陷在于他们在处理社会事务时缺乏历史意识，缺乏战略眼光，将社会现象看作是实际存在的物理事实来裁量。其直接后果是给我们留下了一个技术上日趋完善但道德上日趋贫乏的专业主义——这样的专业主义更易于受到道德错位的影响。所以马克思敏锐地观察到“技术的胜利，似乎是以道德的败坏为代价换来的。随着人类愈益控制自然，个人却似乎愈益成为别人的奴隶或自身的卑劣行为的奴隶。甚至科学的纯洁光辉仿佛也只能在愚昧无知的黑暗背景上闪耀。我们的一切发现和进步，似乎结果是使物质力量成为有智慧的生命，而人的生命则化为愚钝的物质力量”①。其次，发展不等于增长。在早期，发展一般是被理解为经济增长和物质财富的增加。“我们所谈的增长是指某一单位（通常指一个国家）以相对于居民人数的国民生产总值来表示的规模扩大。如果在考察短时期时，我们用‘扩大’这个词汇，如果在考察某一较长时期时，我们则用‘增长’这个词。”② “规模持续增长这个概念是有用的，但很笼统；它之所以成功就在于它相当简单，容易用一个数字来表示——但往往造成很大错觉。”③ 后来随着资源紧缺、环境污染、战争和社会不稳定等困境的出现，人们开始把社会、政治和文化等指标纳入社会发展的视野，使发展内涵复合化。所以，必须超越效率追求的模式，在更高的起点上

---

① 《马克思恩格斯选集》（第1卷），北京：人民出版社1995年版，第775页。

② ［法］弗朗索瓦·佩鲁：《新发展观》，张宁、丰子义译，北京：华夏出版社1987年版，第6页。

③ ［法］弗朗索瓦·佩鲁：《新发展观》，张宁、丰子义译，北京：华夏出版社1987年版，第6页。

寻找作用于社会发展的途径。黑格尔认为，任何一对矛盾的范畴必然会在一个“合”的命题中获得统一。“正义”就是“公平”与“效率”矛盾的“合”命题，即通过把握正义的主题，通过提供社会公正去达到公平与效率的统一。

2. 权利主义的政治哲学

（1）权利主义政治哲学的主要内容。权利主义政治哲学以罗尔斯和诺齐克为代表。罗尔斯立足于公平的一套优先于任何其他考虑的自由权。该理论从公平出发，通过“无知之幕”之后的极其严密的逻辑分析，导出其称做“自由权优先”的一项要求：存在一组自由权利，不管任何其他考虑，必须保证这一组自由权利的实现。罗尔斯的正义理论为其赢得了广泛的赞誉，同时也受到了来自理论界的广泛挑战。其主要原因在于，罗尔斯的理论过分地强调了天赋的不平等，而过少地注重人自身的选择，体现较多的是对弱者的同情，而不是对强者的奖励。显然，这是许多人所难以接受的。诺齐克就是其中的代表。诺齐克的正义理论也是奠基于权利之上的。他与罗尔斯都认为正义优先于善，权利优先于功利。但是罗尔斯的权利主要是指政治意义上的言论、信仰、思想、人身以及法治的自由，而诺齐克更强调对物品和利益的所有权的不可侵犯性。所以他提出了更强的“自由权优先”的要求，具有优先性的自由权利的目录更长，优先性的程度更绝对。

（2）对权利主义政治哲学的反思抑或对“自由权利第一”的批判。“在一个正义的法律制度所必须予以充分考虑的人类需要中，自由占有一个显要的位置。要求自由的欲望在人类中是根深蒂固的。”① 英国哲学家和社会学家赫伯特·斯宾塞认为，“同正义观念相联系的最高价值并不是平等，而是自由。”② 目前，这已

---

① ［美］E. 博登海默：《法理学—法哲学及其方法》，邓正来、姬敬武译，北京：华夏出版社 1987 年版，第 272 页。

② ［美］E. 博登海默：《法理学—法哲学及其方法》，邓正来、姬敬武译，北京：华夏出版社 1987 年版，第 241 页。

成为西方主流思想家的主要社会正义之主张，如哈耶克、弗里德曼和诺齐克等人。哈耶克在其专著《自由秩序原理》中指出任何企图带来更大的经济平等的尝试，都注定具有压迫性，并且对一个自由的社会是有害的。与之相类似，诺贝尔经济学奖获得者弗里德曼在其《资本主义与自由》一书中也认为，许多被人们广泛接受的政府行为，都是对个人自由的非法侵犯。为此，他提倡将政府的角色最小化以让自由市场运作，以此维持政治和社会自由。他的政治哲学理论也成了自由意志主义的主要经济根据之一。诺齐克在其《无政府、国家与乌托邦》一书中，从分配的角度为自由至上主义原则提供了一种哲学上的辩护，并以其自由意志主义的观点来反驳罗尔斯的《正义论》。他在书中主张任何物资的分配，只要是透过成人间的自愿贸易，同时财产根基于正当的基础，那么这种分配便是正义。

从中我们可以看出，自由主义经济学家所谓的自由，仅仅是一种基于产权、资本、交易之“自由秩序”的“市场公正”，它绝不是一种社会公正。事实上，一旦超越经济范畴，将自由的权利放在一个更加宽泛的社会范围内，我们就会发现单单追求个人“自由秩序”的权利会带来的许多复杂的社会问题。因为任何自由权利都容易被“经济人”的个人和群体所滥用，试想，如果自由不加合理限制，那么任何人都会成为滥用自由权利的潜在受害者。在个人的私人空间，自由权利比较明确清楚，一旦进入社会公共领域，人们都希望把自己的利益和价值观扩大到社会公共领域，使自己的规则变成社会公共规则，增加自己的自由并限制他人的自由。这样，主体之间的自由冲突便不可避免。社会制度又很难合理安排和协调越来越多而又互相冲突的自由权利要求，而且在资源和经济成本上也不可能承担得起越来越多的自由权利要求，这样任其发展，社会就会发生根本性的混乱。因此，为了社会制度的正义，自由的权利必须受到某些限制，这就是自由社会的经验。正如卢梭在《社会契约论》的开篇所言：“人是生而自由的，但却无往不在枷锁之中。”① 所以不考虑一种自由权利在社会制度中的正当性和可行性即正义性是不负责的。现代社会的一个危机就是人们想要尽量多的自由权利和尽量少的义务，这是误导自由的根本原因。

3. **平等追求的政治哲学**

在以往的政治哲学中许多思想家不是用自由就是用平等作为探讨正义问题的起点的。因为“如果不为平等与自由在社会组织规划中安置一个位子，就无法提出一个令人满意的正义原则”②。就宪政的角度而言，据统计，在世界上 142 个国家的成文宪法中，有 117 部规定了“法律面前人人平等或人的平等权利”，占 82.4%。如我国宪法第 33 条第 2 款规定“中华人民共和国公民在法律面前一律平等”。法国《人权宣言》的第 1 条宣告“在权利方面，人们生来是而且始终是自由平等的”；第 6 条规定“法律对于所有的人，无论是施行保护或处罚都是一样的。在法律面前，所有的公民都是平等的”；法国宪法第 77 条第 3 款规定“全体公民，不论其出身、种族和宗教信仰，在法律上一律平等。全体公民承担同样的义务”。德国基本法第 3 条规定“在法律面前人人平等。男女享有同等的权利。谁也不得因性别、世系、种族、语言、籍贯、出身、信仰、宗教或政治观点而受到歧视或优待”。瑞士联邦宪法第 4 条规定“一切瑞士公民，在法律面前一律平等”。美国宪法第 14 条修正案第 1 款规定“不经正当法律程序，不得剥夺任何人的生命、自由或财产；对于在其管辖下的任何人，亦不得拒绝给予平等法律保护。”平等条款是宪法最重要的条款之一，其丰富的内涵值得我们深入探讨和研究。

平等是一个国家的公民所获得的一种权利要求。亚里士多德

---

① ［法］卢梭：《社会契约论》，何兆武译，北京：商务印书馆 2002 年版，第 8 页。

② ［美］E. 博登海默：《法理学—法哲学及其方法》，邓正来、姬敬武译，北京：华夏出版社 1987 年版，第 242 页。

认为，“正义寓于‘某种平等’之中。从正义这一概念的分配含义来看，它要求按照比例平等原则把这个世界上平等的事物公平地分配给社会成员。相等的东西给予相等的人，不相等的东西给予不相等的人。”① 对其基本的理解为“同等情况同等对待，不同情况不同对待”。那么什么是“同等情况”？什么是“不同情况”？二者究竟是什么关系？“同等情况同等对待”固然是有道理的，但其实没有绝对同等的情况。“同等情况同等对待”其实是“相似情况同等对待”。相似到何种程度才能够同等对待？因为生活在一个社会中的人们在生活条件、受教育程度、个人能力等等方面的差异总是存在的，我们总是能在“同等情况”中找出“不同情况”，“平等乃是一个具有多种不同含义的多形概念。它所指的对象可以是政治参与权利、收入分配制度，也可以是不得势的群体的社会地位与法律地位。其范围涉及法律待遇的平等、机会的平等以及人类基本需要的平等”。② “不同情况”具有极大的普遍性。所以“不同情况不同对待”在一定条件下是必要的，因为不同人群有不同特点，需要给予某种差别对待，这种差别对待是合理的、公平的、正义的，但并不因此就能将其划归为“平等”的概念之内。“差别待遇”处于“平等”可以接受的范围之内时，“不但无害，而且有益，因此人们把它叫做公道”，“它能达到的目的和使平等原则本身之所以有价值的目的是一样的”。③ 所以“平等”体现出的正义并不排除在许多情况下“差别待遇”（不平等）也能够体现出正义。正义的表现可能为平等，也可能为不平等。因此，正义并不等于平等，正义只是在有时候（大多数时候）才等于平等。平等是一视同仁，而不是差别对待。因此“同

---

① ［美］E. 博登海默：《法理学—法哲学及其方法》，邓正来、姬敬武译，北京：华夏出版社 1987 年版，第 239—240 页。

② ［美］E. 博登海默：《法理学—法哲学及其方法》，邓正来、姬敬武译，北京：华夏出版社 1987 年版，第 280 页。

③ ［英］威廉·葛德文著：《政治正义论》（第一卷），何慕李译，北京：商务印书馆 1991 年版，第 99 页。

等情况同等对待”才是平等原则的应有之意，而“不同情况不同对待”体现的是公平和正义，但不是平等，它只是平等原则的“补充”，是对平等可能造成的不公平的一种补救。它并不违背平等原则，但“不违背”平等原则不等于它就“是”平等原则，它在平等之外而不在平等之内，它与平等紧密相连，但并不是平等本身。总之，只有通过对正义的追求，平等才能在人与人之间和与群体与群体之间的方面起到其应有的作用，但与此同时，它也维护并认可了许多“不平等”的现象。在一个社会里，只讲“平等对待”而排除“差别对待”可能导致平均主义，产生不公平的结果；而“差别对待”若脱离“平等对待”则可能变异为特权，对平等构成威胁，从而加剧不平等，导致更大的不公平。如果社会上不同的群体都过于强调自己的特别权利，就可能妨碍普遍人权的实现，甚至可能造成强势群体优先争得权利。因此，我们应当看到对人权的威胁不仅来自公权力，也可能来自不同的私权利主体对普遍人权的肢解与割裂。“当形成了派别的时候，形成了以大集体为代价的小集团的时候，每一个这种集团的意志对它的成员来说就成为公意，而对国家来说则成为个别意志；……分歧在数量上是减少了，而所得的结果却更加缺乏公意。最后，当这些集团中的一个是如此之大，以至于超过了其它一切集团的时候，那么结果你就不再有许多小的分歧的总和，而只有一个唯一的分歧；这时，就不再有公意，而占优势的意见便只不过是一个个别的意见。”①

4. 民主能成为政治文化的核心价值吗?

民主在现代社会作为一种最强音登上了历史舞台，并被看作是一种核心价值。其实这是一种错误的理解，民主不是一种价值，它仅仅是一种政治制度或者一种公共选择策略，是一种技术

---

① ［法］卢梭：《社会契约论》，何兆武译，北京：商务印书馆 1982 年版，第 39—40 页。

性手段。民主选举所代表的是程序的正当并非等于结果的“善”。当前，许多专制国家的君主也是通过全民选举出来的结果，人们往往称之为“虚假的民主”，“虚假的民主”也是一种民主，因为在程序上它是“正当”的。况且，民主就其本身而言，根本就没有正义性。民主存在的前提条件是不否认支配与服从的关系，它是一种多数人对少数人的支配甚至是强制的关系。其实在正常情况下，专制社会也会采取一种维护多数人的利益而牺牲少数人的利益的政治策略，以维护其正常社会秩序的运转，只有不可理喻的暴君才会选择与人民为敌。“牺牲人的利益”的正当性与否，才是最为核心的问题。

人们对民主的赞扬，是与专制制度相比较而言，即专制制度下的许多问题，如政治偶然性、暴政、奴役等，在民主社会里不会存在或不会长久存在。但这并不能证明民主就一定是好的制度，关于这一点古希腊哲学家柏拉图等人早就有所论述。

民主与自由具有天然的联系，是人们赞扬民主的常用手段。其实民主国家与自由并非是必然的，保证自由的是法制而不是民主，因为法制的原理才是公正。自由可以是民主的一个条件，但民主却不是自由的条件。事实上，民主社会并不能减少社会冲突，不能增大公民之间的利益相关性。民主与专制都是一种权力游戏，追求他们的直接后果必定是非赢即输的“零和游戏”。

民主的技术性优势主要表现在能够以可量化评估的方式去表达政治正当性。在民主制度诞生之前或在专制社会，“民心”问题均出于人们的感觉，没有任何的论据与统计，在一个缺乏政治论证的“质的判断”与数据统计的“量的判断”的社会里，任何“正当性”的质疑对一个社会都将带来一场大的灾难甚至是毁灭性的。民主的出现，使政治质疑失去了存在的理由，转让了社会风险，在一定程度上让“人民自己当家作主”，自己为自己选择，而与之相对应的就是自己承担自己选择的政治责任和政治风险，即使这种选择由于种种原因（如不知所选对象所隐藏的真实情形或被政治人物所蛊惑等）是错误的甚至是愚蠢的，但这种正当性我们却无法否认——尽管是程序性的。从总体上看，民主程序的正当性的实施掩盖了政治正当性的许多问题：如人民的幸福是否得到了增进？社会信任度是否得到了增强？是否保护和发展了美德？等等。

（二）唯有正义才是政治文化的核心价值

一个社会把什么事情看做是最值得追求的和最受尊敬的，它将决定一个社会的总体价值取向，这是根本的政治问题。“在一个价值观体系中，选择什么东西作为至高价值是需要无比谨慎的事情，因为当其他价值与最高价值发生矛盾时，其他价值就必定被告牺牲掉，因此，只有最高价值才具有决定性意义。如果最高价值选择不当就会使整个价值体系失去正当性，即使这一体系包含了所有好的价值也无济于事。”① 综上所述，在政治文化的基本价值“域”——自由、民主、平等、效率、正义之中，只有正义是一个不受限制的价值，不会由于其过度性的追求而带来不正义。而其他价值，如自由、民主、平等、效率等，如果在实践中过度追求会造成某种失衡或冲突，苏格兰哲学家威廉·索利认为，“自由和平等很容易发生对立，因为自由的扩大并不一定会增进人与人之间的平等。一个把不干预私人活动确定为政府政策的主要原则的社会制度，可能会产生一种高度不平等的社会形式。而另一方面，仅强调平等，则可能抹杀促进美德的因素，而这种美德对于文明进步是大有裨益的。”② 因此对于这些价值都需要加以某些限制。美国学者阿德勒认为，“假如我们看不到或认识不到自由和平等有一定的限制，在自由和平等的问题上，我们

---

① 赵汀阳：《坏世界研究》，北京：中国人民大学出版社 2009 年版，第 139 页。

② ［美］E. 博登海默：《法理学—法哲学及其方法》，邓正来、姬敬武译，北京：华夏出版社 1987 年版，第 242 页。

就会犯一些严重的错误，导致一些无法解决的冲突。”[①] 在阿德勒看来，只有认识到自由和平等两者都不是第一位的，认识到两者虽然都是善事，但是都是要受到限制的，才能解决这些冲突。同时，也只有在正义的支配下，自由和平等才能和谐地扩展到最大程度。罗尔斯的正义理论就是试图将平等与自由结合起来的又一种努力，他强调最广泛的基本自由都应有一种平等的性质。罗尔斯的正义观念是由以下两个基本原则构成的：第一原则是平等的基本自由的原则；第二原则关系到社会和经济的不平等，它自身又分为两个部分：其一，差异原则；其二，机会均等的原则。罗尔斯认为，这两个原则是按照“词典式”先后次序安排的，即第一个原则优先于第二个原则，第二原则的机会均等原则又优先于差别原则，只有在充分满足了前一个原则的情况下，才考虑后一原则。所谓制度的正义性就是将这些原则聚合在一起所构成的正义社会。罗尔斯的正义理论为其赢得了广泛的赞誉，同时也受到了来自理论界的广泛挑战。其主要原因在于，罗尔斯的理论过分强调了天赋的不平等，而过少地注重人自身的选择，体现较多的是对弱者的同情，而不是对强者的奖励。显然，这是许多人所难以接受的。因此正义才能够成为平衡和限制自由与平等的一个标准，一个社会只能在正义的要求下，寻求更多的条件平等，而不能超越它，超越它就会造成不公正。同样，如果自由超过了正义所允许的范围，这种自由就是不公正的自由。“因此，当正义对自由和平等起支配作用时，在其限度内，自由和平等都能和谐地扩展到其最大程度，错误而又极端的自由主义者和平等主义者之间那些无法解决的冲突就会消失，因为居于统治地位的正义既纠正了他们之间的错误又为其解决了冲突。”[②] 中国学者王南湜也认

---

① ［美］莫蒂默·阿德勒：《六大观念》，陈德中译，重庆：重庆出版社 2005 年版，第 119 页。

② ［美］莫蒂默·阿德勒：《六大观念》，陈德中译，重庆：重庆出版社 2005 年版，第 120—121 页。

为，“社会生活各个方面的整体性使得各个角度，各个领域的价值原则具有某种一致性，或者至少不相互冲突；而其分离性则使得各个角度、各个领域的价值原则彼此冲突、难以并存。这种冲突和难以并存有可能导致社会生活的不可能，因而必须予以折中协调，使之能和平共处，共同保证社会生活的正常原则。作为一种协调诸原则之原则，正义原则便是一种综合性的价值原则。”①

① 王南湜：《实践哲学视野中的社会正义问题——一种复合正义论论纲》，载《求是学刊》2006 年第 3 期。

参考书目

1. ［美］爱德华·希尔斯：《论传统》，傅铿、吕乐译，上海：上海人民出版社2009年版。

2. ［美］戴维·奥斯本、特德·盖布勒：《改革政府：企业精神如何改革公营部门》，上海市政协编译组、东方编译所编译，上海：上海译文出版社1996年版。

3. ［美］珍妮特·V. 登哈特、罗伯特·B. 登哈特：《新公共服务：服务，而不是掌舵》，丁煌译，北京：中国人民大学出版社2010年版。

4. ［美］约翰·罗尔斯：《正义论》，何怀宏等译，北京：中国社会科学出版社1988年版。

5. ［美］E. 博登海默：《法理学—法哲学及其方法》，邓正来、姬敬武译，北京：华夏出版社1987年版。

6. ［法］弗朗索瓦·佩鲁：《新发展观》，张宁、丰子义译，北京：华夏出版社1987年版。

7. ［法］卢梭：《社会契约论》，何兆武译，北京：商务印书馆2002年版。

8. ［美］莫蒂默·阿德勒：《六大观念》，陈德中译，重庆：重庆出版社2005年版。

9. ［美］古德诺：《政治与行政》，丰俊功译，北京：华夏出版社1987年版。

10. ［英］哈耶克：《自由秩序原理》（下），邓正来译，北京：生活·读书·新知三联书店1997年版。

11. ［澳］欧文·休斯：《公共管理导论》，彭和平等译，北京：中国人民大学出版社 2001 年版。

12. ［美］弗罗姆：《占有还是生存》，关山译，北京：三联书店 1989 年版。

13. ［美］德尼·古莱：《发展伦理学》，高铦等译，北京：社会科学文献出版社 2003 年版。

14. ［美］罗伯特·艾尔斯：《转折点——增长范式的终结》，戴翼星、黄文芳译，上海：上海译文出版社 2001 年版。

15. ［英］汤因比、［日］池田大作：《展望 21 世纪—汤因比与池田大作对话录》，荀春生等译，北京：国际文化出版公司 1999 年版。

16. ［英］卡尔·波普尔：《无尽的探索：卡尔·波普尔自传》，赵月瑟译，南京：江苏人民出版社，2000 年版。

17. ［德］米夏埃尔·兰德曼：《哲学人类学》，张乐天译，上海：上海译文出版社 1988 年版。

18. ［美］丹尼尔·贝尔：《资本主义文化矛盾》，赵一凡等译，北京：三联书店出版社 1989 年版。

19. ［英］韦伯斯特：《发展社会学》，陈一筠译，北京：华夏出版社 1987 年版。

20. ［意］克罗齐：《历史学的理论和实际》，傅任敢译，北京：商务印书馆 1997 年版。

21. ［美］库珀：《行政伦理学——实现行政责任的途径》（第四版），张秀琴译，北京：中国人民大学出版社 2001 年版。

22. ［英］霍布斯：《利维坦》，黎思复等译，北京：商务印书馆 1985 年版。

23. ［英］洛克：《政府论》（下篇），叶启芳、瞿菊农译，北京：商务印书馆 1964 年版。

24. ［英］伯特兰·罗素：《权力论——一个新社会分析》，靳建国译，北京：东方出版社 1988 版。

25. ［美］丹尼斯·朗：《权力论》，陆震纶、郑明哲译，北京：中国社会科学出版社 2001 年版。

26. ［美］格尔哈斯·伦斯基：《权力与特权——社会分层理论》，关信平等译，杭州：浙江人民出版社 1988 年版。

27. ［法］孟德斯鸠：《论法的精神》，张雁深译，北京：商务印书馆 1961 年版。

28. ［美］弗里德曼：《资本主义与自由》，张瑞玉译，北京：商务印书馆 1986 年版。

29. ［英］阿克顿：《自由与权力》，侯建等译，北京：商务印书馆 2001 年版。

30. ［美］汉密尔顿：《联邦党人文集》，程逢如等译，北京：商务印书馆，1980 年版。

31. ［英］戴维·毕瑟姆：《官僚制》（第二版），韩志明、张毅译，长春：吉林人民出版社 2005 年版

32. ［德］马克斯·韦伯：《支配社会学》，康乐等译，南宁：广西师范大学出版社 2004 年版。

33. ［美］艾赅博·百里枫：《揭开行政之恶》，白锐译，北京：中央编译出版社 2009 年版

34. ［美］乔治·伯克利、约翰·劳斯：《公共管理的技巧》（第九版），丁煌主译，北京：中国人民大学出版社 2007 年版。

35. ［美］马国泉：《行政伦理：美国的理论与实践》，上海：复旦大学出版社，2006 年版。

36. ［法］埃德加·莫兰：《人本政治导言》，陈一壮译，北京：商务印书馆 2010 年版。

37. ［美］阿马蒂亚·森：《以自由看待发展》，任赜、于真译，北京：中国人民大学出版社 2002 年版 .

38. 俞可平：《治理与善治》，北京：社会科学文献出版社 2000 年版。

39. 赵汀阳：《坏世界研究》，北京：中国人民大学出版社

2009 年版。

40. 张康之：《行政伦理的观念与视野》，北京：中国人民大学出版社 2008 年版。

41. 张康之：《寻找公共行政的伦理视角》，北京：中国人民大学出版社 2002 年版。

42. 罗荣渠主编：《现代化：理论与历史经验的再探讨》，上海：上海人民出版社 1993 年版。

43. 王熙东：《政治文明视野中的权力问题研究》，北京：中国社会科学出版社 2006 年版。

44. 唐士其：《国家与社会的关系》，北京：北京大学出版社 1998 年版。

45. 王亚南：《中国官僚政治研究》，北京：商务印书馆 2010 年版。

46. 金耀基：《中国民本思想史》，北京：法律出版社 2008 年版。

47. 刘杰：《知情权与信息公开》，北京：清华大学出版社 2005 年版。

48. 洪威雷、芦文龙：《行政文化学概论》，武汉：武汉大学出版社 2009 年版。

49. 姚琦：《中西行政文化比较研究》，北京：光明日报出版社 2012 年版。

50. 燕继荣主编：《服务型政府建设—政府再造七项战略》，北京：中国人民大学出版社 2009 年版。

51. 王卓君：《政府公共服务职能与服务型政府研究》，广州：广东人民出版社 2009 年版。

52. 井敏：《构建服务型政府理论与实践》，北京：北京大学出版社 2006 年版。

53. 刘祖云：《当代中国公共行政的伦理审视》，北京：人民出版社 2006 年版。

54. 刘永佶：《中国官文化批判》，北京：中国经济出版社 2000 年版。

55. 叶汝贤、王征国：《以人为本与科学发展观》，北京：社会科学文献出版社 2012 年版。

56. 陈向义：《物本与人本—发展理论的迷失与重建》，上海：上海交通大学出版社 2008 年版。

57. 林来梵：《文人法学》，北京：清华大学出版社 2013 年版。

58. 姜明安：《法治思维与新行政法》，北京：北京大学出版社 2013 年版。

59. 杨冬艳：《公共行政正义研究》，郑州：河南人民出版社 2010 年版。

60. 金太军、王庆五：《中国传统政治文化新论》，南京：江苏科学文献出版社 2006 年版。

61. 刘雪丰：《行政责任的伦理透视》，长沙：湖南师范大学出版社 2005 年版。

后　　记

17 世纪的英国思想家霍布斯曾经说过，缺乏一个能保证秩序的、有效的政府，一个社会的个人生活将是孤独、贫困、卑污、残忍和短寿的。他向人们揭示了良好政府存在的必要性和重要性。的确，自从国家产生以后，政府便成为人类社会活动的中心之一，并对社会生活的各个方面发生着直接或间接的影响。而行政文化是行政活动之魂，行政实践活动会在无形中受已形成的行政文化的影响，同时行政文化也会在行政实践的活动中发生着自身性的变化。

2006 年，我开始讲授《行政文化》这门课，在这近 10 年的讲授过程中，深感我国行政领域发生的巨变，这势必会影响到我国行政文化的变革，在这期间西方国家所进行的“新公共运动”的学术成果又不断地介绍进来，于是在课堂上讲授每一专题时不断地有一些想法“冒”出来，经过积累和整理，逐渐地形成了现在这本小书中的“六大变化”，以及贯穿于这“六大变化”之中的行政正义。由于行政文化这个专题，既可以从“行政”入手，也可以从“文化”切入，所以这“六大变化”体例也不是太统一，只能说每一个都是完整的，但将其整合后仍感觉有点“散”，因为有的侧重于评论，有的以历史叙述与比较为主，有的注重思想逻辑性，另一些将重点放在了方法论，不过总的来说仍然是围绕行政文化在现时代的变革趋势分析这一主题而进行。

本书中的部分内容已在下列杂志上发表：《行政自由裁量权的实质性问题》，2012 年 6 月《国家行政学院学报》；《公共领域在中国的异化趋势分析》，2015 年 1 月《社科纵横》；《“双本位”在历史共存中的悖论》，2015 年 1 月《南方论坛》；《政治哲学视野下的“无赖假设”》，2014 年 12 月《江南社会学院学报》；《处理突发事件时领导“特权”运用的正当性问题》，2014 年 4 月《决策与信息》；《现代社会正义理论的困境与反思》，2014 年 7 月《理论导刊》；《领导干部在依法行政中对程序高效性的认识》，2015 年 2 月《法律与社会》；《公权力的“悖论”与行政主体的责任》，2015 年 3 月《新乡学院学报》。借此机会向主持以上各出版物的编辑们表示由衷的感谢。在编写本书时，我对所发表的文章根据本书的需要进行了调整、删减，并充实了部分内容。

最后，本书在研究和写作的过程中，广泛参考了很多学者已出版、发表的专著或学术论文，吸收和援引了其中一些科研成果，在参考文献和注释中我均一一列出，但难免挂一漏万，以偏概全，如果存在一些尚未列出但又重要的参考文献，可能是由于我的疏忽所造成的，敬请谅解并向原作者致谢。

为资助本书出版，国际关系学院院学术委员会给予了大力支持，使我十分感激。同时，我也非常感谢为本书付出辛勤劳动的责任编辑方苹，她一丝不苟全身心地订正，使本书增色不少。

尚水利

2015 年 4 月 8 日于北京海淀坡上村 12 号

图书在版编目（CIP）数据

中国行政文化的嬗变趋势分析/尚水利著. —北京：时事出版社，2015.10

ISBN 978-7-80232-841-9

Ⅰ.①中… Ⅱ.①尚… Ⅲ.①行政学—文化学—研究—中国 Ⅳ.①D63

中国版本图书馆 CIP 数据核字（2015）第 227486 号

出 版 发 行：时事出版社
地　　　址：北京市海淀区万寿寺甲 2 号
邮　　　编：100081
发 行 热 线：（010）88547590　88547591
读者服务部：（010）88547595
传　　　真：（010）88547592
电 子 邮 箱：shishichubanshe@ sina. com
网　　　址：www. shishishe. com
印　　　刷：北京昌平百善印刷厂

开本：787×1092　1/16　印张：15.75　字数：200 千字

2015 年 10 月第 1 版　2015 年 10 月第 1 次印刷

定价：56.00 元